"세상은
바꿀 수
있습니다"
—— 지금까지
MBC 뉴스
이용마입니다

이 책을

사랑하는 아내 김수영,

쌍둥이 아들 이현재 이경재에게 바칩니다.

이용마 지음

"세상은 바꿀 수 있습니다"

지금까지 MBC 뉴스 이용마입니다

창비

MBC 뉴스 이용맙니다

이 글은 본래 쌍둥이 아이들을 위해 쓰기 시작했다. 병원에서 시한부를 선고받고 미래를 예측하기 힘든 상황에 놓이자 나이 어린 아이들이 가장 염려되었다. 아내 혼자서 남자아이 둘을 키우기는 상당히 힘들 것이다. 더 중요한 것은 아이들이 인생에서 중요한 판단을 내려야 할 시점에 편하게 대화를 나눌 사람이 곁에 없으면 어떡하지 하는 걱정이었다. 그래서 내가 살아온 인생을 토대로 우리 사회에 대해 간접적으로나마 알려주고 싶었다. 내가 살아 있다고 해도 어차피 나의 경험에 비추어 아이들에게 얘기해줄 것이기 때문이다.

물론 삶의 고비마다 내가 내린 결정과 판단이 반드시 옳았다고 말할 수는 없을 것이다. 더욱이 이상과 현실의 괴리 속에서 갈등하며 현실과의 타협을 줄기차게 거부해온 나의 선택이 과연 적절했는지에 대해 다시 생각해볼 여지도 많을 것이다. 헤겔의 말처럼 욕망의 체계에 불과한 현실 사회에서 교과서적인 정의를 갈구한 것이 과연 바람직했는지 재고할 필요는 충분하다.

그럼에도 불구하고 이상이 없는 현실은 마치 미래가 없는 현재와 같다. 나는 부당하고 불합리한 현실에 분노하고, 저항하고, 끊임없이 부딪치며 치열하게 살아왔다. 언제나 현재보다 미래를 선택하려고 했기 때문이다. 아무리 몸부림을 쳐도 빠져나올 수 없는 현실 속에서 꿈을 이루어보려는 나의 작은 발버둥이기도 했다. 사실 그 어느 때보다 미래가 불안하게 다가오는 요즘 젊은이들에게 이런 발버둥은 일상이 되어 있을지도 모르겠다. 그래도 침묵과 순응보다는 이런 치열함이 소중한 꿈을 간직하고 있음을 보여주는 것이기에 자랑스럽다.

이 글을 쓰면서 한 가지 욕심이 생겼다. 나와 비슷한 꿈을 꾸고 있는 사람들과 내 경험을 공유하고 싶다는 것이다. 결코 정의롭지 못했던 우리 사회를 더 정의로운 곳으로 바꾸고, 경제성장만을 내세우며 비인간적인 삶을 강요해온 우리 사회를 더 인간미가 넘치는 곳으로 바꾸고 싶은 꿈을 가진 사람들이라면 누구라도 내 경험을 함께 나누고 싶다.

김대중·노무현 정부, 두 차례에 걸쳐 민주정부가 수립되었음에도 불구하고 왜 우리는 역사의 후퇴를 막지 못했는가. 과거 민중을 억압하고 기득권을 챙긴 권위주의 세력들은 어떻게 부활할 수 있었는가. 국민들은 왜 그들에게 다시 권력을 맡겨야 했는가. 우리는 이명박·박근혜 정부를 거치면서 과거 권위주의 세력이 여전히 우리 사회의 기득권을 장악하고 있음을 확인했다. 또 이들의 퇴행적 행태 역시 하나도 변하지 않았음을 알 수 있었다.

그렇다면 어떻게 해야 사회적 적폐를 청산하고 우리 사회의 정의를 바로잡을 수 있을까? 어떻게 해야 기득권 세력의 저항을 물리치고 새로운 사회를 건설할 수 있을까? 이 질문에 대한 답은 사실 김대중·노무현 정부 10년의 역사에 고스란히 담겨 있다. 해방 이후 50년 만에 처음으로 들어선 민주정부, 바로 그 이유로 어느 정도의 시행착오는 불가피했다. 기득권 세력의 저항도 만만치 않았지만 민주정부의 철학적 빈곤과 준비 부족 또한 개혁의 발목을 잡았다. 기자라는 직업 덕분에 이 모든 과정을 가까이에서 지켜볼 수 있었다.

대통령 탄핵이라는 극적인 절차를 거쳐 권위주의 세력이 몰락하고 다시 찾아온 개혁의 기회. 이런 소중한 기회를 또 다른 시행착오의 대상으로 삼을 수는 없다. 이를 위해서는 과거 민주정부를 돌아보며 타산지석으로 삼아야 한다. 기자로서 나의 경험 또한 중요한 역할을 할 수 있을 것이라 기대한다.

현실과 이상의 괴리는 대부분 인간의 과도한 욕망에 기인한다.

자신의 능력 이상의 것을 바라는 욕망이 정도(正道)를 벗어나게 만든다. 이런 욕망과 일탈이 갈등을 유발하고 우리 사회를 망가뜨린다. "저 사람이 원래 저랬나?"라는 물음은 바로 이런 괴물의 탄생을 말해준다. 시대를 넘어 기득권을 지키고자 하는 욕망, 그 욕망에 빌붙어 소소한 욕구를 채우려는 또 다른 욕망덩어리들. 그들이 벌려놓은 현실과 이상의 간극을 바로잡아야 한다. 사마천(司馬遷)의 천도시비론(天道是非論)을 흘러간 옛이야기로 넘길 수 있는 새로운 세상을 보고 싶다.

꿈꿀 수 있다는 것만으로
행복하다

사랑스러운 현재와 경재, 너희들이 이 글을 읽을 때쯤이면 벌써 스무 살 안팎이 되었겠구나. 나는 너희들이 10년 정도 지난 뒤에 이 글을 읽을 것이라 생각하고 쓰고 있다.

너희들도 알겠지만 나는 지금 암에 걸려서 언제 이 세상을 떠날지 알 수 없다. 복막 중피종. 현대 의학이 사실상 포기한 병 중 하나다. 워낙 희귀해서 우리나라 인구 5000만 명 중 이 병에 걸린 환자는 열 손가락으로 꼽을 수 있을 정도다. 미국이나 유럽의 통계를 찾아봐도 이 암에 걸린 환자 중 생존자가 거의 없다. 대부분 1년을 전후해 사망하고, 길어야 5년을 산다. 나도 병원에서 12~16개월을 살 것이라고 예상했다. 의사가 얘기한 예상 기간은 병원에서 치료를 받은 환자들을 상대로 한 경험적 통계이기 때문에 나처럼 병원 치료를 피하면 달라질 수 있을 것이다. 늘어날 수도 있고 줄어들 수도 있다. 언제까지일지 모르겠지만 내가 살아 있는 동안은 최선을 다하고자 한다.

처음 암 진단을 받고 가장 먼저 떠오른 건 너희들 얼굴이었다. 결혼도 늦었고, 출산도 늦었다. 너희들이 자립을 하려면 앞으로도 20년은 걸릴 텐데, 아빠 없이 과연 가능할지 걱정이 앞섰다. 당장 속물근성이 발동했다. 여느 재벌그룹 후계자들처럼 돈이라도 많다면 큰 시름을 놓을 것 같은데…

공수래공수거(空手來空手去). 빈손으로 왔다가 빈손으로 간다는 뜻이다. 나는 이 말을 신뢰하지 않는다. 공공연하게 금수저와 흙수저를 논하는 사회에서 공수래라니 터무니없는 말이다. 공수거 역시 마찬가지다. 자식을 자신의 분신으로 여겨 한 푼이라도 더 남겨 주려고 기를 쓰는 터에 공수거란 의미 없는 말이다.

당장 20년어치의 생활비를 마련할 수는 없고, 돈 말고 내가 남겨 줄 수 있는 것이 무엇일까 고민을 했다. 그러던 중 2016년 12월 말 국립암센터 이진수 박사가 다른 암 환자의 책을 읽어보라고 권하더구나. 그때 퍼뜩 떠올랐다. 돈보다 더 소중한 것이 있다. 바로 나의 경험이다.

스무 살 안팎이면 인생행로에 대해 심각하게 생각해보는 시기일 것이다. 인생이란 무엇인지, 커서 무엇이 될지, 우리가 사는 사회는 어떤지, 배우자는 누가 될지 등등에 대해 한창 고민하겠지. 이런 문제를 편하게 상의할 수 있는 사람이 주변에 있다면 그것 또한 복이란다. 내가 너희들 곁에서 함께 얘기할 수 있다면 좋겠지만, 그러지 못하는 불행한 상황이 현실이 될 수도 있다.

내가 없다 해도 나의 경험이 너희들의 삶에 밑거름이 될 수 있다면, 그보다 더 가치 있는 일이 어디 있겠는가. 내가 살아 있어도 어차피 내 경험에 비추어 이야기할 수밖에 없지 않겠는가. 게다가 나는 남들이 좀처럼 하기 어려운 경험을 많이 하지 않았던가. 나의 경험이야말로 너희에게 이 세상 무엇보다 소중한 유산이 될 것이라는 생각이 들었다. 이런 생각에 글을 쓰기 시작했다.

이 글은 내가 살아온 삶에 대한 정리이자, 우리가 살아온 세상, 우리가 바꾸어야 할 세상에 대한 진술한 기록이다. 내가 살면서 얻은 경험, 주요 고비마다 했던 고민, 그동안 보고 들었던 우리 사회의 모습을 솔직하게 정리했다. 기자로서 우리가 살고 있는 세상에 대해 가장 가까운 거리에서 보고 듣고 느낀 것을 기록하고자 했다.

이 기록을 따라가다보면 우리가 사는 세상이 그다지 아름답지만은 않다는 사실을 알게 될 것이다. 그리고 우리가 앞으로 이 세상을 어떻게 바꾸어야 할지도 알 수 있을 것이다. 새로운 세상은 '우리'가 함께 만들어가야 한다. 이 세상을 함께 살아가는 동료로서 '우리'가 이 세상을 좀더 인간미 넘치는 아름다운 사회로 바꾸었으면 좋겠다.

위대한 인물들의 이야기는 지금 시대와 너무 동떨어져 있어 사실 피부에 와닿지 않는 경우가 많다. 하지만 나의 이야기는 너희들이 살고 있는 시대에서 아주 가까운 과거, 그리고 너희 주변의 이야기다. 세상이 하루아침에 갑자기 변할 리 없을 테니 내가 했던 고민들이 곧 너희들의 고민과 다르지 않을 거라 생각한다. 너희들이 앞으로 어떻게 살아야 할지를 생각할 때 내 이야기를 읽으며 조금이나마 도움이 되기를 바란다.

내가 살면서 평생 가슴에 새긴 문장이 있다. "'무엇이 될 것인가'보다 '어떻게 살 것인가'가 더 중요하다." 누가 맨 처음 이 말을 했는지는 알 수 없지만 내 대학 시절에 꽤 유행했던 말이다. 김대중 대통령도 강연에서 이 말을 자주 사용했다. 그리고 이 말은 나의 인생행로를 결정하는 데 무엇보다 큰 영향을 미쳤다.

나도 대학에 들어가기 전까지는 직업을 먼저 고민했다. 하지만 대학에서 이 말을 들은 뒤로 직업이 아닌 우리 사회에 대해 고민하기 시작했다. 내가 어떻게 살 것인지를 결정하려면, 우선 내가 사는 사회가 어떤 곳인지를 잘 알아야 하기 때문이었다. 우리 사회가 아직 일제강점기 혹은 군사독재 시절이라면 나는 어떻게 살아야 할까? 직업은 이 고민을 해결하기 위한 하나의 수단에 불과하지 않을까? 지금도 마찬가지란다.

요즘 젊은이들은 당장 자신이 먹고사는 문제, 즉 직업을 고르는 데 시간과 정력을 너무 많이 소모하고 있다. 초등학교에 들어가기 전부터 좋은 대학에 가기 위해 선행 학습을 하며 정신없이 보내고, 좋은 대학에 들어가면 또다시 좋은 직장을 잡기 위해 온갖 스펙을 쌓느라 주변을 돌아볼 여유조차 없지. 그렇게 해서 직장에 들어가면 나아질까? 직장인들은 새벽부터 밤늦게까지 기계처럼 일하느라 녹초가 되어, 집에 들어와 잠만 자고 다시 일하러 나가는 생활을 무한 반복한다. 이런 삶 속에서 우리는 과연 행복을 찾을 수 있을까? 진정 우리가 살아가는 이유는 무엇일까?

나는 암을 치료하기 위해 전북 진안에 있는 원불교 만덕산 훈련원의 유기농 법인에 잠시 머문 적이 있다. 이곳에서 원불교는 하나의 공동체라는 것을 느꼈다. 다 함께 일하고 다 함께 나누며 살아간다. 공산주의 사회와 비슷하다. 네 것, 내 것이 중요치 않다. 돈에 대한 고민도 상대적으로 적다. 소유의 개념이 희박하니 차별이나 불평등도 적을 수밖에 없다. 시간이 남으면 수양을 한다. 물론 이곳에서 생활하는 사람들에게도 나름대로의 고민이 있을 것이다. 하지만 항상 직장 생활에 쫓기고, 돈의 노예로 살아가는 현대인들과 비교해보면 이렇게 조금은 느리게 살아가는 것이 더 좋지 않나 생각할 때가 많았다.

나는 할아버지와 할머니의 얼굴을 알지 못한다. 내가 태어났을 때 이미 다 돌아가셨기 때문이다. 어렸을 때 나에게도 할아버지와 할머니가 계셨으면 좋겠다는 생각을 많이 했다. 그분들이 계셨다면 내 삶의 나침반 역할을 해주실 수 있지 않았을까 하는 막연한

2017년 9월 『시사인』과 인터뷰를 하며
집 거실에서 촬영한 가족사진.

기대에서였다. 그래서 비록 나에게는 할아버지와 할머니가 안 계시지만, 나의 아이들에게는 할아버지와 할머니가 계셨으면 하고 바랐다. 하지만 너희들의 할아버지가 또 일찍 돌아가셨다. 그래서 이번에는 다짐했다. 내가 커서 할아버지가 되겠다고. 그런데 이 다짐을 지키지 못할 것 같아 못내 안타깝다.

아버지가 일찍 돌아가셨기 때문에 나는 할아버지가 어떤 분이고, 어떻게 사셨는지는 물론 아버지가 어떻게 사셨는지도 전혀 알지 못한다. 나의 아버지가 자녀들과 대화를 즐기는 분이 아닌 탓도 있었지만, 나 역시 철이 없어서 아버지로부터 이야기를 들을 준비가 안 되어 있었기 때문이다. 나중에 돌이켜보니 그게 몹시 안타까울 때가 많았다. 그래서 너희들에게 될 수 있는 한 많은 이야기를 남겨주고 싶었다. 너희들이 필요할 때 언제든지 이 글을 꺼내 읽고 참고할 수 있었으면 좋겠다. 분야별로 다양한 이야기가 있으니 필요한 부분만 찾아보아도 좋을 것이다.

먼 미래를 내다보며 꿈을 꿀 수 있다는 자체만으로 우리는 행복하다. 그 꿈을 언젠가는 반드시 실현하겠다고 생각하면 더욱더 기운이 넘친다. 나는 항상 꿈을 갖고 살았다. 그 꿈을 옆에서 지켜보는 너희 엄마가 있어서 나는 행복했다. 너희들 역시 평생 꿈을 갖고 살았으면 좋겠다. 너희들이 나와 똑같은 꿈을 가질 필요는 없다. 아빠 엄마가 심어준 꿈이 아니라 너희들 스스로 찾은 꿈이라면 무엇이든 좋다.

마지막으로 너희들에게 부탁이 하나 있다. 나의 꿈을 기억해주기를 바란다. 너희들이 앞으로 무엇을 하든 우리는 공동체를 떠나 살 수 없다. 그 공동체를 아름답게 만드는 것, 그 꿈이 이루어지는 순간 나의 인생도 의미가 있었다고 말할 수 있을 것이다. 그래야 나중에 우리 모두 하늘로 돌아간 뒤에 천상병 시인처럼 '소풍'이 즐거웠다고 자신 있게 말할 것이다.

1

악성 중피종

"복막암입니다. 복막에 생긴 중피종이요."

"양성인가요, 악성인가요?"

"악성입니다. 서둘러 치료를 받아야 합니다."

"종양이 많나요?"

"복막 전체에 퍼졌습니다."

좀처럼 믿기지 않았다. 암이라는 사실도 그렇지만, 종양이 복막 전체에 퍼졌다는 말도 받아들이기 어려웠다. 담당 의사가 암에 대해 이야기하는 동안 옆에 있는 아내의 얼굴을 차마 바라보지 못했다. 나는 짐짓 아무렇지도 않은 듯 의사에게 질문을 했고, 의사 역시 매우 무덤덤한 태도로 답변을 이어갔다. 의사는 질병이 확인된 만큼 다른 의사를 소개해주겠다고 말하고 병실을 총총히 떠났다. 그리고 연락이 끊겼다. 태연한 척하는 내 태도 때문이었는지 아내의 표정에서도 변화를 발견하기 어려웠다. 다만 말이 없었다.

의사가 나간 뒤 병실은 썰렁했다. 같은 병실의 환자들 역시 애써 그 공기를 피하려는 것 같았다. 60대 이상 노인들만 있는 병실에 40대 후반의 젊은 사람이 입원한 것 자체가 신기한 일이었다. 그런데 희한한 암 판정을 받았다. 간암이나 간경화 등 중병으로 오랜 병원 생활을 한 이분들은 의사의 말이 의미하는 바를 직감적으로 알았던 것 같다.

3개월 전 건강검진에서 복수가 발견되었다. 소량이었기 때문에 건강검진을 했던 의사도 심각하게 보지 않았다. 복수는 대부분 간 이상으로 생기는 것이라며 큰 병원에 가서 정밀 진단을 받아보라고 권유했다. 서울아산병원을 찾은 이유였다. 그런데 간에 특별한 증상이 없자, 의사는 입원해서 조직검사를 하자고 제안했다. 조짐이 좋지 않았다. 의사가 입원을 서둘렀던 것이다. 그리고 2016년 9월 6일 복막의 악성 중피종 진단을 받았다.

조직검사 결과가 나오기 며칠 전에 복강경 수술을 했던 외과 의사가 직접 찾아와서 "복막을 아무 데나 잘라내도 될 정도로 종양이 많이 퍼져 있다"고 알려주었다. 하지만 이때까지도 나는 정확한 의미를 알지 못했다.

다음 날 아침 일찍 식사 시간이 되기도 전에, 종양내과 의사가 인턴이나 레지던트도 한 명 없이 홀로 병실을 찾아왔다. 나를 맡게 된 새로운 의사였다. 나도 마침 혼자 있었다.

　"부위가 넓어서 수술은 어렵습니다. 방사선치료도 불가능하고요. 항암주사를 맞는 것밖에 방법이 없습니다. 일단 항암제로 종양의 수를 줄여보도록 하지요. 그다음에 또 치료법을 찾아봅시다."
　"수술은 아예 안 됩니까?"
　"수술은 안 됩니다. 이걸로 수술하는 의사는 없습니다. 일단 종양을 줄인 뒤에 수술이 가능해지면 다른 의사를 소개해드리죠."

　이때도 몰랐다. 설마 내가 시한부 판정을 받을 것이라고는 꿈에도 생각해본 적이 없었다. 의사의 절제된 말투와 표정에서 심각함이 배어났다. 그래서 살짝 미소를 띠며 농담 비슷하게 물어보았다.

　"중피종, 사망률이 어떻게 되나요?"
　"네?"
　"생존율이라고 해야 하나요? 생존 기간이 얼마나 남았습니까?"

　툭 던진 질문에 의사의 표정이 굳었다. 그는 침대 난간에 걸려 있는 손 소독제를 짜서 바른 뒤 반문했다.

"꼭 알고 싶습니까?"

"네, 그래야 저도 준비를 하지요."

"중피종 환자는 보통 12개월 안팎을 삽니다. 선생님의 경우는 앞으로 12~16개월 정도를 보고 있습니다. 그래도 1년이 넘게 남았으니 다행이지요."

이번에는 내 표정이 굳었다.

"알겠습니다. 아내에게 생존 기간은 비밀로 해주세요."

12~16개월이라고? 내가 이렇게 멀쩡한데? 믿기지 않았다. 우선 내 몸 상태가 최대 16개월이라는 말을 받아들이기 쉽지 않았다. 시한부 판정을 받은 환자라면 거동조차 쉽지 않은 상태일 거라고 막연하게 생각해왔기 때문일 것이다. 그런데 거동에 아무런 이상도 없는 내가 시한부라니… 배가 조금 많이 나온 것 외에는, 식사도 문제가 없고 일상생활에도 아무런 문제가 없었다. 병원에 입원하기 불과 며칠 전까지도 후배들과 회식을 하며 술까지 마셨다. 그런데 도대체 무슨 문제가 있다는 말인가. 아무리 머리를 굴려보아도 아무 생각이 떠오르지 않았다. 모든 것이 다 막연했다. 더욱이 아이들이 이제 겨우 아홉 살인데. 아내에게 남은 생존 기간에 대해서는 또 어떻게 설명해야 하나?

중피종은 석면으로 인해 발병한다고 알려져 있다. 과거 주택이나 학교에서 사용한 슬레이트 지붕에 석면이 함유된 사실이 밝혀졌을 때 크게 문제가 되었다. 지하철 역사 천장에서 석면이 검출되어 논란이 불거진 적도 있었다. 석면은 죽음의 먼지라고 부른다. 짧은 기간 노출되어도 몸에 스며든 석면이 길게는 30~50년 정도까지 오랜 기간 잠복해 있다가 어느 순간 무슨 이유에서인지 발병하게 되는 것이다. 그런 이유로 우리나라도 2007년부터 석면을 단계적으로 금지시켰고 2015년부터는 석면 사용이 전면 금지되었다. 하지만 나는 석면에 노출된 기억이 없다. 게다가 수십 년 동안 잠복해 있다가 갑자기 발병을 촉발한 원인(trigger)은 무엇이라는 말인가?

그 뒤 알게 된 현실은 더욱 처참했다. 중피종은 일단 대부분의 의사들이 들어보지도 못했을 만큼 희귀한 암이다. 그 희귀한 암도 보통은 폐를 감싸고 있는 흉막에서 발생하는데 나처럼 복막에서 생기는 것은 그중에서도 드문 경우다. 워낙 희귀한 암이라 치료법은커녕 사례도 별로 없다. 우리나라 전체에 10명이나 될까. 복수가 발생하는 등 상당한 진행이 있기까지는 외적 증세가 없어서 보통 말기에야 발견된다. 이때부터 증세가 악화되는 것이다. 평균 생존 기간이 12개월이라는 말의 의미다.

현실은 현실이다. 일단 받아들이는 수밖에 방법이 없다. 그리고 대책을 세워야 한다. 당장은 의사 말대로 항암주사를 맞기로 했다. 하지만 환자가 밀려 있어서 당장 내일부터 맞을 수 있는 것도 아니었다. 2주일 후로 예약을 한 뒤 퇴원을 했다.

퇴원하는 길에 4년 전이 떠올랐다. 결혼 10주년 기념일을 불과 나흘 남긴 2012년 3월 19일 MBC에서 해고 확정 통지를 받았다. 그때도 아내는 특별한 말이 없었다. 노조 집행부가 될 때부터 아내에게 해고당할지도 모른다고 수차례 예고했던 게 효과가 있었나 보다 막연히 생각했다. 하지만 말을 참는 아내의 속은 얼마나 타들어갔을까. 나는 해고된 뒤에도 파업을 어떻게 이끌어갈지 골몰하느라 결혼 10주년을 까맣게 잊어버렸다. 하루가 지난 3월 24일 밤에 평소처럼 자정 넘어 들어와 자려고 하는데, 아내가 한마디 했다. "어제 무슨 날인지 몰랐어?" 그 순간 망치로 머리를 한 대 맞은 느낌이 들었다. 할 말이 없었다.

2017년은 어머니가 팔순이 되는 해다. 회갑연도 건너뛴 만큼 팔순 잔치는 몰라도 가족모임이나 가족여행이라도 할 생각이었다. 그런데 시한부 암이라니. 어머니에게 암 소식을 전하는 것은 4년 전 해고 소식을 알릴 때보다 더 어려운 일이었다.

해고를 당했을 때도 일단은 사실을 숨겼다. 하지만 언론에 이미 기사화가 되었기 때문에 친인척을 통해 어떤 식으로든 전해질 것이 너무 뻔했다. 다른 사람에게서 들으시면 더 충격을 받을 수 있기에 직접 말씀드리는 게 나을 것 같았다. 인사위원회 재심이 열린 날 아내와 함께 경기도 일산의 어머니 댁을 찾았다. 아들이 오랜만에 온다는 말에 어머니는 푸짐한 저녁상을 준비하셨다. 어머니 댁에 도착해서도 한동안 말을 꺼내지 못했다. 저녁을 먹으려고 숟가락을 들자 휴대전화 문자 메시지가 왔다. 재심 결과, 해고가 확정되었다는 통보였다. 참으로 무심했다. 밥이나 다 먹은 뒤에 통보하지.

저녁 식사를 마친 뒤 어렵게 해고 소식을 전하고 반드시 복직할 거라고 말씀드렸다. 어머니는 나를 믿는다는 말로 오히려 위로를 해주셨다. 내가 대의를 좇으니 반드시 제자리를 찾아갈 거라고, 저 놈들은 반드시 쫓겨날 거라는 말도 아끼지 않았다. 어머니가 이 정도 강단을 지니셨기에 그토록 어려운 시절을 버텨오셨을 것이다. 그런데 이번에는 암 소식을 전해야 한다. 정말 못하겠다.

나의 암 소식은 주변에 빠르게 알려졌다. 당초 서울아산병원에 가게 된 것도 MBC 후배 기자 때문이었다. 건강검진에서 복수가 발견되었지만 별일 아닐 것이라며 석 달 동안이나 정밀 진단을 미루던 나를 후배 기자가 빨리 가보라고 떠밀었던 것이다. 별일 아니면 좋고, 그렇지 않다 해도 하루라도 빨리 치료하는 게 좋지 않느냐며 나를 설득했다.

이번에도 MBC 선후배들이 앞장서서 복막암의 최고 권위자를 찾아 나섰다. 외과 의사인 처남이 소개한 분과 동일한 국립암센터 의사였다. 당장 그 의사와 진료 일정을 잡았다. 서울아산병원에서와 달리 그는 수술이 가능하다고 했다. 복막을 다 걷어내고 소장과 대장도 상당 부분 절제할 것이고, 개복수술을 하는 도중 위나 간 등 다른 장기에서도 종양이 발견되면 필요한 만큼 다 잘라낼 거라고 말했다. 수술 시간은 12시간 정도를 예상했다. 엄청난 수술이었다. 그래도 수술이 불가능한 것보다는 나았다. 한 줄기 소생의 빛을 발견한 느낌이었다. 한 달 뒤로 수술 날짜를 잡고 집으로 돌아왔다.

나의 암 소식이 알려지면서 주변에서 격려와 응원이 쇄도했다. 전화를 해서 말을 잇지 못하는 사람들이 대부분이었다. 2012년 6개월 파업을 함께했던 선후배와 동료들은 너나없이 억울한 심정을 토해냈다. 특히 후배들은 울분을 감추지 못했다. 저들은 저렇게 뻔뻔히 잘 살아가는데, 우리가 도대체 무엇을 잘못했기에 이런 일까지 당하느냐는 반응이었다. 나도 당연히 공감하는 바였다. 하지만 이게 현실이니 어쩌겠는가. 현실은 항상 그렇지만, 우리가 원하는 대로 굴러가지는 않는다.

한겨레 김종구 선배가 칼럼을 쓰겠다고 집까지 찾아왔다. 이명박 정부 이후 언론장악과 파업, 해고 등의 과정에서 발생한 극도의 스트레스가 결국 발병의 원인이 아니겠느냐며 이건 개인적인 문제가 아니라 사회적 문제라고 했다. 박근혜 정부가 한창 기승을 부릴 때인 만큼 내 문제를 글 도입부에 살짝 다루면서 언론장악 문제를 다시 한번 환기시켜준다면 좋을 것이라는 말에 결국 동의했다. 문제는 신문에 칼럼이 실리면 어머니가 알게 된다는 사실이었다. 신문에 칼럼이 실리기 전에 또다시 어머니를 만나러 가는 내 발걸음은 무겁기 그지없었다.

내 나이 마흔아홉. 그동안 결코 부끄럽지 않게 살기 위해 애를 썼다. 윤동주의 「서시」는 내 삶의 이정표나 다름없었다. 대학에 들어가 당초 꿈꾸었던 관료의 길을 포기하고 운동권 주변을 전전한 것도 그랬고, 기자로 생활하면서 회사에서나 출입처에서나 현실과의 타협을 거부하고 항상 까칠한 모습을 보였던 것도 마찬가지였다. 이명박 정부 들어 누구나 죽는 길이라고 보았던 노동조합에 스스로 간 것도 내 양심에 비추어 한 점 부끄럽지 않기 위해서였다. 아직 할 일이 많다. 그런데 여기서 갑자기 내 삶의 마침표를 찍는다는 것이 쉽게 받아들여지지 않는다.

그동안 나는 항상 나를 버림으로써 사는 길을 선택해왔다. 적어도 그렇게 생각해왔다. 이번에는 처음으로 내 가족, 쌍둥이 아들 현재, 경재와 아내를 위한 길을 찾아야 한다. 그 길을 반드시 찾을 것이다. 그 어느 때보다 어려운 선택을 해야 하는 순간이다. 병원 치료를 받는 문제부터 시작해 모든 걸 다시 원점에서 결정하기로 했다.

2

호남 출신과
지역주의

내 고향 '사립안'

나는 1969년 1월 10일 전라북도 남원의 한 시골 농가에서 태어났다. 그 마을 이름은 '사립안'. 조선 말기에 정착한 광주 이씨 후손들이 마을 변두리에 담을 치고 출입하는 사립문을 만들어 한 집안처럼 우애 있게 살았다고 하여 '사립안'이라 불렸다. 이곳에서 할아버지가 일찍 돌아가신 뒤 아버지 형제들이 모여 살다가 한 분, 한 분 분가해 나가셨다. 그래서 내가 태어난 집은 '우리 집'이나 '할아버지 집'이 아니라 큰아버지가 사시던 '큰집'이다.

큰집은 지금은 다 허물어졌다. 집터에는 밭만 있다. 원래 큰집은 본채에 방 두 개와 부엌이 있었다. 기역자로 된 건너편에도 방이 두 개 있고, 광이 하나 있었다. 본채 오른쪽 대각선 방향에는 돼지 우리와 두엄을 만드는 화장실이 있었다. 마당에는 가지나 토마토를 키웠다. 나는 건너편 방에서 태어났다.

큰집 뒤쪽으로 조금 가면 비교적 큰 산이 있는데, 이곳이 선산이다. 이곳에 할아버지, 할머니, 증조할아버지, 증조할머니, 고조할아버지, 고조할머니 산소가 있다. 큰집 앞쪽에는 큰 논이 있고, 논을 따라 신작로(당시에 새로 난 큰 길을 그렇게 불렀다)가 나 있다. 신작로를 따라가면 당산(堂山)이 있다. 당산은 보통 그 마을의 수호신이 있다고 하여 신성시하는 산이나 언덕을 말하는데, 우리 마을의 당산은 마을 입구에 나무가 둥글게 모여 자라 있는 곳이었다.

신작로를 따라서 논 반대편에는 작은 천(川)이 있었다. 여름방학에는 여기서 다슬기를 잡았고, 겨울방학에는 썰매를 탔다. 겨울에는 추운 아침부터 이곳에 세수하러 나올 때가 제일 싫었다.

우리 집은 내가 세 살 때 전주로 이사를 갔다. 전주에서 사립안까지 가려면 버스로 1시간이 걸렸다. 어렸을 때 차를 타본 적이 거의 없어서, 난 항상 멀미를 했다. 버스에서 내려서도 내 걸음으로 1시간 정도는 더 걸어 들어갔던 것 같다. 어린 나에게는 꽤 먼 거리였다. 그런데 왜 그런지 몰라도 나는 이곳이 좋아서, 방학이 가까워지면 큰집에 보내달라고 엄마 아빠를 졸라댔다. 방학 내내 머물기도 했다.

고향인 전북 남원 사립안 마을의
당산에 세워진 표석.
이 마을에서 할아버지가 일찍 돌아가신 뒤
아버지 형제들이 모여 살다가
한 분씩 분가해 나가셨다.

본적

예전 호적 제도에 따르면 나의 본적은 내가 태어난 고향인 전북 남원이다. 지금은 호적 제도가 없어졌는데, 호주(戶主)를 중심으로 하여 그 집에 속한 사람들의 본적, 성명, 생년월일 등 신분 사항을 기록해놓는 제도다. 호적은 족보와 달리 현재 살아 있는 호주의 가족들을 정리해놓은 것이다. 예를 들어 나의 아버지를 기준으로 삼는다면, 아버지와 어머니, 그 아래 자녀와 손자들을 기록한다. 딸의 경우 시집을 가면 출가외인(出稼外人)이라고 해서 본래 호적에서 지우고 시집의 호적으로 옮겨간다. 남자를 기준으로 아버지, 아들, 손자, 증손자, 그리고 그 부인들, 이런 식으로 기록한다. 순전히 남자 위주다. 호적 제도가 없어진 이유 중 하나인 남녀평등의 위배는 이런 점을 두고 하는 말이다.

본적은 한 집안의 호적이 있는 지역을 말한다. 아버지가 돌아가신 뒤 우리 집의 호주는 자연스럽게 장남인 나의 형이 되었다. 한번 정해진 본적을 죽을 때까지 유지해야 하는 것은 아니다. 결혼을 해 분가를 하면 본적지를 새로 정할 수 있다. 내 경우에는 전북에서 지금 살고 있는 서울로 본적을 옮길 수 있는 것이다. 하지만 그렇게 하지 않았다. 그래서 나의 아이들 현재, 경재의 본적도 전북 남원이다. 물론 호적 제도가 폐지되었기 때문에 본적은 이제 더 이상 의미가 없다.

하지만 여전히 본적을 따지는 사람들이 많다. 특히 일부 회사에서는 입사할 때 원적을 묻기도 한다. 원적이란 아버지의 본적을 말한다. 수도권으로 본적을 바꾼 사람들의 본래 출신지를 알고 싶은 것이다.

현재, 경재는 비록 서울에서 출생했지만 나의 출신지를 따져서 전라도 출신으로 분류하기도 한다. 지금까지도 이 구분은 의미가 있다. 왜냐하면 동향 출신끼리 서로 잘 뭉치는 경향이 있기 때문이다. 같은 학교 출신들끼리 잘 뭉치는 것처럼 동향 출신끼리도 친밀감이 더 높은 것은 인지상정이다.

그런데 호남 출신들의 경우 영남이나 충청 등 다른 지역 사람들과 달리 본적을 수도권으로 옮긴 사례가 꽤 많다. 내 친척들 중에서도 서울과 경기 지역으로 이사한 사람들 상당수가 본적을 호남에서 수도권으로 옮겼다.

호남 차별

본적지, 즉 출신지를 따지는 중요한 이유는 호남 출신에 대한 차별 때문이다. 영남 출신인 박정희 대통령이 1961년 군사쿠데타로 정권을 장악한 뒤 전두환, 노태우, 김영삼 대통령에 이르기까지 36년 동안 영남 출신이 계속 대통령을 했다. 그 기간 동안의 경제개발 정책과 권력 엘리트 충원 과정에서 호남 지역은 꾸준히 소외되었다.

박정희 정부는 쿠데타로 집권했기 때문에 한마디로 정통성이 없는 정부였다. 그래서인지 국민들의 지지를 받기 위해 경제개발 정책을 서둘렀다. 당시 경제개발은 농업사회를 공업사회로 전환하는 것이었고, 정부는 공업화를 위해 정주영, 이병철 같은 자본가들을 독려해 대단위 공장을 짓기 시작했다. 이들이 주로 수도권과 영남에 공장을 지었다. 우리나라의 유명한 공단은 경인공단을 제외하면 대부분 영남의 포항, 울산, 부산, 창원 등지에 몰려 있다.

공장이 돌아가려면 노동자가 있어야 한다. 노동자의 임금이 적으면 적을수록 자본가는 좋다. 그 값싼 노동자들을 갑자기 어디서 확보할 수 있을까? 바로 농촌이었다. 박정희 정부는 공업화라는 이름하에 농업말살 정책을 펴기 시작했다. 대표적인 것이 바로 저곡가 정책이다. 쌀값을 최대한 떨어뜨린 것이다. 쌀값이 떨어지면 농민들이 먹고살기 힘들어지고, 결국 농업을 포기하고 농촌을 떠나게 된다. 그들이 갈 곳이 어디에 있을까? 먹고살자면 일을 해야 하니까 결국 공장으로 흘러가게 된다. 공장 노동자마저 되지 못한 사람들은 그 노동자들을 상대로 허드렛일을 하며 돈을 버는 도시빈민이 되었다. 조정래의 소설 『한강』을 보면 이 당시 상황이 아주 잘 묘사되어 있다. 구두를 닦거나 똥지게를 지는 사람들은 대부분 농촌에서 상경한 이들이다.

1960년대 우리나라의 농촌 인구는 전체 인구의 70퍼센트가 넘었다. 하지만 2017년 현재 농촌 인구는 얼마나 될까? 전체 인구의 6퍼센트도 되지 않는다. 거의 모든 농민들이 일자리를 찾아 도시로, 또 도시로 이동한 것이다. 그들은 공장 노동자와 영세 상인, 하루 벌어 하루 먹고사는 일용직 노동자가 되었다.

영남 지역은 공장이 많으니 영남의 농촌에서 흘러나온 인력을 웬만큼 수용했지만, 호남 지역에는 공장이 없으니 호남 출신 인력은 대부분 수도권으로 갔고, 그중 일부는 영남 지역 등 다른 공단지대로 이주했다. 해방 직후까지만 해도 풍요로운 곡창 지대에 가장 많은 인구가 살았던 호남이 공업화 정책 이후 인구가 급속도로 줄어들게 된 배경이다. 또한 호남 출신들이 수도권에서 밑바닥층을 형성하게 된 직접적인 배경이자, 호남 사람에 대한 무시와 멸시가 출발하게 된 배경이기도 하다.

정부의 인사(人事) 역시 마찬가지다. 대통령이 국무총리나 장관 등 정부 고위직 공무원을 자신과 가까운 사람들 위주로 임명했고, 그 결과 호남 출신보다는 영남 출신들이 주로 임명되었다. 고위직이 영남 출신이니 아랫사람이 승진할 때도 영남 출신들은 자연스럽게 우대받은 반면, 호남 출신들은 배제되었다. 처음 고시 합격자 수에서 영남과 호남 출신이 똑같아도, 나중에 고위직까지 올라가는 사람은 영남 출신이 대부분인 비대칭적 상황이 지속되었다. 박정희 정부부터 김영삼 정부까지 무려 36년 동안.

이때만 해도 정부의 힘이 막강했고 정경유착으로 부정부패 또한 심했다. 정치권력이 뇌물을 고리로 경제를 좌지우지하던 시절이었다. 따라서 기업에서 사업에 필요한 정부의 인허가를 받으려면 정부 고위직에 소위 '줄'을 댈 수 있는 사람이 필요했다. 그런데 정부 고위직이 대부분 영남 출신이다보니 일반 기업에서도 영남 출신들을 우대하지 않을 수 없게 되었다. 고위직과 잘 아는 사람이거나 아니면 최소한 고위직과 동향으로 말이 통할 수 있는 사람이 훨씬 로비하기 편하기 때문이다. 이런저런 이유로 호남 출신들은 우리 사회의 거의 모든 부문에서 밀려났다.

과거 TV 드라마나 영화를 보면 깡패나 식모 등 밑바닥 인물들은 대부분 전라도 사투리를 썼다. 돈을 떼먹고 달아나는 양아치나 조직의 배신자도 호남 출신이 많았다. 당시 호남의 인구가 가장 많던 만큼 호남 출신 중에 이런 사람들도 많았을 것이다. 하지만 다른 지역 출신이라고 이런 사람들이 없었을까? 유독 호남 출신들이 비난을 당하는 현상은 호남 사람들이 그만큼 우리 사회 밑바닥층을 형성하며 어렵고 독하게 살았다는 반증이다.

이 때문에 일부 호남 사람들은 자기 자식들만큼은 차별을 받지 않도록 본적을 수도권으로 옮겨 출신지를 숨겼다. 또 한편으로 사회의 천대를 피하고 스스로를 보호하기 위해 뭉치기 시작했다. 호남 향우회라는 특수 조직이 생겨난 배경이다. 우리 사회에서 구조적으로 진행된 호남 차별을 없애려면 정치권력을 잡아야 한다는 일종의 숙원도 생겨났다. 이 숙원이 김대중 대통령과 야당에 대한 전폭적인 지지로 오랜 세월 이어졌다. 정치권력을 장악하려면 영남 출신 군인들이 중심이 된 독재정권을 물리쳐야 했다. 호남 사람들이 다른 지역에 비해 민주화를 지지하고 진보 성향을 보이는 것은 바로 이런 배경 때문이다.

"우리가 남이가"로 상징하는 지역주의

1987년 민주화 이후 10년 만에 처음으로 호남이 권력을 차지했다. 민주화의 열망에 힘입어 1997년 김대중이 대통령에 당선된 것이다. 호남 출신이 대통령이 된 것은 대한민국 정부 수립 이후 처음이었다. 지금까지도 호남 출신 대통령은 김대중이 유일하다. 김대중은 당선 이후 국가 엘리트 충원 과정에서 호남에 대한 배려를 했다. 하지만 국회의 다수를 야당이 차지하고 있다보니 야당의 눈치를 보지 않을 수 없었다. 더욱이 불과 5년 동안의 권력으로는 40년 가까이 쌓인 호남 사람들의 한을 풀기에 역부족이었다. 또한 40년 가까이 이어져온 독재의 산물을 제거하기에 5년은 턱없이 부족했다.

그럼에도 불구하고 호남이 뭉쳐 권력을 차지하자 영남 역시 뭉치기 시작했다. 우리 사회 기득권 세력들이 그동안 자신들의 권력을 유지시켜주던 독재정권이 무너지자 영남을 중심으로 뭉쳐, 민주화를 대표한 호남과 대립하며 지역주의를 확산시켰다. 우리 사회 기득권자들이라면 재벌과 관료, 언론인, 기성 정치인 등이다. 이들은 민주화 대 독재의 구도를 호남 대 영남의 구도로 만들어 선거에 대응했다. "우리가 남이가!"는 이때 유행한 대표적인 말이다. 호남에 대적하기 위해 경북과 경남이 하나로 뭉쳐야 한다는 뜻이다.

물론 이렇게 된 이유에서는 김대중 대통령도 마냥 자유로울 수 없다. 부산 출신의 김영삼 대통령과 함께 민주주의라는 대의하에 계속 뭉쳐 독재의 잔재를 청산했어야 했지만, 1987년 서로 대통령이 되겠다고 갈라서는 바람에, 결과적으로 지역주의 정당체계를 만드는 데 일조한 셈이 되었다.

영남은 공업화를 배경으로 인구가 증가하기 시작해 언제부터인가 호남 인구의 두 배를 넘었다. 대의 민주주의는 결국 한 표라도 더 많이 얻은 사람이 승리하는 제도인데, 이 상태에서 호남이 영남을 이기는 건 불가능에 가깝다. 호남 혹은 다른 지역 출신 정당이나 후보가 도덕적으로나 능력 면에서 아무리 탁월해도 지역주의 구도가 유지되는 한 영남 출신 정당이나 후보가 무조건 유리할 수밖에 없는 구조다.

게다가 영남 출신 정당은 과거 독재정권에 그 뿌리를 두고 있다. 박정희에서 전두환으로 이어지는 기득권 세력이 1987년 민주화 이후 영남 정당을 계승해 지금까지도 영향력을 행사하고 있다. 대한

민국이 발전하려면 지역주의 구도가 깨져야 한다.

이 지역주의 구도를 깨기 위해 많은 사람들이 노력했다. 대표적인 사람이 바로 노무현 대통령이다. 노무현 대통령은 부산 출신으로 민주화에 앞장서온 민주당, 호남 정당에서 활동했다. 그는 서울 종로에서 국회의원을 하다가 부산으로 가 민주당 후보로 국회의원과 부산시장에 도전했고 떨어졌다. 부산에서 안 될 것이 뻔한데도 지역주의를 깨야 한다는 대의명분을 갖고 계속 도전한 것이다. '바보 노무현'이라는 영광스러운 별명이 이때 나왔다. 노무현은 그 진정성을 인정받아 2002년 대선에서 16대 대통령에 당선되었다. 하지만 그 이후에도 지역주의는 쉽게 사라지지 않았다.

2017년 5월 치러진 대선을 계기로 앞으로는 많은 변화가 있을 것으로 예상된다. 정치학자로서 그리고 오랫동안 정치를 관찰해온 언론인으로서 내가 느끼는 것이다. 지금까지 우리 사회가 진보해온 것을 볼 때 충분히 그럴 수 있다. 미래에 사람들은 2017년 대선을 일컬어 지역주의가 깨진 정초(定礎) 선거라고 말하게 될 것이다. 나의 강한 예감이다.

지역주의 이야기를 길게 한 것은 내가 본적을 옮기지 않은 이유와 배경을 설명하기 위해서다. 나마저 출신지를 숨기고 도망가기 싫었다. 또 호남이 차별을 받는 사회가 지속되어서는 안 된다는 생각도 작용했다. 그런 사회를 바꾸어야 하지 않을까. 호남 출신임을 숨기지 않아도 되는 사회, 그런 사회가 되어야 한다.

3

어린 시절의
가난과
어머니의 당부

땅바닥에서 놀던 아이

내 어린 시절 기억은 고향에 간 것을 제외하면 대부분 전주의 작은 골목길에서 놀던 장면이다. 전라북도 전주시 완산구 남노송동과 중노송동, 가난한 사람들이 주로 모여 살던 곳이 주 무대다. 1970년대면 우리나라가 가난을 벗어나지 못하던 시절이다. 호남은 공장조차 없었으니 훨씬 더 심했다. 오죽 특성이 없었으면 전주를 교육도시, 소비도시라고 불렀을까.

내가 살던 동네에는 낡은 한옥이나 판잣집이 많았다. 전주에서 양옥에 살면 정말 잘사는 집이었다. 당시에는 대부분 다가구 주택에서 살았다. 방 한두 개를 한 가구가 사용해 큰 집에는 네댓 가구가 모여 살기도 했다. 다가구 주택에 함께 산 사람들 중 돌팔이 치과 의사가 가장 기억에 남는다. 돌팔이 의사는 의사 면허를 따지 못한 상태에서 의료행위를 하는 사람을 말한다. 당시에는 의사가 부족해서 그런 돌팔이 의사가 꽤 많았다.

셋집에 살다보니 이리저리 이사를 많이 다녔는데 내가 초등학교 5학년 때 드디어 우리 집이 생겼다. 전주상업고등학교 뒤편에 있는 기린봉이라는 작은 봉우리 아래쪽이었다. 그곳에 작은 개천이 흘렀는데 그 주변에 집이 있었다. 우리 집을 빙 둘러 흙벽이 있었고, 그 벽 위에는 아까시나무가 많이 자랐다. 여름이면 아버지와 함께 지붕 위에 올라가 아까시나무를 베던 기억이 생생하다. 아까시나무는 일본에서 들어온 품종인데, 정말 잘 자란다. 내버려두면 너무 자라서 슬레이트 지붕을 뚫거나 무너뜨리기 때문에 귀찮더라도 매년 베어내야 했다.

우리 집에는 방이 네 개 있었다. 두 개를 우리가 쓰고, 두 개는 다른 집에 세를 주었다. 말이 기와집이지 정말 허름했다. 나는 그 집에서 대학에 들어갈 때까지 살았다. 재개발이 되어 도로가 나면서 그 집도 지금은 다 사라졌다.

워낙 어렵게 살아서 그런지 나는 어린 시절 사진이 거의 없다. 하다못해 백일 사진이나 돌 사진도 없다. 초등학교 5학년 때 아버지가 근무하던 학교에서 빌려온 카메라로 집에서 찍은 것이 내 첫

전주 중노송동 자택에서
초등학생이던 나와 누나의 다정한 모습.
가난한 사람들이 모여 살던 동네로
낡은 한옥이나 판잣집이 많았다.

사진이었을 것이다. 초등학교 6학년 때는 이제 마지막 어린이날이라며 전주 동물원에 부모님이랑 놀러 갔는데, 그때 사진관에서 카메라를 빌려가 찍은 것이 가장 기억에 남아 있다.

어린 시절에는 주로 동네 아이들과 놀았다. 친구 집에 가서 "아무개야 놀~자!" 하고 부르면 친구들이 하나둘 나와서 뭉쳤다. 혹은 부르지 않아도 동네에 놀 만한 넓은 장소에 가면 이심전심으로 모인 아이들이 잔뜩 있었다. 형, 동생 구분 없이 다 함께 어울렸다.

가장 많이 했던 놀이는 구슬치기와 비석치기, 땅따먹기, 자치기, 딱지치기, 쌈치기, 사자놀이, 오징어, 뎅깡, 숨바꼭질, 말타기 등이었다. 이 중에서 요즘 아이들이 해본 놀이가 얼마나 될까? 구슬치기와 딱지치기, 숨바꼭질, 말타기 정도? 나머지는 이제 전통 놀이가 되어버렸다. 요즘 아이들은 들어보지도 못했을 것이다.

내가 이 중에서 잘했던 놀이는 자치기와 땅따먹기, 오징어, 뎅깡 등이었다. 이 모든 놀이가 대부분 땅바닥에서 하는 것들이다. 땅바닥에 그림을 그리거나 구멍을 파서 놀았다. 집이 좀 유복한 아이들은 장난감도 가지고 놀았지만, 내 주변 아이들 집안은 그렇게 넉넉한 형편이 못 되었다. 그래서 나무를 깎아서 만든 장난감을 가지고 놀거나 돌멩이나 흙을 갖고 놀았다. 당시에는 썰매도 나무를 깎아서 직접 만들었다. 주변 야산에 가서 놀기도 했다.

물론 그 시절에도 태권도나 피아노를 배우는 아이들이 간혹 있었다. 그 아이들은 그 아이들대로 따로 놀았다. 유유상종이라고, 사람들은 원래 끼리끼리 어울리는 법이다. 우리는 가난한 동네에 살았기 때문에 가난한 아이들끼리 어울렸다. 그래서 부유한 집 아이들과 놀이 문화가 많이 달랐다.

아버지와 주사기

우리 집안 형편이 넉넉하지 못했던 가장 큰 이유는 아버지의 지병 때문이었다. 내가 초등학교 2학년이 되던 해부터 아버지가 알레르기성 기관지 천식에 걸려 병원을 다니셨다. 지금은 의술이 발달해서 치료가 어렵지 않은데, 당시에는 특별한 방법이 없었던 모양이다. 그래서 이런저런 의사들을 수도 없이 찾아다녔고, 약값도 꽤 들었다고 한다. 어머니도 디스크로 허리 수술을 두 번이나 받으실 정도로 병원에 오래 다니셨다.

중학생이 되던 해부터는 내가 아버지 엉덩이에 직접 주사를 놓았다. 우리 집 장롱에는 일회용 주사기가 수북이 쌓여 있었다. 주사에는 근육주사와 혈관주사가 있는데, 아버지가 맞던 근육주사는 누구나 쉽게 놓을 수 있었다. 왼쪽 엉덩이를 4등분 한 뒤 2사분면(오른쪽 엉덩이는 1사분면)에 푹 찌르고 주사를 놓으면 그만이니까. 아버지가 천식 때문에 숨이 막혀 고생을 하시면 장롱에 있는 주사기를 꺼내고는 주사약과 증류수를 섞어서 놓았다. 약효가 나타나면

기도가 열렸다. 그렇게 주사를 놓아도 소용이 없으면 택시를 타고 병원 응급실로 달려가기를 반복했다.

나의 아버지는 지방 행정 공무원이셨다. 초·중·고등학교의 서무 행정을 맡으셨다. 9급부터 시작하신 것 같다. 할아버지가 일찍 돌아가시면서 아버지는 제대로 교육을 받지 못하셨다. 그래서 군대에 가서 고등학교를 졸업하셨다. 그렇게 어렵게 고졸 학력을 가지고 지방 공무원이 되셨다.

아버지가 공무원이라고 해도 지방의 하위직이라 월급이 적었다. 그 돈으로 우리 다섯 식구가 살기에는 부족해서 어머니가 여러 가지 돈벌이를 많이 하셨다. 화장품 외판원도 하고, 집에서 밤을 까기도 했다. 돈을 모으는 계는 꼬박꼬박 하셨던 걸로 알고 있다. 어머니가 일을 하셨기 때문에 학교에 갔다 오면 집에 아무도 없을 때가 많았다.

초등학교 시절 어머니의 당부

나는 전주에 있는 풍남초등학교를 다녔다. 내가 학교에 다닐 때는 학원이나 과외 같은 것이 전혀 없었다. 사교육 열풍이 불어서 초등학교부터 고달픈 인생을 시작하는 지금과 지극히 대조되던 때였다.

그때 어머니가 나에게 신신당부한 것이 세 가지 있었다. 첫째 숙제 끝내고 놀아라, 둘째 학교 끝나면 군것질하지 말고 집에 바로 와라, 셋째 학교에서 반장 하지 마라.

숙제는 일찍 끝냈다. 당시에는 숙제를 안 해서 가면 선생님한테 매를 맞았다. 매를 맞으면 아프기도 하지만 창피했다. 그래서 집에 돌아오자마자 숙제를 하고 마음 편하게 놀았다. 나중에 내가 공부를 잘 따라갈 수 있었던 건 숙제를 빨리 끝내는 습관 덕분이었던 것 같다.

지금은 체벌이 금지되었지만 예전에는 '사랑의 매'라고 해서 선생님들이 학생들을 많이 때렸다. 오죽하면 선생님이 된다는 말을 '교편을 잡는다'라고 할까? 교편이란 선생님이 수업 시간에 사용하는 막대기인데, 주로 이걸로 학생들을 때렸다.

군것질을 못하게 한 것은 이 음식들이 몸에 해로웠기 때문이다. 당시에는 위생 관념이 지금처럼 높지 않았고, 길거리 음식은 위생 관리가 더욱 안 되었다. 물론 지금처럼 공기나 물 등 자연환경이 오염된 것이 건강에는 더 안 좋겠지만.

학교에서 반장을 하지 말라는 것에는 의미가 있다. 반장을 하려면 돈이 들었다. 반장 어머니라는 이유로 담임 선생님한테 불려 다니고, 선생님을 만나면 촌지를 주는 것이 당연시되었다. 거기다 반장 어머니는 학교 행사 때마다 이런저런 명목으로 앞장서서 돈을 내야 했다. 그래서 어머니는 우리 형제에게 절대 반장을 하지 말고 신신당부하셨다. 돌이켜보면 내가 초등학교에 다닐 때 어머니가 담임 선생님을 만나러 온 적이 거의 없었던 것 같다. 내가 초등학교 2학년 때 전주동초등학교로 잠시 전학을 갔다가 풍남초등학교로 다시 돌아온 적이 있는데, 이때도 부모님 없이 나 혼자 전학서류를 들고 갔다.

그런데 이게 사실 문제였다. 학교에서 공부 잘한다고 상도 타고, 반장도 하는 아이들은 대부분 한 무리였다. 소위 우등생 그룹이다. 그런데 한 학년을 마칠 때 우등생으로 평가되는 종합우수상을 타려면 일반 시험점수도 좋아야 하지만, 과학이나 음악 경시대회 등에 나가 특기상을 하나씩 타야 했다. 이런 대회는 참가만 하면 거의 상을 준다. 그런데 이 대회에 나갈 기회가 모든 학생들에게 있는 것은 아니다. 선생님이 예쁘게 본 아이들에게 우선권이 있었다. 쉽게 말해서 엄마의 치맛바람이 있어야 했다.

이런 이유 때문인지 나는 저학년 때 우등생 그룹에 끼지 못했다. 5학년 때 담임 선생님이 과학 경시대회에 나가보라고 해서 처음으로 나갔다. 그냥 성적이 좋아서 내보내준 것 같은데, 그 덕분에 처음으로 종합우수상을 받았다. 그때 기분이 날아갈 듯 좋았다.

촌지를 주고받던 시절

촌지는 한자로 마디 촌(寸)과 마음 지(志)를 쓴다. 마디란 대나무한 마디를 말한다. 그 정도로 작은 마음이라는 뜻이다. 학부모들이 학교 선생님에게, 회사 직원이 상사에게, 기업인이 공무원에게 주었던 작은 정성을 말한다. 이 작은 정성이 무엇이냐고? 쉽게 말해 내 자식들 잘 봐달라거나, 나를 잘 봐서 승진시켜달라거나, 기업 인허가를 잘 해달라는 뜻으로 주는 뇌물이다. 그런데 뇌물 액수가 크지 않으니 말 그대로 촌지라고 한 것이다.

예전에는 이 촌지가 우리 사회의 관행이었다. 편지 봉투에 '寸志'라고 써서 주었고, 받는 사람도 특별한 부담 없이 받았다. 학교에서도 당연한 거래로 간주되었다. 그러니 가난한 학부모들은 선생님을 만나는 걸 피할 수밖에 없었다. 선생님을 만나면 촌지를 줘야 하는데 그 자체가 부담이니까. 반면 부유한 학부모들은 촌지 액수도 다른 사람보다 많았을 것이다. 촌지를 받은 선생님들이 아이들을 대하는 태도가 달라지는 건 어쩌면 인지상정이지 않았을까? 초등학교에서 성적 차이가 난다고 얼마나 날까? 성적보다 촌지 액수가 더 중요했던 것이다.

학교에서 촌지가 없어지기 시작한 것은 1987년 민주화 이후 전국교직원노동조합(전교조)이 생기면서부터다. 당시 전교조가 주장했던 것이 참교육과 촌지 없애기였다. 대단한 일이다. 촌지의 최대 수혜자인 선생님들이 자발적으로 촌지를 없앤 것이다. 촌지는 해방 이전, 아니 조선시대에도 있지 않았을까? 그토록 오래된 관행을 전교조 선생님들이 없애기 시작했다.

촌지 액수는 얼마나 되었을까? 만약 요즘도 선생님을 만나서 촌지를 준다면 적어도 30만 원은 되어야 하지 않을까? 액수가 그렇게 많지 않은 데다, 대가성을 규명하기 어렵고, 오랜 관행이다보니 누구나 용인했다. 하지만 학부모에게는 결코 적지 않은 돈이었다. 아이가 둘이라면 선생님에게 한 번 찾아갈 때 60만 원은 준비해야 하는데, 지금 교사 월급이 300~400만 원 수준에 불과하니 꽤나 큰 돈이다. 다들 촌지를 주는데 우리만 안 주면 우리 아이들만 차별을 받을 수 있고, 주자니 부담스럽고…

전교조의 촌지철폐운동 이후 학교 촌지는 서서히 자취를 감추기 시작했다. 전교조에 가입한 선생님들이 늘어나면서 촌지를 받는 선생님이 이상한 사람이라는 분위기가 형성되었다. 그 결과 이제는 촌지를 주는 관행이 거의 사라졌다. 게다가 2016년부터 '부정청탁 및 금품 등 수수의 금지에 관한 법률', 일명 '김영란법'이 시행되면서 촌지를 생각하기가 더욱 힘들어졌다. 김영란법에 따라 이제는 학교 선생님들이 돈이나 선물을 받으면 이유와 액수를 불문하고 처벌을 받는다. 공무원도 마찬가지다. 이건 엄청난 변화다.

김영란은 전임 대법관의 이름이다. 이분이 국민권익위원장 시절인 2012년 공무원이나 교원, 언론인 등에게는 대가성 여부와 관계없이 일단 돈을 받으면 처벌하는 법을 발의했는데, 그의 이름을 따 '김영란법'이라고 부르게 되었다. 2016년부터 김영란법을 시행한다고 하자 우리나라의 대표적인 보수 성향 신문들, 예컨대 '조중동'(조선일보·중앙일보·동아일보)으로 불리는 3대 일간지와 경제지 등이 적극적으로 반대하고 나섰다. 김영란법에 따르면 한 끼 식사비 3만 원, 선물 5만 원, 경조사비 10만 원을 넘으면 처벌받을 수 있다. 보수 신문들은 겉으로는 김영란법이 시행되면 음식점이 어려워지고, 농민과 자영업자들이 어려워질 것이라는 논리를 내세웠다. 우리 경제가 어려워질 거라고 떠들었다. 사실 속내는 이렇다. 기자들 역시 김영란법 적용 대상이다. 기자들도 촌지를 받거나, 3만 원이 넘는 식사나 술대접을 받거나, 공짜 골프를 치면 처벌받는다. 그래서 엉뚱하게 경제 논리를 들이댄 것이다.

김영란법이 시행된 뒤의 결과를 보면 당초 우려와는 전혀 거리가 멀다. 신문 기사를 무조건 사실이라고 믿으면 안 된다는 걸 신문사 스스로 입증한 것이다. 부끄러운 일이다.

4

경쟁을 부추기는
현실을 깨닫다

똥중

 내가 다닌 중학교는 전주동중학교다. 당시에는 그저 '똥중'이라고 불렀다. 내가 중학교를 들어갈 때는 이미 평준화되었다. 그전에는 중·고등학교도 시험을 치르고 들어가야 했다. 전주에서는 전주북중학교와 전주고등학교가 가장 유명했는데, 전두환이 대통령이 된 뒤 명문 중·고등학교의 폐해를 없앤다면서 전주북중학교를 아예 없애버렸다. 이때부터 중·고등학교 모두 추첨을 통해 배정받았다.

 내가 중학교를 다닌 시기가 1981~83년이니까 전두환 정권이 한창 극성을 부릴 때였다. 전두환도 박정희처럼 군사쿠데타로 집권을 했다. 우리나라 현대사는 지극히 불행하다. 군사쿠데타가 두 번씩이나 일어났고, 모두 성공했으니까. 사람들이 민주주의를 배울 기회가 그 기간만큼 늦어진 것이다.

5·18광주항쟁에 대해서 이제는 널리 알려져 있다. 1979년 독재자 박정희가 피살당한 뒤 국민들은 민주화를 요구했다. 이때 박정희의 양아들로 불렸던 전두환이 12·12쿠데타를 통해 실권을 장악했다. 그리고 당시 허수아비로 내세웠던 최규하 대통령을 몰아내고 정권을 차지했다. 이 과정에서 1980년 5월 18일 광주에 공수부대를 투입해 민주주의를 요구하는 광주 시민들을 무차별 학살했다.

광주에서 일어난 민주항쟁을 무력진압하고 대통령이 된 전두환은 권력을 유지하기 위해 강압적인 통치 방식을 택했다. 사회정화운동, 즉 불량배를 소탕한다는 명분을 내세워 정권에 반대하는 수많은 사람들을 감옥에 집어넣거나 삼청교육대에 보내기도 했다. 언론은 통폐합 절차를 거쳐서 정부가 원하는 내용만 보도하도록 통제했다.

전두환 정권은 이런 강압적 통치와 함께 국민들의 관심을 정치가 아닌 다른 쪽으로 유인하기 위한 유화정책도 폈는데 그게 바로 3S 정책이다. 3S란 스포츠(Sport), 스크린(Screen), 섹스(Sex)를 말한다. 우리나라에 성인영화가 많아진 시기가 바로 전두환 때다. 이 무렵 컬러TV가 가정에 본격적으로 보급되기 시작했고, 프로야구도 처음 도입되었다. 정권의 의도대로 사람들이 영화나 드라마, 스포츠로 관심을 돌리기 시작했다.

　나도 프로야구 광팬이었다. 그전에는 고교야구가 전성기를 누렸는데, 1982년 프로야구 첫 시즌이 시작되면서 모든 관심이 프로야구로 쏠려버렸다. 사실 프로야구가 지역감정을 부추긴 측면도 있다. 지역별로 구단이 있기 때문이다. 호남의 해태 타이거즈, 부산의 롯데 자이언츠, 대구의 삼성 라이온즈, 충청의 OB 베어스, 서울의 MBC 청룡, 인천·경기의 삼미 슈퍼스타즈가 첫 구단이었다.

　해태 타이거즈에는 김봉연, 김성한, 선동열 등 군산상업고등학교(군산상고)와 광주제일고등학교(광주일고) 같은 야구 명문고 출신의 유명 선수들이 즐비했다. 해태 타이거즈는 1980년대 우리나라에서 유례가 없는 우승 신화를 이어갔다. 해태 타이거즈의 우승은 정치적으로나 경제적으로 소외되었던 호남 사람들에게 큰 기쁨을 주었다.

　아이들 사이에서도 야구가 유행했다. 나는 친구들과 테니스공을 갖고 '빵울야구'를 자주 했다. 소프트볼처럼 투수가 테니스공을 던지면, 방망이 대신 주먹으로 치고 달리는 야구다. 당시에는 야구공도 드물었고, 방망이나 글러브는 더더욱 귀했다. 반면에 빵울야구는 테니스공 하나만 있으면 할 수 있었다. 나와 친구들은 학교 수업이 끝나면 빵울야구를 하고 집에 가는 것이 일과였다.

　실내 스포츠로는 탁구가 유행했다. 당시 우리나라 탁구팀이 중

중1 때 당숙뻘인 어린 친척과 함께
집에서 촬영한 사진.
좀처럼 사진을 안 찍어서
중학교 교복을 입고 찍은 유일한 사진이다.

국의 10억 인구 대표를 이겼다며 방송에서 온갖 난리를 피웠다. 이게 다 전두환 정권의 홍보였다. 정부의 정책에 따라 중학생들의 놀이 문화까지 바뀌었다.

중학교 때 나는 정말 많이 걸었다. 당시 전주동중학교 교장 선생님은 군인 출신이었다. 박정희·전두환 두 군사정부를 거치면서 군인 출신들이 우리 사회의 중요한 자리를 많이 차지했다. 전주동중학교 교장도 그런 분이었다. 교장 선생님의 군인정신이 발동하면서 우리는 걷기운동을 해야 했다. 교장 선생님은 학교에서 집까지 4킬로미터 이상 떨어진 먼 곳이 아니면 자전거로 통학하는 것을 금지했다. 나는 3년 내내 30분 거리를 걸어 다녔다. 학교를 오가면서 자연스럽게 나 혼자 길 가는 사람을 상대로 걷기 시합을 했다. 아마 내 걸음을 따라올 사람이 별로 없을 정도로 빨리 걸었던 것 같다. 그래서 지금도 걷기는 꽤 오래 잘할 수 있다.

전주고와 고고 평준화

내가 추첨을 통해 배정받은 고등학교는 전주고등학교(전주고)다. 전주고는 전통적인 명문학교다. 동창회가 막강했다. 한때는 전주고에 수영장과 조류 사육장이 있었다. 전주고 졸업생 중에 난다 긴다 하는 사람들이 많다보니 동창회 기금이 엄청나게 들어왔다. 그 돈으로 수영장을 운영하고 희귀 조류까지 길렀다. 초등학교 때 전주고 수영장 뒷문으로 학생들이 수영하는 장면을 지켜보았던 기억이 아직도 선명하게 남아 있다.

하지만 내가 입학할 때 전주고는 이미 많이 쇠락해 있었다. 전두환이 고교 평준화 정책을 실시하면서 전주고는 예전의 명성을 잃기 시작했다. 동창회 기금도 많이 줄었다. 수영장은 폐쇄 직전이었고, 조류 사육장의 새들은 다 팔아버려 텅 비어 있었다. 그래도 전주고는 여전히 명문고라는 막강한 인맥을 유지했다.

전주고 야구팀은 군산상고에는 밀렸지만 그래도 전라북도에서는 두 팀이 쌍벽을 이루었다. 야구팀이 있으니 학교 운동장이 넓은 것이 장점이었다. 넓은 운동장을 보면 마음이 탁 트이는 것 같아서 기분이 좋았다.

고등학교 3년 중 1학년 때가 가장 즐거웠다. 반 친구들끼리 잘 뭉쳤다. 말도 잘 통하고, 상대를 꺾으려는 극한 경쟁 같은 것이 없었다. 모두들 공부는 공부대로 하면서 놀기도 잘 노는 즐거운 시절이었다. 반 친구들이랑 처음으로 제대로 된 글러브와 방망이를 들고 야구시합도 했다.

그 시절 한 가지 잊지 못할 에피소드가 있다. 1학년 말쯤 1학년 전체 학생 중 100등까지 뽑아서 정규수업이 끝난 뒤에도 학교에 남겨 보충수업을 시켰다. 다른 학생들은 모두 집에 가는데, 따로 남아서 또 수업을 들어야 하니 학생들이 좋아할 리가 없었다. 그래서 이 핑계 저 핑계를 대고 빠지는 애들이 하나둘 생겼다. 특히 재미없는 선생님이 가르치는 시간은 정말 싫었다. 그래서 교실을 이동하는 중간에 우리 반 친구들끼리 단합해서 한꺼번에 도망치곤 했다. 우리 반은 출석부에서 번호가 가장 빠른 친구를 불러서 없으면 나머지 학생들도 모두 없었다.

하루는 아침 일찍 담임 선생님이 오시더니 "이놈들이 단체로 도망가!" 하면서 우리를 소집했다. 추운 겨울이었다. 모두 나갔더니 몽둥이로 손바닥을 때리는데 어찌나 아프던지. 당시에는 학교 난방이 잘 되지 않아서 다들 손이 얼어 있었다. 그때 다른 반 선생님이 옆에서 보시더니 "저놈들 더 맞아야 한다"며 자꾸 우리 담임 선생님을 부추겼다. 그 덕에 엎드려뻗처를 하고 엉덩이까지 맞았다.

우리 반은 그만큼 단결이 잘 되었고 친구들끼리 의리가 있었다. 이는 체육대회나 소풍 때도 잘 나타났다. 항상 어디를 가나 반을 주도하는 애들이 있는데, 이 애들이 어떤지에 따라서 그 반의 문화가 많이 달라진다. 지금 생각해보면 좋은 친구들이 많았던 것 같다.

재능과 성적

고등학교에 올라가면서 성적이 갑자기 쭉 올랐다. 중학교 3학년 때 전교 5~6등이 최고 성적이었는데, 고등학교에 들어가 치른 3월

말 첫 시험에서 1학년 전체 2등을 한 것이다. 이때는 전체 50등까지의 명단을 교문 앞에 붙여놓았다. 등교하는 길에 나도 그걸 보고 깜짝 놀랐다.

흥미로운 건 선생님들 중 어느 누구도 전체 1등을 눈여겨보지 않았다는 점이다. 당시 전체 1등은 우리보다 2년 선배였다. 몸이 아파서 몇 달쯤 학교를 다니다 그만두기를 두 번이나 했다. 그러니 3월 말 첫 시험에서 점수를 잘 받은 걸 당연시했다.

갑자기 내 성적이 올라간 이유가 있다. 시험을 국어·영어·수학 세 과목만 보았기 때문이다. 내가 제일 좋아하는 과목만 본 것이다. 고등학교 때부터 시험 방식이 많이 바뀌었다. 중간고사나 기말고사는 전체 과목을 다 보지만, 월말고사는 국어·영어·수학만 보았다. 중간고사, 기말고사도 과목별로 비중을 두어 국어·영어·수학의 경우 점수 비중이 높은 반면, 음악이나 미술, 공업 같은 과목은 비중이 낮았다. 이런 방식은 나에게 무조건 유리했다. 이때부터 나는 전교에서 1~2등을 다투는 상위권 학생이 되었다.

이 대목에서 사람의 재능에 대해 한번 생각해봐야 할 것 같다. 만약에 우리 사회가 국어·영어·수학이 아니라 음악이나 미술, 체육을 중시했다면 어땠을까? 혹은 농업이나 기술을 더 중시했다면? 나는 분명히 상위권에 속하기 어려웠을 것이다.

교육이라는 것은 어차피 그 사회에서 필요한 사람을 길러내는 일이다. 그 사회에 음악이 필요하면 음악적 재능을 높이 평가하고,

미국으로 이민 갔던 사촌누나가
1984년에 우리 집을 처음 방문해서 찍은 사진.
왼쪽부터 누나, 사촌누나, 어머니, 고1이던 나.

수학이 필요하면 수학적 재능을 가진 사람을 중시할 것이다. 결국 능력 있는 사람이라는 평가는 그 사회의 조건에 따라 달라진다.

예를 들어 우리가 지금 무인도에 떨어졌다고 가정해보자. 당장 오두막집이라도 지어야 할 텐데, 이때 가장 필요한 건 무엇일까? 나무를 베고 집을 짓는 육체적 힘일 것이다. 또 동물을 잡거나 나무에서 과일을 따는 재주도 필요할 것이다. 이곳에서 수학이나 영어가 필요할까? 음악이나 미술도 큰 의미는 없을 것이다.

과거 남성 우위 사회가 형성되었던 것은 육체적으로 강한 남성의 힘이 생존을 위한 필수 조건이었기 때문이다. 하지만 요즘은 힘센 남자라고 무조건 좋게 평가받지는 못한다. 힘든 일은 사람이 아니라 기계가 하기 때문이다. 직업 중에도 그런 경우가 있다. 예컨대 의사는 요즘 사람들이 굉장히 선호하는 직업 중 하나다. 하지만 조선시대에 의사는 중인 계급밖에 되지 못했다. 당시에는 의술 자체가 지금처럼 뛰어나지도 못한 데다, 인명(人命)은 재천(在天)이라고 해서 의술을 특별히 중시하지 않았기 때문이다.

공자는 "삼인행(三人行)이면 필유아사(必有我師)"라고 했다. 세 명이 길을 가면 반드시 내 스승이 있다는 말이다. 나를 제외한 나머지 사람들에게서 반드시 배울 바가 있다는 뜻이다. 이런 걸 생각하면 내가 공부를 잘한다고 우쭐댈 일도 없고, 다른 사람이 공부를 좀 못한다고 해서 무시해서도 안 될 것이다. 마찬가지로 내가 공부를 좀 못한다고 해서 특별히 실망할 필요는 없다. 정말로 나를 필요로 하고 내가 즐길 수 있는 일은 따로 있다. 그 일을 찾는 것이 더 중요하다. 나의 진정한 재주를 발견하고 그 재주를 키울 수 있도록 해야 한다. 다양한 재주를 가진 사람들이 뭉친 곳이 사회다. 그 사람들이 조화를 이룰 때 사회는 더욱더 풍성해질 수 있다.

고전의 바다에 빠져들다

나는 고등학교 2학년 때 책을 많이 읽었다. 초등학교 시절에는 집에 책이 없었다. 초등학교 때 한번은 친구 집에서 『돈 키호테』를 읽었다. 그 친구 집에는 책이 많았다. 그중에 이 책을 골라서 잠깐 읽기 시작했는데, 너무 재미있어서 다음에 또 놀러 가서 다 읽어버렸다. 내가 책만 읽고 있으니까, 친구 엄마가 책 읽고 싶으면 언제든지 놀러 오라고 했다. 기쁜 마음에 그 친구 집 앞에 가서 친구가 오기만 한참 기다리다가 허탕을 치고 온 기억이 여러 번 있다.

그러던 중 아버지가 어느 날 큰맘 먹고 책을 한꺼번에 잔뜩 사오셨는데, 세계문학전집이었다. 이 전집은 세로쓰기에다 한 페이지에 위아래 2단 편집으로 되어 있었다. 글자는 작고 책은 두꺼웠다. 이 책을 산 것이 내가 중학생이었을 때 같은데 일단 책을 펼쳐보기만 해도 질렸다.

시간이 흘러 고등학교에 올라가서 우연히 그중 한 권을 읽기 시작했는데 너무 재미있었다. 이때부터 책에 재미를 붙였다. 학교에 세계문학전집을 한 권씩 들고 가서 쉬는 시간마다 꺼내 읽었다. 그렇게 집에 있던 세계문학전집을 거의 다 읽었다.

당시 내가 가장 좋아한 작가는 어니스트 헤밍웨이였다. 헤밍웨이의 소설은 무엇이나 다 재미있었다. 『무기여 잘 있거라』 『누구를 위하여 종은 울리나』 『노인과 바다』 등등. 헤밍웨이는 어려서부터 사냥과 낚시를 했고, 자기 경험을 바탕으로 한 소설을 많이 썼다. 남자다운 멋이 있었다. 펄 벅의 『대지』는 개화기 중국을 배경으로 한 소설인데 그 당시의 시대상을 적나라하게 묘사해서 아직까지도 뇌리에 남아 있다. 나중에 읽은 고미카와 준페이의 『인간의 조건』이 『대지』와 어울릴 만한 소설이라고 느꼈다. 『인간의 조건』은 일본의 중국 침략기를 다룬 소설로, 그 시대에 인간성이 어떻게 파괴되었는지를 잘 묘사했다. 그 외에 레프 톨스토이라든지 표도르 도스토옙스키 등 대문호들의 작품을 꽤 읽었다.

우리나라 소설도 읽었다. 가장 좋아했던 작가는 이상(李箱)이다. 그의 「날개」와 「오감도」를 읽으면서 신비주의에 빠지기도 했다. 이상이 정말 천재라는 인상을 받았다. "박제가 되어버린 천재를 아시오." 「날개」에 나왔던 구절인데, 요즘에는 이런 천재가 너무 많다.

이육사의 「광야」나 윤동주의 「서시」 같은 시를 읽으면서 만주 벌판을 달리며 거대한 포부를 키우는, 그러면서도 삶에 대해 경외심을 갖는 그런 인생을 살고 싶다는 생각도 했다. 미국의 넓은 서

부도 가보고 싶어졌다. 그 외에 조선시대를 다룬 대하 역사소설과 근대문학을 대표하는 소설들을 많이 읽었다.

한 가지 특징적인 것은 당시 내가 읽은 책들이 대부분 '고전'이라는 점이다. 정작 내가 살아갈 '현대'와 관련된 책은 전혀 없었다. 지금 돌이켜보면 선생님들도 고전은 권장했지만, 현대를 다룬 작품을 소개해준 적이 없었다. 왜 그랬을까? 그 이유는 대학에 가서야 깨달았다.

고전을 열심히 읽기 시작하면서 한 가지 문제가 생겼다. 친구들과의 교우관계보다 책 속으로 더 많이 빠져든 것이다. 친구들과의 대화는 유치한 반면, 고전은 훨씬 우아하게 다가온 것이 가장 큰 원인이었다.

지옥의 고3 생활

고3은 나도 머릿속에서 지워버리고 싶은 시기다. 내가 느끼기에 고3 선생님들은 대부분 이상했다. 친구들 간의 경쟁을 과도하게 강조하고, 공부 잘하는 아이들과 못하는 아이들을 명확하게 차별했다. 공부 잘하는 아이는 웬만한 잘못을 해도 용서했지만, 못하는 아이는 사소한 잘못에도 감정을 섞어서 때렸다. 또 성적이 오르면 금세 웃으면서 칭찬하고, 성적이 떨어지면 금세 화내고 짜증내고…

선생님들이 너무 가볍다는 생각이 들었다. 그게 고3의 일반적인 풍경인지는 모르겠지만, 나는 그런 분위기에 질식할 것 같았다.

나의 담임 선생님은 특히 심했다. 담임과의 갈등이 3학년 내내 나를 괴롭혔다. 담임은 처음 만났을 때 나에게 잠을 4시간으로 줄여서 전국 1등을 하자고 했다. 평소 일관되게 공부를 한 내가 문과 1등으로 3학년에 올라갔기 때문이다. 하지만 나는 잠을 줄일 자신이 없었다. 잠을 제대로 못 자면 체력이 떨어지고, 다음 날 정신이 명해서 공부를 해도 비효율적이었기 때문이다. 그래서 남들이 3~4시간 잔다고 할 때도 나는 5~6시간을 잤다. 나는 그냥 서울대 법대만 가면 되는 것 아니냐고 생각했다.

이것이 담임과 많이 다툰 이유가 됐다. 공부 시간이 적으니 성적이 기대만큼 안 나왔다. 오히려 성적이 떨어졌다. 전국 1등을 기대했던 담임으로서는 꽤 실망스러웠나 보다. 문제는 담임이 그런 실망을 너무 노골적으로 드러냈다는 것이다. 담임과의 갈등이 심해졌다.

처음에는 그냥 무시하면 되겠지 했지만, 그게 잘 안 되었다. 당장 기분 나쁜 상황을 참는 것은 어렵지 않지만, 이후 그 상황이 머릿속에 계속 맴돌았다. 그러면 책을 아무리 봐도 글이 머릿속에 하나도 안 들어온다. 심할 때는 하루 종일 그럴 때가 있었다. 서자서 아자아(書自書我自我), 책은 책대로, 나는 나대로. 이 말을 몸으로 깨달았다. 학교 다닐 때 선생님들에게 단 한 번도 반항하지 않았던 내가 고3 내내 담임 선생님과 일상적으로 충돌하며 보냈다. 반을 옮기고 싶은 마음이 굴뚝같았다.

그래도 선생님다운 선생님이 한 분 계셨다. 당시 학년주임 선생님이다. 그분이 우리 반 담임을 맡는다면 얼마나 좋을까 하는 생각을 많이 했다. 그분은 학생들을 차별하지 않았다. 공부를 잘하든 못하든, 대체로 똑같이 대했다. 그리고 엄청나게 성실해서 주말에도 학교에 나와 애들 공부를 독려하고 다니셨다. 더 존경스러운 점은 이분이 친구들 간의 과도한 경쟁을 채근하지 않았다는 것이다. 속으로는 어땠을지 모르지만 적어도 학생들 앞에서는 전혀 티를 내지 않았다. 많은 학생들이 담임보다 학년주임을 더 좋아하는 건 당연했다.

고3을 보내면서 오로지 경쟁의식만을 부추기는 우리나라의 교육 방식에 말로 할 수 없는 참담함을 느꼈다. 상대를 꺾기 위해서 공부를 해야 하는 비참한 현실에 눈을 떠버린 것이다. 성적 제일주의가 바로 이런 것이라는 뼈저린 경험을 했다.

문제는 고3 시절처럼 서로를 갉아먹는 경쟁이 지금 우리 삶에 일상화되어 있다는 점이다. 우리가 사는 사회는 그전에도 그랬지만, 특히 1997년 IMF 외환위기 이후 소위 미국식 신자유주의를 받아들이면서 적대적 경쟁이 일상화되었다. 약육강식, 정글식 자본주의라고 할 수 있다. 다른 사람이야 어떻게 되든 나만 살고 보자, 아니 다른 사람을 무너뜨려야 내가 산다는 생각이 일반화되었다.

비정한 사회다. 나야 우리 사회의 기득권층에 속하니 배부른 소리를 한다고 할 사람도 있겠지만, 그래도 아닌 건 아닌 것이다. 이건 우리 사회가 갈 길이 아니다. 그리고 돌이켜보면 나 개인적으로는 그런 경쟁이 발생하면 열심히 달려들어 싸우기보다 그냥 피해버렸던 것 같다.

5

87학번,
정의로운 사회를
꿈꾸다

서울대 정치학과

전주고를 졸업한 뒤 1987년 서울대 정치학과에 입학했다. 학력고사 성적이 조금 낮게 나오면서 원래 목표했던 법학과가 아니라 2지망으로 선택한 정치학과에 합격했다. 법학과를 왜 가려고 했냐고? 정치학과는 왜 선택했냐고? 이유는 하나였다. 행정고시를 볼 생각이었다. 법학과든 정치학과든 행정고시를 보는 조건에서는 특별히 다르지 않을 거라고 보았다.

당시 사회 분위기도 그랬고, 고등학교 때 중국의 유교 관련 서적들, 조선의 유명한 학자들에 관한 책을 읽으면서, 나의 꿈은 훌륭한

1987년 서울대 정치학과 입학식에서
가족, 친지, 친구와 함께.
애초 목표했던 법학과에는 합격하지 못했지만
행정고시를 치를 작정이었기에 크게 상관없었다.

관료, 즉 공무원이 되는 것으로 정했다. 옛날로 말하면 판서나 정승이 되어 나라를 잘 다스리고 국가에 충성하는 일. 그 관료가 되려면 행정고시를 봐야 했다. 하지만 대학에 들어간 뒤 유교적 사상에 대해 다시 한번 생각하게 되었다. 국가에 대한 무조건적인 충성 이론이 국가주의를 심으면서 개인의 삶을 무시하는 경우가 우리 현대사에서 너무 많았기 때문이다.

대학에 들어간 뒤 처음 한두 달은 고민 기간으로 정했다. 재수를 해서 법대를 갈까, 아니면 정치학과를 그대로 다닐까. 한 달 만에 정치학과에 남기로 결정했다. 정치학과 선배들과 어울리면서 보니 이 사람들은 나와 고민의 차원이 달랐다. 나는 '어떻게 하면 내가 잘될 것인가' 이런 고민을 하고 있는데, 이 사람들은 '어떻게 하면 나라가 잘되게 할 것인가'를 고민했다. 내 꼴이 우스웠고, 상대적으로 선배들이 대단해 보였다. 아마 법대에 갔다면 언제부터 고시 준비를 할까 이런 생각만 했을지도 모르는데… 정치학과에서는 고시를 왜 보느냐는 근본적인 의문을 제기하고 있었다. 이런 사람들과 함께 공부한다면 절대 후회하지 않을 것 같았다.

서울의 판자촌

대학에 들어가면서 두 번째로 서울에 왔다. 첫 방문은 전주고 야구팀이 황금사자기 고교 야구대회에서 처음이자 마지막으로 우승을 한 1985년 동대문운동장에 응원을 하러 갔을 때였다. 그때 나는 고등학교 2학년이었다. 하지만 그날은 오후에 왔다가 늦은 밤에 돌아가는 바람에 야구장 외에는 서울에 대한 기억이 별로 없다. 추석 연휴 전날 밤으로 기억하는데 고속도로가 엄청나게 막혀 돌아가는 길에 진짜 고생을 했다.

대학 입학 후 상경길에 서울 톨게이트를 지나오는데 고속도로 주변, 반포에 아파트가 말 그대로 우뚝우뚝 서 있는 게 보였다. 전주에는 5층짜리 아파트가 제일 높고 그것도 드문드문 있는데, 서울은 달랐다. 은평구에 있는 이모 댁을 가느라고 버스를 타고 건넌 한강 다리도 생각보다 엄청나게 길고 컸다. 그뿐인가. 이모 댁 근처에도 2층짜리 양옥이 즐비하게 있었다. 전주에서는 볼 수 없는 광경이었다. 이걸 보면서 '아, 이게 한강의 기적을 이룬 내 조국이구나' 하고 감격했다. 교과서에서만 존재하던 대한민국의 모습을 내 눈으로 직접 목격한 감동이라고 할까? 버스를 타고 제1한강교(지금의 한강대교)를 건널 때는 내 가슴의 혈관이 모두 벌떡벌떡 일어나고 나도 모르게 두 팔에 힘이 쥐어지는 느낌이 들었다.

대학에 들어가면서 형, 누나와 함께 상도동에서 자취를 했다. 우리는 서울대에서 버스로 10분 떨어진 숭실대 앞 봉천동 고개에 있는 연립주택 반(半)지하에 전세를 얻어서 살았다. 당시에는 반지하가 꽤 많았다. 집에 있으면 사람들이 터벅터벅 지나가는 발소리가 들렸다.

우리는 이 집에 6개월밖에 못 살았다. 1987년 여름에 셀마라는 엄청나게 센 태풍이 왔다. 하수도가 역류하면서 서울이 물에 잠겼다. 큰 홍수가 난 것이다. 우리가 살던 곳은 말 그대로 고개임에도 불구하고 반지하라 집이 흠뻑 젖어버렸다. 비가 계속 오니까 벽을 타고 빗물이 스며든 것이다. 책이 다 젖고 이불도 젖었다. 그래서 황급히 집을 옮겼다. 당시에는 이런 일이 비일비재했다. 후에 서울의 상습 침수 지역에 반지하 주택을 짓지 못하도록 건축법을 개정했다. 반지하 집이 아직도 많기는 하지만 점점 없어지는 추세다.

우리는 이후에 상도동에서 대방동으로, 노량진동으로, 급기야 경기도 의왕시로 이사를 갔다. 집주인들은 1년마다 전셋값을 올려달라고 했다. 오르는 전셋값을 감당할 길이 없었다. 결국 전세 난민 신세를 겪다가 의왕까지 가게 된 것이다.

서울에서 대학을 다니면서 내가 서울에 대해 처음 느낀 감격만큼이나 큰 충격을 받았다. 상도동에서 서울대를 가자면 버스를 타고 봉천동 고개를 지나서 죽 내려가야 되는데, 봉천동 고개에서 서울대입구역, 즉 봉천사거리까지는 완전히 판자촌이었다. 당시 북한에서 "남한에 가면 판자촌만 있다"고 선전하던 그런 동네였다. 사람들이 산 아래서부터 엉성한 판잣집을 지으면서 점점 산꼭대기로 올라간 것이다. 그 바람에 산이 통째로 없어져버리고 대신 판자촌이 형성되었다.

이 장면은 반포의 우뚝우뚝 솟은 아파트 단지와 너무 대조되었다. 잘사는 동네와 못사는 동네. 은평구의 단독주택 단지도 잘사는 동네라고 할 수는 없었지만, 전주나 봉천동과 비교하면 훨씬 나았다. 그리고 전주에서는 적어도 산에 이렇게 집이 많은 건 본 적이 없었다. 우리가 이사를 갔던 대방동이나 노량진동 역시 봉천동과 별로 다르지 않았다.

전주와 서울의 또 한 가지 차이는 전주와 달리 서울에서는 자전거를 탈 수가 없었다. 그 이유는 서울의 난개발 때문이다. 산을 야금야금 먹어가면서 집과 도로가 형성되다보니 서울에는 자전거를 탈 수 없는 고개가 너무 많다. 자동차가 아니면 다니기 어려운 길이 대부분이다.

나중에 알고보니 이 모든 게 바로 1960년대 박정희 정권부터 추진해온 급속한 공업화 정책의 산물이었다. 농촌에서 무작정 일자리를 찾아 서울로 올라온 사람들은 당장 살 곳이 없었다. 누군가가 먼저 산 아래에 임시로 집을 짓고 거처로 삼자, 그 뒤에 다른 사람들이 하나둘 몰려와서 함께 집을 짓기 시작했다. 그렇게 집을 짓다보니 자연스럽게 마을이 형성된 것이다. 산이야 대부분 국가 땅이니 특별히 막는 사람이 없었다. 이것이 바로 대한민국 서울 판자촌의 역사다.

이 판자촌도 1970년대부터 철거 바람이 불었다. 특히 1980년대에 들어서자 전두환 정권은 무허가 판자촌에 대해 무더기 철거 명령을 내렸다. 1986년 아시안게임과 1988년 서울올림픽이 열리면 외국인들이 많이 방문할 텐데 미관상 좋지 않다는 이유였다. 그곳에 살던 사람들 입장에서는 당장 갈 데가 없는데, 무작정 철거를 하니 저항할 수밖에 없었다. 철거 현장에는 철거민과 함께 이들을 지원하던 대학생들까지 몰려가, 최루탄을 쏘며 밀려드는 전경들과 충돌했다. 도시빈민들의 생존권 문제가 달려 있었으니까. 하지만 저항해봤자 공권력을 이길 수는 없었다. 결국 모두 서울에서 쫓겨나 외곽으로 밀려났다. 서울의 판자촌이 있던 곳에는 아파트 단지가 들어섰다. 건물이 바뀌면서 그곳에 사는 사람들도 모두 바뀌었다.

서울에서 쫓겨난 도시빈민들이 새로 둥지를 튼 장소에는 또 다른 도시가 생겨났다. 대표적인 도시가 경기도 성남이다. 성남은 원래 없던 도시다. 1970년대 서울에서 쫓겨난 철거민들이 경기도 광주군 외곽에 모여 살기 시작하면서 성남이 만들어졌다. 성남이라는 이름도 성의 남쪽, 즉 남한산성의 남쪽이라는 뜻이다. 그렇게 생긴 성남은 가난한 동네였다. 성남 구시가지에 호남 사람들이 많은 이유는 앞서 설명한 대로 수도권 도시빈민 중 상당수가 호남 출신이었기 때문이다. 그런데 서울에 인구가 집중되자 1980년대 후반 정부의 인구 분산 정책에 따라 분당이 만들어지면서 성남 인근에 갑자기 부촌이 형성되었다. 가난한 구시가지와 부유한 분당, 양극화된 대한민국 사회를 가장 단적으로 볼 수 있는 도시가 바로 성남이다.

이런 장면들이 나에게는 너무 충격이었다. 한강의 기적이라는 게 이런 것이었나 회의가 들었다. 나라를 이끌 때는 누구나 잘살자고 하는 것인 줄 알았는데, 현실은 그게 아니었다. 빈익빈 부익부. 그것도 아주 극단적인 양극화. 게다가 가난한 사람들은 천대와 함께 더 심한 압박을 받는 사회, 이 모든 게 나를 혼란스럽게 만들었다. 대학에 들어가서 보고 배운 한국 사회의 역사는 나를 더욱더 혼란과 분노로 내몰았다.

어떻게 살 것인가

내가 대학을 들어간 해는 1987년이다. 이해에 민주화운동이 들불처럼 일어나면서 전두환 군사정권이 항복을 하고, 여러 가지 민주화 조치를 받아들였다. 나도 이 역사의 소용돌이에 자연스럽게 휩쓸렸다.

대학에 입학한 지 불과 한 달여 만인 1987년 4월 13일, 전두환이 호헌조치를 발표했다. 이때 헌법은 대통령을 사실상 정부가 임명한 대의원들을 통해 간선으로 뽑았다. 여당 후보가 100퍼센트에 가까운 지지를 받고 일방적으로 대통령이 되는 제도였다. 박정희가 만들어놓은 유신헌법을 전두환이 쿠데타 이후에 그대로 베껴서 대통령이 된 것이다. 유신 이전, 즉 1971년 대통령 선거까지는 지금처럼 국민들이 대통령을 직접 뽑는 직선제였다. 따라서 국민들과 야당은 대통령 선거제도를 직선제로 바꾸자고 했지만, 전두환은 의원내각제를 주장하며 국회에서 협상하는 척하더니, 아예 선거제도를 그대로 유지하겠다고 발표했다. 이것이 바로 4·13호헌조치다.

이때부터 전국민적인 저항운동이 거세지기 시작했다. 하지만 나는 당시에 우리 사회에 대해 아는 것이 거의 없었다. 전두환이 쿠데타로 집권을 했고, 광주에서 시민들을 학살했다는 사실도 전혀 모르고 있었다. 더구나 대통령 선출 제도가 그런 식인 것도 잘 몰랐고, 4·13호헌조치가 갖는 의미도 제대로 몰랐다. 박정희를 우리나라 경제발전의 영웅으로만 알고 있었으니 더 말할 게 무엇이 있을까.

고등학교 때는 선생님들이 정치 관련된 얘기를 전혀 안 했다. 군사정부 시절이라 다들 쉬쉬한 것이다. 잘못 말하다 들키면 잡혀간다고 생각했고, 실제로 그렇게 많이 잡혀갔다. 선생님들은 오히려 "대학에 가면 '의식화'에 조심하라"는 경고를 귀에 못이 박히도록 했다. 대학에 가면 '좌경용공' 세력들이 학생들을 의식화해서 데모를 하도록 유도한다는 것이다. 데모하다가 구속되거나 다치면 신세 망친다는 얘기를 엄청나게 들었다. 대학 선배들 이야기를 그냥 받아들이지 못하도록 '의식화'된 것이다. 그래서 스스로 해답을 찾는 탈의식화 과정이 필요했다.

4·13호헌조치 직후였을 것이다. 무엇을 하는 줄도 모르고 무작

정 선배를 따라갔다가 신림사거리에서 말로만 듣던 '가투', 가두투쟁을 하게 됐다. 어떻게 알았는지 전경들이 미리 배치되어 있었다. 시위대 쪽으로 전경들이 몰려오자 다들 골목으로 도망갔다. 우리는 좁은 골목길이라 넘어지지 않도록 "질서" "질서"를 외치며 물러났는데, 맨 앞에서 구호를 외치던 선배는 금세 나를 따라잡아 쏜살같이 도망갔다. 그러다 내가 소위 백골단에게 쫓기게 되었다. 백골단은 하얀 헬맷을 쓰고 사복을 입은 경찰로 무술 유단자로 구성된 체포조다. 정신없이 도망치다보니 막다른 골목이었다. 할 수 없이 담을 넘어 남의 집에 들어갔다.

그러자 그 집 누나가 수고한다며 들어와 음료수라도 마시라고 했다. 한편으로는 경찰에 신고하는 거 아닌가 의심하면서, 또 한편으로는 몸에 최루탄 냄새와 땀이 범벅이 된 상태에서 '이게 웬일이냐' 생각했다. 거기서 잠시 쉬는데, 그 집 아주머니와 누나 두 분이 데모하는 우리를 나무라는 게 아니라, 학생들 고생시킨다고 정부를 욕했다. 이것도 나에게는 아주 새로운 경험이었다. 그동안 데모는 좌경용공 학생들이나 하는 것으로 알았는데, 오히려 그 학생들을 옹호하고 정부를 비난하는 모습이 생소했다.

내가 도대체 뭘 알고 있었던 것일까? 아니, 뭘 모르고 있었던 것일까? 이런 질문이 새롭게 떠오르기 시작했다. 그동안 '의식화'론에 빠져서 선배들 말을 의심부터 했는데, 이제 그들이 무슨 말을 하는지 제대로 알아봐야겠다고 마음을 고쳐먹었다.

대학 들어가기 전까지 무작정 관료와 행정고시를 목표로 삼았던 나에게 선배들은 스스로 다시 생각해볼 계기를 만들어줬다. "무엇을 할 것인가가 아니라 어떻게 살 것인가가 더 중요한 거야." 당시 정치학과에서 유행했던 말이다. 선배들이 술 마시면서 이런 말을 하는데 반박할 수가 없었다. 단순 기능인으로 살아갈 것이냐, 나라를 이끌어갈 것이냐. 고시는 결국 기능인이 되는 길인 반면, 그보다 더 숭고한 길을 택해야 하지 않겠느냐. 게다가 군사정권하에서 공무원이 되면 불법으로 권력을 잡은 군부의 하수인밖에 더 되겠느냐고 했다. 나는 우리 사회가 도대체 어떤 사회인지부터 알아야 한다는 생각을 본격적으로 하기 시작했다.

　한번은 정치학과 선후배들이 어울려서 술을 마셨다. 한참 마시다가 술에 취한 87학번 동기가 자신은 대통령이 되겠다고 울면서 큰소리를 쳤다. 그때 내 머릿속에 떠오른 생각이 더 웃겼다. '난 한번도 대통령이 된다는 생각을 해본 적이 없는데, 이 친구는 이런 생각도 하는구나.' 나 자신이 그동안 수동적으로 살았다는 것을 깨달았다.

　어떻게 살아야 할지를 고민해야겠다고 생각하면서 철학책을 읽기 시작했다. 당시로서는 가장 간명한 접근법이었다. '좌경용공 선배들'의 말을 직접 듣지 않고 우회하는 길이었으니까. 우선 좌경용공과 관계없어 보인 실존주의 서적에서 출발했다. 에리히 프롬의 『소유냐 존재냐』는 대학 초반 가장 감명 깊게 읽었던 책이다. 이 책을 읽으면서 카를 맑스와 사회주의에 대해 다시 생각하게 되었다. 프롬 자신이 사회주의 사상에 휴머니즘을 융합하려는 생각을 갖고 있었기 때문이다. 소위 레드 콤플렉스를 극복하도록 길을 이끌어준 셈이다.

또 하나 감명 깊은 책은 님 웨일스의 『아리랑』이었다. 김산(金山), 본명 장지락(張志樂). 중국의 공산주의 혁명이 곧 조선의 독립을 가져올 것이라는 신념하에 중국공산당에 가입해 마오쩌둥(毛澤東)과 함께 대장정을 치르며 싸우다 죽은 인물이다. 독립투사로서의 그의 삶을 미국인 저널리스트인 님 웨일스가 기록했다. 김산은 이후 나의 롤모델이 되었다. 조국의 독립이라는 자신의 신념과 의지를 이루기 위해 온갖 역경과 고난에 굴하지 않고 불꽃 같은 삶을 살다 간 인물. 김산은 진정한 독립투사였지만 공산주의자라는 이유로 남한의 독립투사 명단에서 빠져 있었다.

반면에 송건호 등이 편집한 『해방전후사의 인식』을 보며 많은 친일파들이 해방 이후 반공주의자로 변신해 이승만 정권에 가담하면서 애국지사로 탈바꿈했다는 사실을 알게 되었다. 친일파들을 숙청하려고 만든 반민특위(반민족행위특별조사위원회)는 이승만과 친일파들의 반발에 흐지부지 해체되었다. 프랑스나 독일 같은 나라에서는 제2차 세계대전 당시 히틀러 체제에 부역했던 자들을 철저히 응징한 반면, 우리나라는 친일파들이 계속 득세했다. 그 바람에 김구는 암살을 당하고, 김구와 함께 의열단을 이끌었던 김원봉은 친일파 경찰들에 붙잡히자 북한으로 가버렸다. 이 밖에 많은 독립 투사와 문인이 해방 후 월북했다. 이런 영화 같은 현실을 알게 될수록 정부에 대한 신뢰는 사라져갔다.

또 한 가지 웃기는 일이 있다. 명색이 정치학과인데, 우리 과에서 우리나라의 현대사를 안 가르쳤다. 고등학교도 대학도 현대사를 안 가르치다니 정말 희한했다. 나는 2012년 MBC에서 해직된 뒤 여러 대학에서 한국 정치를 가르쳤다. 학생들에게 물어보니 그때도 고등학교 국사가 대부분 해방 직후 대한민국 정부 수립에서 끝난다고 했다. 이승만, 박정희, 전두환, 노태우, 김영삼, 김대중 정부를 아예 가르치지 않는 것이다. 왜 그럴까? 4·19혁명 때는 중학생들도 이승만 정권 타도를 외치면서 거리 시위에 나갔다. 그들이 현실을 알았기 때문이다. 하지만 지금 고등학생들은 현실을 잘 모르고 시위할 줄은 더욱 모른다. 2016년 말의 촛불시위에서 일부 학생들의 발언이 주목받기도 했지만 여전히 대부분의 학생들은 현실 문제보다는 성적 경쟁에 매달려 있다. 학교에서도 현대사를 소홀히 할 뿐이다. 무엇이 두려워서 현대사를 가르치지 않는가. 이는 우리 사회에서 보수주의 세력이 오랫동안 득세를 하면서 남긴 유산이다. 자신들의 어두운 과거를 숨기려는 것이다.

내가 고등학교 때 조선시대 역사나 중국의 고전들, 헤밍웨이나 톨스토이 같은 근대작가들의 소설만 읽었던 이유도 여기 있었다. 우리의 현대사와 관련된 책들이 거의 없었다. 나는 현대사를 모르고 현대사에 등장하는 인물들을 전혀 알지 못한 채 과거 속에서만 어떻게 살아갈지 고민했던 것이다. 그러다 새롭게 접하게 된 현대사는 충격 그 자체였다.

현실에 대한 인식이 커지면서 시위에 참여하는 횟수도 점점 늘었다. 몸에는 항상 최루탄 냄새가 배어 있었다. 물론 그때는 그만큼 시위도 많았다. 대학에 입학하던 해인 1987년 1월 박종철 군 고문치사 사건을 은폐한 의혹이 터지면서 대중 시위는 걷잡을 수 없이 확산되었다. 특히 6월 들어 일반 시민들까지 가세하면서 6월항쟁이 벌어졌다. 6월 18일에는 최루탄 추방대회, 6월 26일에는 평화대행진. 그 과정에서 연세대 학생 이한열이 최루탄에 맞아 사망하기도 했다. 시민들의 참여는 더욱 늘었고, 나 역시 서울의 중심대로라고 할 수 있는 종로, 을지로, 퇴계로를 누비며 최루탄을 맞고 돌을 던졌다. 그때만큼 서울 중심가를 활보한 적이 없었고, 그 덕분에 시내 지리를 많이 익혔다. 노태우 민정당 대표는 결국 대통령 직선제를 받아들이는 6·29선언을 발표했다.

하지만 이때까지만 해도 나의 현실 인식은 아직 많이 뒤쳐져 있었다. 6·29선언 이후에 노동자들의 7·8·9월 노동자대투쟁이 일어났다. 전국 각지에서 자발적 파업과 노동조합 결성이 이루어졌다. 대한민국 정부 수립 이후 가장 격렬한 노동자투쟁이 전개되었다. 하지만 나는 노동법 준수와 노동권 보호를 요구하는 이들의 거대한 외침을 이해할 수 없었다. 대통령 직선제가 이루어졌으면 되는 일 아닌가? 기껏 임금 몇 푼 올려달라고 파업하는 건가? 이런 생각이 들었다. 그만큼 현실을 몰랐던 것이다.

이유는 간단했다. 우리나라 교육이 현실과 동떨어져 있었기 때문이다. 당장 우리 사회의 노동, 빈부격차, 복지 등에 대한 문제의식이 전혀 없었다. 서구에서는 초등학교 때부터 노동조합이 무엇이고, 왜 필요한지, 노동권이 무엇인지를 가르치지만, 우리는 '노동'이라는 말만 해도 빨갱이라고 때려잡아왔으니 너무 당연한 일이었다. 대학 입학 후에도 한 학기 동안 현실을 충분히 따라잡을 정도로 공부하지도 않았고 늘 시위를 쫓아다니느라 바빴으니, 이런 현실을 모르는 게 당연했다. 더구나 대학 들어가서 처음으로 자유를 느끼면서 이를 만끽하고 싶었다.

처음 만끽한 자유

대학에 들어가 처음으로 경험한 자유의 느낌을 나는 아직도 잊지 못한다. 고등학교 때까지는 하루 중 대부분을 학교에서 정해준 대로 움직여야 했다. 아침 일찍 지각하지 않게 학교에 가고, 하루 종일 학교에서 정해준 수업을 듣고, 저녁에 집에 오면 숙제 하고 책 조금 보다가 잠자면 하루가 끝이었다. 하지만 대학에 가니 내가 원하는 시간에 원하는 과목을 듣도록 수업을 짤 수 있었다. 더구나 자취를 하니까 아침 일찍 깨워서 학교 가라고 채근하는 부모님도 안 계시고.

하루 종일 집에서 뒹굴 수도 있고, 밖에서 친구들과 술 마시면서 놀아도 되고, 만화방에 가서 만화책만 볼 수도 있었다. 무엇보다 학교 공부나 시험에 무관심해진 것도 이때가 처음이었다. 내가 관심을 갖게 된 현실에 대해 학교에서는 전혀 가르쳐주지 않았다. 심지어 친구들이랑 술 마시고 노느라 공부를 안 하고 시험을 친 적도 있으니까. 이런 생활이 처음에는 굉장히 낯설었다. 그래도 1학년 때는 이게 너무 좋았다.

하지만 자기규율이 없으면 방종으로 흐를 수 있어 위험하다. 내 나름대로 몇 가지 원칙을 정했다. 거창한 건 아니고 절대로 시간을 헛되게 낭비하지 말자, 직간접 경험을 많이 쌓자, 책을 꾸준히 읽자, 이 정도였다.

시간을 헛되게 낭비하지 말자는 말은 시간을 의미 없이 흘려보내지 말자는 것이다. 뒹굴뒹굴하며 만화나 TV를 보더라도 뭔가 생각할 거리가 있는 걸 찾아보려고 노력했다. 그때 읽었던 만화 중에 한국전쟁을 전후한 시기 좌우 이념대립 속에 무너져가는 인간성을 묘사했던 허영만의『오! 한강』이 기억난다.

직간접 경험은 젊을 때 많이 해두는 것이 좋다. 나이가 들면 할 수 없는 일이 더 많아지기 때문이다. 그리고 젊었을 때의 다양한 경험이 나중에 어떤 식으로든 도움이 된다. 친구들끼리 이 이야기를 하다가 누군가 공사 현장 일용직 노동자, 즉 노가다를 해보자고 아이디어를 냈다. 여름방학 때 사나흘 동안 건설 현장에 가서 철근을 날랐는데 너무 힘들었다. 어른들은 두 명이 네 가닥을 메는데 우리는 두 가닥씩만 들어도 어깨가 너무 아팠다. 나중에 다른 일로 바꾸었는데 그건 허리가 아파서 못하겠고. 정말 힘든 경험이었다.

또 다른 경험은 여행이다. 나는 가능하면 여행을 많이 다니고 싶었다. 대학 1학년 여름방학 때는 고등학교 친구들과 전주에서 남원 뱀사골, 지리산 종주, 진주, 마산, 부산을 거쳐서 전주로 돌아오는 무전여행을 했다. 무전여행을 의도한 것은 아니었는데, 무전여행이 되어버렸다. 전주부터 걷거나 히치하이킹을 해서 남원까지 가고, 거기서 지리산을 종주하니 쌀과 음식, 심지어 돈까지 다 떨어졌다. 그래서 고속버스를 히치하이킹해 진주까지 가서, 진주에서 기차로 마산까지 갔다. 거기서 부산에 있던 부산여대 누나들에게 SOS를 보냈다.

그 누나들은 5월 학교 축제 때 서강대에서 만나 알게 됐다. 한 누나는 남도를 거쳐 대전 충남대에서 열리는 전국대학생대표자협의회(전대협) 발족식에 가는 길에 마산까지 와서 차비를 주었고, 그 돈으로 부산까지 가니까 다른 누나가 재워주고 먹여주고 전주로 돌아갈 차비를 주었다. 그런데 차비가 부족해서 대전까지만 기차표를 끊은 뒤 대전역에서 전주 아중역까지 비둘기호를 타고 와서 새벽에 몰래 빠져나왔다. 비둘기호는 지하철처럼 모든 역에서 다 정

대학 1학년 여름방학 때 떠난 여행 중
지리산 폭포 옆에서.
대학 시절 시간 나는 대로 여행을 다니면서
사람 살아가는 모양은 다 비슷하다는
깨달음을 얻었다.

차하는 완행열차로, 지금은 사라졌다. 그렇게 한 2주일 정도 여행을 했던가? 스무 살이기에 가능했던 잊지 못할 추억이다.

여행의 즐거움은 새로운 사람들을 만나는 것이다. 전주에서 남원까지 걸어갈 때 히치하이킹을 받아준 많은 사람들이 좋았고, 지리산을 종주할 때 텐트촌에서 만난 사람들도 좋았고, 부산에서 만난 부산여대 누나들도 좋았다.

1학년 말 겨울에 고등학교 친구들과 술을 마시다가 무작정 춘천에 간 적도 있다. 소설가 이외수가 춘천에 산다고 해서 갑자기 그냥 떠난 것이다. 청량리역에서 밤 9시 40분 무궁화호 막차를 타고 춘천에 도착은 했는데, 역시 돈이 없었다. 우리는 춘천시 명동에 있는 교회에 가서 재워달라고 했다. 당시만 해도 교회에서 잠도 재워줬다. 한 시간도 못 잤는데, 새벽예배를 온 사람들이 통성기도 하는 소리가 너무 시끄러워서 일어나 나왔다.

대학 2학년 때는 과대표를 했다. 나는 과대표를 하면서 통상적인 1박 2일 MT문화를 바꾸고 싶었다. 소위 운동권이 주도해서 밤새 술만 마시고 민중가요만 부르다 오는 MT는 친구들 단합에도 유용하지 않고 마음에 들지 않았다. 대안으로 12월 초순에 대둔산과 변산반도로 3박 4일 여행을 갔다. 여행 기간 내내 "아이젠만 있다면…"이라는 유행어가 만들어졌다. 한 친구가 대둔산을 오르면서 아이젠이 있으면 좋겠다는 말을 했는데, 우리가 그걸 받아서 "아이젠만 있다면 이미 다 올라갔을 텐데" "아이젠만 있다면 물도 필요 없을 텐데"등의 뒷말을 붙이면서 킬킬거렸다. 별것 아닌 말인데 그때는 왜 그렇게 웃겼는지 모르겠다. 물론 지금도 이때를 생각하면 입가에 미소가 지어진다.

3학년이 되면 대학 동기들이 확연하게 갈리게 된다. 향후 진로를 놓고 운동권의 길을 계속 갈 것인지, 고시를 보는 등 사회에 나갈 준비를 할 것인지로 나뉜다. 그런 만큼 전체가 다시 모이기는 힘들어진다. 그 분기점에 갔던 대둔산 여행은 참여했던 87학번 동기들 모두에게 소중한 추억이 되었을 것이다.

하여튼 나는 대학 다닐 때 시간 나는 대로 여기저기 여행을 많이 했다. 여행을 하다보면 다른 사람들이 어떻게 살아가는지 볼 수 있다. 결국 사람이 살아가는 모양은 다 비슷하다는 것을 깨닫는 시간이지만… 그런데 사실 이 깨달음이 정말 중요하다.

우리는 가끔 나만은 특별하다는 생각을 한다. 나는 다른 사람과는 다르다는 증거를 찾고 싶어한다. 하지만 사람은 다 비슷하기 때문에 함께 살아갈 수 있다. 사람마다 분명히 조금씩의 차이는 있다. 하지만 비슷한 점이 더 많기 때문에 서로를 이해하고 공감할 수 있는 것이다. 바로 그런 이유로 우리는 공동체를 이룰 수 있다. 공통점이라는 큰 범주 안에서 서로의 차이를 존중해주는 화이부동(和而不同)의 정신이 필요하다.

예를 들면 가족 간의 다툼이 그렇다. 잘 살펴보면 누구든지 부모와 자녀, 형제 간의 다툼이 친구나 이웃과의 갈등보다 많다. 그건 가족에 대한 애착으로 인한 것이다. 사람들은 자신이 옳다고 생각하는 것을 친구나 이웃보다 가족에게 더 강요하는 경향이 있다. 갈등이 잦을 수밖에 없다. 다만 가족 간의 일을 다른 사람에게 말하는 게 부끄럽고 싫어서 침묵하다보니 서로 잘 모를 뿐이다. 모든 사람들의 삶이 다 비슷하다. 정도의 차이가 있을 뿐, 외국인도 다르지 않다.

젊었을 때 여행은 이런 삶의 견문을 넓혀주는 효과가 있다. 물론 유적지를 둘러보고 사진 찍는 여행도 그 나름 의미가 있다. 하지만 새로운 사람들과 적극적으로 어울리고 그들의 이야기를 듣는 일 또한 정말 유익하다. 나의 대학 시절 여행은 그런 즐거움을 알게 해준 소중한 시간들이었다.

패밀리와 운동

2학년이 되면서 나의 현실 인식도 많이 깊어졌다. 특히 1학년 겨울방학 때 읽었던 책들이 큰 도움이 되었다. 시간을 허투루 보내기 싫어서 방학 동안 꼭 봐야 할 책 리스트를 만들어 10여 권을 읽었다. 현실에 대한 인식이 커질수록 시위 참여도 늘어났다. 2학년 때는 학생 운동권과 많이 어울렸다.

'패밀리'라는 모임이 있었다. 운동권 학생들끼리 만든 비밀 조직인데, 자취방이나 커피숍 같은 데 모여서 함께 역사와 정치경제, 철학 등을 공부했다. 이 패밀리 모임이 커지면 대학 총학생회까지 연결된다.

패밀리 모임은 한국 현대사의 실상을 연구하고 가치관을 새롭게 정립하는 운동권의 세포 조직이나 다름없었다. 1980년대 대학가에 맑스주의가 확산된 배경에는 이 패밀리 모임의 역할이 컸다. 전두환 정권은 자신들의 집권 정당성으로 좌경용공 세력의 확산 방지를 들었지만, 우리 사회에서는 역으로 전두환 정권으로 인해 맑스주의가 확산되었다.

그 중요한 계기는 5·18광주항쟁이다. 5·18광주항쟁 당시 한국군의 투입은 미군의 승인이 없으면 불가능했다. 우리나라 군대의 작전통제권을 미군이 갖고 있었기 때문이다(작전통제권은 평시작전통제권과 전시작전통제권으로 나뉘어 있다. 1994년 평시작전통제권이 한국군에 환수되었으나 전시작전통제권은 아직 미국이 가지고 있다). 미군의 승인을 받은 한국군이 민주주의를 요구하는 민간인들을 무력진압하는 데 투입된 것이다. 그전까지 미국을 민주주의의 수호자, 천사의 나라로 여겼던 사람들이 이 사건을 통해 미국에 대해 근본적인 의문을 제기하기 시작했다. 왜 천사의 나라가 독재자의 양민 학살을 승인했는가? 왜 민주주의의 수호자는 독재자를 옹호하는가? 그 결론은 미국이 천사의 나라도, 민주주의의 수호자도 아니라는 것이다. 미국은 오직 자국의 이익을 위해 움직이는 수많은 국가 중 하나일 뿐이었다. 미국의 안보 이익을 위해 우리나라의 독재세력을 옹호한 것이다.

미국에 대한 재평가는 역설적으로 미국과 대립관계에 있던 소련과 동구권, 사회주의에 대한 재평가로 이어졌다. 사회주의가 무조건 나쁜 것인가? 프랑스나 독일, 영국, 이탈리아 등 서구 선진국에는 어떻게 공산당이나 사회당이 강력한 민주주의 정당으로 존재할 수 있는가? 한국전쟁 이후 1970년대까지 우리 사회에 명함도 내밀지 못하던 맑스주의가 뒤늦게 한국 사회에 확산되었다. 이런 흐름은 북한에 대한 재평가로까지 이어졌다. 북한이 실제로 늑대들이 채찍을 휘두르며 일반인들을 강제노동시키는 사회가 맞는지 확인하고자 한 것이다. '북한 바로 알기' 운동이 이런 맥락에서 발생했다.

당시 운동권은 NL과 PD로 나뉘어 있었다. NL은 National Liberation(민족 해방), PD는 People Democracy(민중 민주주의)의 약칭이다. NL은 다시 주사파(주체사상파)와 비주사파로 나뉘었고, PD는 제파PD, 반독점PD, ND, CA 등등 여러 분파가 있었다. 전반적으로 NL 세력이 강했고, PD는 소수파였다. 두 세력 모두 남한에서의 혁명을 주장했는데, NL은 미국으로부터의 자주성 획득과 남북통일을 강조한 반면, PD는 노동자들을 중심으로 한 민중권력의 수립을 더 우선시했다.

내가 처음에 속한 패밀리는 NL주사파 모임이었다. 여기서 현대사를 공부하면서 북한 역사에 대한 재평가를 했다. 우리는 김일성의 항일무장투쟁과 북한의 주체사상에 대해 연구했다. 김일성이 벌인 항일무장투쟁은 사실이기 때문에 약간의 과장을 제외하면 의문의 여지가 별로 없었다. 하지만 주체사상이 문제였다. 그때 우리가 읽었던 주체사상 책은 대체로 중학교 수준의 쉬운 철학책이었다. 주체사상이 앞세운 수령론은 오로지 수령을 중심으로 하나의 사상을 이루어 사회를 건설해나가자는 유일사상의 핵심이었다. 유일사상, 사상의 다양성이 없다는 것, 그게 곧 전체주의다. 결국 이 패밀리에 오래 있지 못하고 뛰쳐나왔다.

그러다가 또 다른 패밀리에서 접촉해와서 가입했다. 그 패밀리도 NL 모임이었는데, 비주사파였다. 거기서는 정치경제학을 공부했다. 당시 사회구성체론이라는 것이 대학을 중심으로 운동권 사이에서 유행했다. 사회구성체론은 한국 사회를 어떻게 볼 것인가 하는 문제를 다뤘다. 이 패밀리에서 정치경제학 이론을 공부할 때까지는 좋았는데, 이를 우리나라에 적용해 공부를 하면서는 역시 수용하기 어려웠다. 우리나라가 식민지 반봉건 사회라고 하는데 납득이 안 되었다. 미국의 식민지라고 하는 것까지는 인정한다고 해도 반(半)봉건 사회라니, 반(半)자본주의 사회도 아니고…

2학년 때는 패밀리 모임을 통해 공부도 했지만, 가장 활동적인 시기이기도 했다. 먼저 전방입소거부 투쟁이 있었다. 전방입소란 군대에 가기 전 대학 1학년 초에 문무대, 2학년 초에는 휴전선 부근 군부대에 입소해 훈련을 받는 프로그램이었다. 대학생들에게 남북대치 상황을 직접 보여주고 군사훈련을 받게 함으로써 반공·

반북 의식을 강화시키려는 목적으로 만들었다. 하지만 남한에서 반공주의는 군사정권의 정당성을 옹호하는 수단으로 변질된 지 오래였다.

이 프로그램이 대학생들의 반발을 산 것은 당연했다. 그래서 정부가 대학생들에게 인센티브도 주었다. 1주일 프로그램에 참여하면 나중에 현역으로 군대 생활을 할 때 한 달 반을 빼주는 것이었다. 1, 2학년 동안 2주일을 참가하면 군 생활 석 달이 줄어드는 파격적인 조건이었다. 하지만 2학년 때 우리는 격렬하게 시위를 하며 참가를 거부했다. 아마 우리 과 87학번 동기들은 대부분 전방입소를 거부했을 것이다. 서울대의 전방입소거부를 계기로 다른 대학들도 다수가 거부했다. 그 결과 전방입소 프로그램은 얼마 안 가 폐지되었다.

전방입소거부 투쟁을 비롯하여 2학년 때는 과 학생회를 중심으로 시위에 적극적으로 참여했다. 5공비리 청산, 통일운동, 노학연대 등 굵직굵직한 이슈가 터졌다. 학교에서 수업을 들은 날보다 거리에서 시위를 한 날이 더 많을 정도였다. 1987~91년, 대학 시절은 거의 단 하루도 시위가 끊긴 적이 없었다. 전두환에 이어 노태우가 집권하면서 민주화에 대한 요구가 그만큼 커졌기 때문이다.

1988년 2학년 1학기 때는 전두환, 이순자 체포결사대로 활동했다. 말이 체포결사대지, 그냥 앞장서서 화염병 던지는 역할이었다. 1988년 5공 청문회 당시 전두환, 이순자 구속처벌을 주장하며 서강대 앞에서 신촌오거리로 진출하기 위해 하루 종일 밀고 당기는 시위를 했던 기억이 있다. 8월이 되니까 갑자기 남북통일운동을 했다. 영문도 모르고 판문점까지 따라갔다가 졸지에 경찰에 연행되었다. 나는 전과도 없고, 초범이라 그런지 그냥 훈방되었다. 또 한번은 거리에 드러누워 농성을 하며 경찰에 붙잡히는 역할을 했다. 경찰도 많은 학생들을 연행해 조사해봤자 실익이 없다고 판단해서 닭장차(당시에는 경찰버스를 이렇게 불렀다)에 몽땅 실어서 난지도에 하나씩 버렸다. 난지도는 같은 서울인데도 정말 외진 곳이었다. 버스도 자주 안 다녀서 집에 돌아오기가 정말 힘들었다. 그곳이 지금은 상암동으로 천지개벽했다.

2학년 2학기 때 나는 과대표가 되었다. 내가 과대표가 된 이유는 운동권에 속한 듯 속하지 않은 듯 보였기 때문인 것 같다. 운동권과 비운동권 양쪽 모두의 지지를 받았다. 내 의식이 비운동권에서 운동권으로 서서히 방향 전환을 했기 때문에 비운동권 친구들의 심리를 잘 헤아렸다. 시위를 열심히 하면서도 무작정 학생회 방침을 옹호하지도 않았다. 결과적으로는 학생회 편에 섰지만.

과대표가 된 뒤 나는 과대표에 대해 사람들이 가진 인식을 바꿔주고 싶었다. 그전까지는 과대표라고 하면 보통 시위나 하고 공부는 안 한다는 인식이 일반적이었다. 그래서 오히려 이때부터 수업에 열심히 들어갔다. 학생시위도 열심히 나가고.

그렇게 열심히 시위를 했지만 나에게는 시위로 해결되지 않는 질문들이 쌓여갔다. 그래, 우리 사회가 문제가 많은 것은 이제 알겠다. 수많은 독립투사들이 배제된 남한 정부의 정통성도 문제고, 분단이나 한국전쟁을 거치면서 소위 우파만 생존한 정치체제의 문제도 있고, 미국에 의존해 경제적·군사적 발전을 이루면서 식민지나 다름없이 전락한 문제도 있고, 남한 내 자본주의의 문제도 있다. 그런데 그래서 어떻게 하자는 거야? 혁명? 도대체 무슨 혁명? 그 혁명을 통해서 무엇을 어떻게 할 건데? 프로그램이 뭐야? 이전과는 다른, 더욱 진전된 궁금증이 내 머릿속을 파고들었다.

이런 고민을 하던 중에 선배들이 또 다른 제안을 했다. 우리 과에 있는 심포지엄 팀에 가입해서 함께 공부를 해보자고 한 것이다. 이런 공부는 혼자서 하기 힘든데, 잘 되었다 싶었다. 그 뒤 3학년부터는 이 심포지엄 팀에서 열심히 활동했다.

혁명과 사회에 대한 고민

3학년 때부터는 시위보다 공부를 더 많이 했다. 심포지엄 팀 때문이다. 87학번 다섯 명이 구성원이었고, 85학번 선배 한 명이 도움을 주었는데, 다들 독특한 개성을 지닌 재미있는 친구들이었다. 우리는 이때부터 대학원 석사 과정까지 포함해서 4년 이상을 함께 생활했다. 형제만큼이나 끈끈한 사이가 되었고, 지금도 남아 있는

'절친'들이다.

대구 출신으로 말이 다소 어눌하지만 영특했던 85학번 선배는 지금 서울대 교수, 87학번 동기 중 뭐든 집요하게 파고들며 따지고 고집부리던 대구 출신 친구는 국가정보원 직원, 유일한 서울 출신으로 얌전했던 친구는 성신여대 교수, 내 술친구이면서 앞뒤 안 가리는 행동파 대구 출신 친구는 변호사, 나는 MBC 기자가 되었다. 마지막으로 우리 중 가장 총명하고 가장 키가 작았던 광주 출신 친구는 프랑스에 유학 간 뒤 실종 상태다.

나중에 알고보니 85학번 선배 뒤에 82학번 선배가 있었다. 82학번 선배의 존재는 대학원에 가서야 제대로 알게 되었다. 광주 출신으로 혼자서 중얼대는 습관이 있던 이 선배는 전략적 사고가 뛰어나 서울대 운동권 내에서 꽤 알려진 인물이었다. 지금은 한신대 교수다. 영호남 각각 세 명에 서울 출신 한 명. 우리 사이에 지역감정이라는 게 낄 틈은 없었다.

이때 우리는 20대 초반의 젊은 나이에 할 수 있는 모든 고민을 함께 나누었다. 인생과 역사와 사회, 그리고 미래에 대해 함께 논하면서 날을 새우곤 했다. 남자들은 보통 대학교 2학년을 마치고 군대에 가는 게 추세였다. 하지만 우리는 입대를 보류했다. 다 함께 한국 사회에 대한 연구를 한 뒤 무엇을 할지 결정하기로 했다. 말 그대로 인생의 동지가 되기로 한 것이다.

당시 우리 연구의 출발점은 한국 자본주의 사회였다. 자본주의

1989년 대학 3학년 때 심포지엄 팀원들과
춘천 소양댐 부근 청평사로 워크숍을 갔다.
내가 가운데 앉아 있다.
대학원에 진학한 뒤 이곳에서 등록금 마련을 위해
소설을 번역하기도 했다.

사회에 대한 분석을 위해서는 맑스를 우회할 수 없었다. 맑스는 뛰어난 철학자이자 경제학자로, 최초로 자본주의 사회의 모순을 과학적으로 분석하고 새로운 사회를 위한 길을 제시한 사람이었다. 영국의 철학자 칼 포퍼가 그랬다. 젊어서 맑스에 빠지지 않으면 바보이고, 나이 들어서도 맑스주의자로 남아 있으면 더 바보라고.

맑스가 '공산당 선언'을 한 뒤에 수많은 사람들이 공산주의에 빠져들었다. 공산주의를 지향하는 국가가 한때 전세계의 절반을 차지했고, 서구를 비롯한 거의 모든 나라에서 공산당 내지 사회당이 제1 혹은 제2 정당으로서 강력한 기반을 갖고 있다. 우리나라에서는 한국전쟁을 거친 뒤 공산당이 모두 학살당하다시피 했지만, 한국전쟁 이전에는 역시 막강한 세력을 형성하고 있었다.

내가 본 공산주의는 한마디로 유토피아 사회에 대한 꿈이다. 이 유토피아에 대한 꿈은 동서고금을 막론하고 항상 존재했다. 토머스 모어의 『유토피아』는 말할 것도 없고, 『홍길동전』에서 말하는 율도국, 기독교나 이슬람교에서 말하는 신정(神政) 사회도 다 똑같다. 차별이 없고 서로를 존중하는 사회, 일부 소수만이 아니라 누구나 잘사는 사회, 자유롭고 평등한 사회, 인간 사회가 존재한 이래 이런 사회에 대한 꿈은 항상 있어왔다. 그건 현실 사회에 그만큼 많은 차별과 특혜와 불평등이 존재해왔기 때문이다. 지금 우리 사회 역시 경제적 양극화가 심화되면서 얼마나 많은 불평등이 존재하는지를 생각하면 쉽게 알 수 있다.

이 과정에서 억압받고 억눌린 사람들은 자신들도 잘살 수 있는 새로운 사회에 대한 꿈을 버릴 수가 없었다. 그 꿈을 이루고자 수많은 혁명가들이 등장했다. 대부분은 기득권 세력을 이기지 못하고 형장의 이슬로 사라졌다. 로마시대 노예제도에서 벗어나고 싶었던 스파르타쿠스의 노예 반란부터 러시아혁명까지. 적서차별과 지역 불평등을 벗어나고 싶었던 홍경래의 난, 조선 양반제도 자체에 도전했던 천민 출신 의적 임꺽정과 노비 출신 만적, 외세를 척결하고 자주독립 국가를 건설하고자 했던 동학농민혁명 등. 이런 꿈이 현세에서 실현되지 않는다면 내세에서라도 이루어지길 바라는 마음이 종교라는 형태로 나타나는 것이라고 생각한다.

맑스의 공산주의 역시 비슷했다. 자본주의 사회에서는 왜 자본가와 노동자가 주인공인지, 이곳에서 억압받는 노동자의 입장에서 새로운 사회를 건설하고자 하는 꿈을 과학적으로 분석한 인물이 바로 맑스였다. 맑스의 사상은 이후 독일의 비판철학, 프랑스의 실존주의, 구조주의, 포스트모더니즘 등으로 확산되었다. 맑스를 건너뛰고는 현대철학을 논하기가 어려울 정도다. 심포지엄 팀에서는 한국 사회와 비슷한 처지에 있는 라틴아메리카에 대해서도 분석했다. 우리 사회의 문제점이 무엇인지, 그것을 어떻게 극복해나가야 할지 비교 연구했다.

우리는 그렇게 연구한 결과물을 4학년 여름방학이 시작되기 전에 글로 써서 발표했다. 기말고사가 한창 진행되던 시기였지만, 호응이 굉장히 뜨거웠다. 대형 강의실을 빌렸는데 만석(滿席)이어서 학생들이 계단까지 채우고 앉아서 들을 정도였다. 그만큼 우리 사회의 구조적 모순과 그 극복 방향에 대한 관심이 높았던 것이다.

우리의 발표는 그동안 이미 많이 제기되었던 논점들을 더욱 학술적인 틀을 갖추어 정리한 것이다. 결론을 요약하면 이렇다. 한국 사회는 미국으로 대표되는 외세에 정치·경제·군사적으로 종속되어 있으면서도, 자본주의 발전의 최고 단계인 국가독점 자본주의, 즉 국가와 독점자본이 유착한 단계에 이르렀다. 이 사회에서는 재벌로 대표되는 독점자본이 다수 민중을 억압하고 독점적 이윤을 창출하는 구조가 가장 큰 문제다. 미국에의 종속도 심각한 문제다. 이런 문제를 극복하기 위해서는 민중의 이해를 대변할 수 있는 민주주의 국가를 건설하고, 미국의 종속에서 해방되는 혁명적 과정이 필요하다.

내가 꿈꾸는 사회

이때부터 나에게는 진실로 꿈이 생겼다. 그전까지 나의 꿈은 특별한 이유가 없었다. 어렸을 때 판사나 검사가 되겠다고 한 적도 있지만, 그 이유는 오직 부모님이 그걸 원했기 때문이다. 관료가 되겠다는 꿈 역시 유교적인 충효사상을 습득하면서 내 머리에 심어진 것이다. 말 그대로 '의식화'된 꿈이었다. 박제가 된 천재의 박제화된 꿈이었을 뿐이다.

하지만 이때 생긴 꿈은 대학 4년 동안 치열하게 고민하고 경험한 것들에 대해 철학자들, 역사 속 인물들과 숱한 대화를 나누며 나 스스로 얻은 것이다. 그런 만큼 말 그대로 순수하고 소중한 나의 꿈이다. 그 꿈이 무엇이냐고? 그건 우리 사회를 더욱 자유롭고 평등하게 만드는 것, 그러면서도 인간미가 넘치는 사회, 정의가 강물처럼 흐르는 사회를 만드는 것이다. 그 사회를 만드는 가장 대표적인 방법은 현재로서는 민주주의이다. 다수 대중의 이해가 반영되면서도 소수를 보호할 수 있는 체제. 종교는 내세에서 그런 약속을 할지 모르지만, 나는 현실에서 그런 사회를 이루는 데 조금이나마 일조하고 싶다는 생각을 했다. 굳이 혁명을 논할 것도 없이 그런 사회에 조금이라도 근접할 수 있다면 만족한다.

사마천의 『사기』 「열전」의 서문을 보면 천도시비론(天道是非論)이 나온다. 예전에 도척이라는 산적이 있었다. 그는 수많은 사람을 죽이고 재산을 빼앗아 부를 축적했다. 그런데도 그는 온갖 부귀영화를 누리고 천수를 다한 뒤에 죽었다. 이에 비해 『사기』 열전의 첫 번째 주인공인 백이(伯夷)와 숙제(叔齊)는 절개와 의리가 있는 선비들로, 부정하게 승계한 왕의 신하가 되지 않겠다고 벼슬을 박차고 나가 수양산에서 고사리를 캐먹다가 굶어 죽었다. 사마천은 이를 비교하며 과연 천도, 즉 하늘의 도가 있느냐 없느냐, 도가 있다면 그 도가 옳으냐 그르냐를 따져 물었다.

나는 『사기』를 읽으면서 2000여 년 전 사마천이 했던 고민이 우리 사회에 여전히 유효하다는 생각을 했다. 독립운동가 자손은 삼대를 빌어먹고, 친일파 자손은 삼대를 떵떵거리고 산다는 말이 현실이라는 것이 너무 참담했다. 어떻게 이럴 수 있는지… 2000년이 넘게 흘렀는데, 왜 인간 사회는 변하지 않았을까? 왜 인간 사회는 좀더 나아지지 않았을까? 나는 이런 고민이 더 이상 필요 없는 사회, 정의로운 사회를 만들고 싶다.

이후 나의 모든 삶은 주어진 조건에서 이 꿈을 실현하는 데 맞춰졌다. 한 번도 포기하지 않았고, 한 번도 잊지 않았다. 하루빨리 이 꿈이 실현되었으면 하는 바람이다. 더 이상 이런 꿈이 필요 없는 사회를 앙망(仰望)한다.

현실 공산권의 붕괴

심포지엄 팀의 발표가 끝난 뒤 우리는 본격적으로 무엇을 할 것인지 고민하기 시작했다. 한국 사회를 변혁하려면 혁명 내지 혁명적 수준의 개혁이 불가피하다는 결론을 내린 상태에서 그에 맞는 일을 찾기로 했다. 하지만 당장 우리가 할 수 있는 일이 없었다. 그래서 대학원에 진학하기로 결정했다. 군대 문제도 남아 있었는데 그건 차후에 생각하기로 했다.

함께 공부했던 친구 다섯 명 중 네 명의 대학원 입학이 확정된 뒤 나와 광주 친구는 서울사회과학연구소에 들어가게 되었다. 서울사회과학연구소는 김진균 서울대 사회학과 교수가 주도해 만든 연구소로 진보 성향의 소장파 학자들이 있던 곳이다.

내가 대학원을 들어간 해는 1991년이다. 이때 소련이 무너졌다. 소련 공산당 서기장인 미하일 고르바초프가 진행해오던 페레스트로이카를 둘러싸고 여러 가지 논쟁이 많았지만, 이렇게 갑자기 소련이 붕괴할 것이라고는 예상하지 못했다.

우리는 맑스주의를 연구했지만 소련을 지지한 것은 아니었다. 오히려 스탈린 집권 이후 '철의 장막'을 유지하며 맑스주의의 본래 취지에서 일탈하는 소련에 대해 상당히 비판적이었다. 그렇다고 하더라도 소련의 붕괴는 큰 충격이었다. 소련과 더불어 동구 공산권이 잇따라 무너지면서 우리 사회에서는 맑스주의가 재도입된 지 불과 10년 만에 맑스가 제기했던 자본주의 사회 자체의 모순에 대한 근본적인 문제의식마저 도매금으로 넘어갈 상황이었다.

이런저런 계기가 겹치면서 우리는 프랑스 철학자 루이 알튀세르를 연구했다. 알튀세르는 1970년대 초 일찌감치 맑스주의의 위기를 선언했던 인물이다. 모든 사상이 마찬가지겠지만 맑스주의 역시 끊임없이 변화하지 않으면 안 된다. 고정되는 순간 교조화되고 생명력을 잃게 된다. 그게 바로 소련을 중심으로 한 기존 맑스주의의 운명이었던 것이다. 그런 관점에서 알튀세르는 맑스주의를 끊임없이 재해석하고 변혁하려 했던 철학자다.

현실 사회주의 국가들의 붕괴는 우리 사회에도 큰 영향을 미쳤다. 특히 1987년 6월항쟁 이후 민주화가 가속되면서 1992년에는 김영삼이 대통령에 당선되었다. 민주화가 말 그대로 불가역적 흐름이 된 것이다. 우리 사회에서 혁명을 추구하던 세력들이 급속히 줄어들었다.

현실 운동권 내에서도 이때를 계기로 커다란 변화가 생겼다. 그동안 노동자 혁명을 주장했던 세력들이 현실적으로 혁명이 불가능함을 직시하고 새로운 정치노선을 추구하기 시작했다. 일부는 제도권 정당에 진입하고, 일부는 독자 정당을 추구하는 세력으로 갈라졌다. 이제 우리 사회에서도 혁명이 아니라 개혁을 통한 사회 변화를 추구하는 서구식 정치경쟁 모델이 등장한 것이다. 물론 우리 사회가 안고 있던 모순이 해결된 것은 아니다. 그것을 해결하기 위한 접근 방법이 달라졌을 뿐이다.

무엇을 할 것인가

대학원을 졸업할 무렵 향후 진로를 놓고 고민하기 시작했다. 대학 6년 동안 고민했던 우리 사회의 문제점은 하나도 해결되지 않은 것 같은데, 정치적인 환경은 빠르게 변하고 있었다.

우선 군사독재 세력, 좀더 거슬러 올라가면 친일세력들은 민주화 이후에도 여전히 정치권력의 핵심을 차지하고 있었다. 1992년 김영삼이 대통령이 되었지만, 김영삼은 군사정권 잔당들과의 3당 합당을 통해 어렵게 집권에 성공했다. 그 바람에 군사정권의 잔당들이 고스란히 살아남았다. 재야세력으로부터 상대적인 지지를 받던 김대중은 대선 패배 후 정계은퇴를 선언하고 물러났다.

김영삼 집권 뒤 정치적 수준의 민주화는 일부 진전이 있었지만 경제적 측면에서는 큰 변화가 없었다. 재벌그룹은 여전히 정치권력과 유착되어 우리나라의 실질적인 지배세력으로서 자리를 차지하고 있었다. 노동자나 농민 등 사회적으로 다수를 차지하면서도 약자의 지위에 머무르고 있는 이들의 환경도 거의 변함이 없었다. 이들이 목소리를 높이면 여전히 '빨갱이' 내지 '좌경용공'의 딱지가 붙었다. 이들을 대변하려는 정치세력들이 간간이 등장했지만 정치적으로 유의미한 세력이 되지는 못했다.

이런 상황에서 내가 할 수 있는 일은 무엇일까? 민주화와 개혁이 진행되는 상황에서 민주적으로 선출된 정권을 타도하고 혁명을 한다는 것은 무모한 일이다. 현실에 적응하면서 현실을 서서히 바꾸는 수밖에 없다. 1987년 6월항쟁의 승리는 결과적으로 혁명세력의 쇠퇴와 개혁을 일반화하는 효과를 가져왔다. 1990년대 들어 우리 사회에 민중운동과 대별되는 시민운동이 발전하게 된 것도 바로 이런 계기를 겪었기 때문이다. 나 역시 그런 길을 가야 했다.

대학원을 졸업하자 미루어왔던 군대 문제가 눈앞에 닥쳤다. 당장 무엇을 할 것인지 정하지 못한 상태에서 군 입대는 나쁘지 않은 선택이었다. 시력 때문에 방위로 근무하면서 진로를 고민했다. 행정고시나 사법고시를 뒤늦게 보기는 싫었고, 기업에 들어가서 돈을 추구하면서 살기도 싫었다. 공부를 계속하자니 유학을 가야 하는데 집안 형편이 허락하지 않았다. 그래서 언론사를 선택했다. 기자는 지식인 흉내를 내면서 적당히 활동적인 직업처럼 보였다. 이론과 실천을 겸비할 수 있는 직업이라고 생각했다.

대학에 들어간 뒤 무엇을 할 것인가가 아니라 어떻게 살 것인가를 고민하던 시점이 내 인생의 첫 번째 변곡점이었다면, 실제 무엇을 할 것인가를 고민하던 이 시기가 나에게는 인생의 두 번째 변곡점이었다.

군 생활을 마치고 언론사 시험 준비를 할 무렵, 아버지가 돌아가셨다. 이전에 비해 건강이 매우 좋아진 상태였는데 갑자기 쓰러지셨다. 학교에서 근무하다 몸이 안 좋아 홀로 택시를 타고 응급실에 가셨는데 그길로 깨어나지 못하셨다. 청천벽력 같은 일이었다. 아버지는 병원 중환자실에서 1주일을 버텼지만 끝내 퇴원 결정이 내려졌다. 그리고 집에 돌아온 지 몇 시간 뒤 운명하셨다. 내가 암 진단을 받았을 때 느낀 것처럼 모든 일이 현실이 아닌 것 같았다. 하지만 현실은 엄중하게 다가온다.

아버지 장례를 마치고 집안 정리를 했다. 그동안 집안일에 단 한 번도 신경쓴 적이 없었는데, 이때 처음으로 마주하게 되었다. 의외로 정리할 것이 많았다. 유품부터 시작해서 아버지 명의로 된 통장과 집, 심지어 아버지가 관리하시던 종중(宗中) 자료까지 모든 것을 일일이 찾아서 명의를 바꾸거나 넘겨야 했다. 이사도 했다. 아버지가 돌아가신 집에서 어머니 혼자 사시게 둘 수 없었다. 아버지 퇴직금도 수령했다. 지금처럼 평균수명이 늘 것을 전혀 예상하지 못하고 일시금으로 받아서 아버지의 친구에게 빌려주었다. 하지만 사업이 어려워지자 돈 빌린 분이 말 그대로 야반도주를 해버렸다.

그렇게 몇 달을 보내고 다시 취직 준비를 시작했다. 그 무렵 어머니와 누나가 나에게 미국에 다녀오는 게 어떻겠느냐고 제안했다. 아버지가 돌아가신 뒤 여러 가지로 쌓인 스트레스도 풀 겸, 미국 시카고에 계신 작은어머니도 방문할 겸 다녀오라는 것이었다. 이번 기회에 영어도 제대로 해보자는 생각에 겸사겸사 석 달 정도 미국을 가기로 했다.

미국 방문

김영삼이 집권한 뒤 세계화를 주창하던 시절인 1995년 3월 처음으로 해외를 나가려고 했지만 어떻게 가야 하는지 아는 게 없었다.

당시 미국에 가려면 비자를 받아야 했지만 방법을 몰랐다. 그래서 미국 영어학원에 등록을 하고 어학연수를 가는 방식을 선택했다. 우리나라 학원에 의뢰를 하면 알아서 다 처리해주었다. 목적지는 작은어머니가 계시던 시카고였다.

처음 한 달 동안은 시카고의 미국인 집에 머물면서 영어학원을 다녔다. 비싼 하숙비를 내고 미국 생활을 배운 셈이다. 미국인들은 집에서도 신발을 신고 다니는 것이 특이했다. 동서양 문화가 섞이면 나중에 이들도 우리처럼 신발을 벗게 되지 않을까?

하루는 미국인 가족들과 함께 영화관에서 「쇼생크 탈출」을 봤다. 이 영화가 한국에서 개봉하기 전이었다. 자막 없이 외국 영화를 본 건 처음이었다. 자세히는 몰라도 대충 알아들었다. 영화가 끝난 뒤 미국인 가족들과 얘기를 하는데 내가 내용을 대충 이해한 걸 보고 미국인 가족들이 깜짝 놀랐다. 말하기 실력에 비해 많이 알아들었다고 본 것 같았다. 이때 알게 된 사실이 한 가지 있다. 우리가 모든 대화를 정확히 다 알아듣지 못해도 전체적인 맥락과 상황을 파악하면 커뮤니케이션이 가능하다는 것이다. 흔히 보디랭귀지(body language)라고 하는 것이 가장 좋은 커뮤니케이션 수단이다. 어린아이들이 외국어를 배우지 않고도 스스로 습득하는 능력과 비슷하다.

또 한 가지 재미있었던 것은 미국인 역시 부모와 자식 간의 관계가 썩 좋지 않았다는 점이다. 미국인 아이들이 고등학생 사춘기였으니 부모와의 관계가 더 어려웠을 것이다. 그때 사람이 살아가는 것은 어디나 다 똑같다는 생각을 했다.

영어학원에서 영어를 배우는 것은 한국에서 배우는 것과 큰 차이가 없었다. 역시 한 교실에 학생들이 잔뜩 몰려 있는 기계적인 수업은 전혀 도움이 안 된다. 그래서 한 달 만에 학원을 박차고 나와버렸다. 사실 그런 종류의 영어학원은 무료로 가르치는 곳이 의외로 많지만, 당시에는 그런 정보를 전혀 알지 못했다.

작은어머니 댁으로 옮긴 뒤 시카고대학의 정치학과 수업을 한 달 정도 청강했다. 미국 학부생들의 수업도 우리와 큰 차이가 없었다. 교수는 강단에서 열심히 강의하고, 학생들은 듣는 시스템이었다. 수업 참여도는 한국 학생들보다 조금 높은 것 같았다.

그러던 중 사촌누나 남편, 즉 자형(姉兄)이 미국 기차인 암트랙(Amtrak, 미국여객철도공사) 여행권을 알려주었다. 아주 싼 가격에 20여 일 동안 미국의 암트랙 기차를 마음껏 탈 수 있는 기차표였다. 일정은 원하는 대로 조절할 수 있었다. 그래서 나는 암트랙을 끊어서 미국 여행을 했다. 시카고에서 출발해 뉴욕과 워싱턴을 거쳐 남부 마이애미, 뉴올리언스를 돌아 시카고로 복귀하고, 시카고에서 다시 출발해 서부 그랜드캐니언 부근의 플래그스태프를 거쳐서 로스앤젤레스로 가서, 로스앤젤레스에서 한국으로 귀국하는 일정이었다.

미국 방문 기간 중 백미는 이 여행이었다. 원래 여행을 좋아했지만 암트랙 여행을 하면서 또 다른 재미를 맛봤다. 암트랙은 지

미국 배낭 여행 중 그랜드캐니언에서 찍은 사진.
여행을 다니면서
다양한 부류의 사람들을 만났는데,
그들과 대화를 나누며
영어회화 실력이 부쩍 늘었다.

붕 칸에 음료수를 마실 수 있도록 테이블과 의자를 만들어놓았다. 그곳에 가면 누구나 앉아서 얘기를 나눌 수 있었다. 한번 암트랙을 타면 몇 시간이 걸리니까 대화 상대를 바꿔가며 다양한 사람들과 얘기할 수 있었다.

주한미군으로 있던 사람들도 많이 만났고, 미국인 대학생들, 은퇴한 사람들, 당장 직업이 없는 사람들도 만났고… 정말 여러 부류의 사람들을 볼 수 있었다. 이때 나눈 대화가 학원이나 대학에서 배운 것보다 훨씬 유용했다. 게다가 내가 만난 사람들은 모두 영어에 능숙하니 그들을 따라 하는 것만으로도 영어회화 실력이 부쩍 늘었다.

우리 정서와 다른 한 가지는 Korea에 대한 인식이었다. Korea에서 왔다고 하면 항상 'South or North?'를 물었다. Korea라고 하면 당연히 남한을 생각할 줄 알았는데, 미국인들은 그게 아니었다. 우리가 미국을 생각하는 것과 달리 미국인들에게 Korea는 그저 변방의 한 개발도상국일 뿐이었다.

이 여행이 끝날 무렵에는 영어에 자신감이 생겼다. 이를 계기로 깨달았다. 첫째는 외국어 학습은 다른 무엇보다 몰입교육이 최고다. 또 무조건 실전을 많이 겪어야 한다. 단체로 교실에 앉아 있는 건 아무런 의미도 없다. 원어민들과 어울리면서 그들이 쓰는 표현을 자연스럽게 익히는 것이 최고의 학습 방법이다. 그들 흉내를 내면 영어 실력이 저절로 늘게 되어 있다.

둘째는 학습은 책만이 아니라 직접 만지거나 체험하는 것이 바탕이 되어야 한다. 예를 들어 농업을 배운다면 책에 있는 그림을 보면서 무조건 외우라고 할 것이 아니라, 실제 농작물을 재배해봐야 훨씬 잘 이해할 수 있을 것이다. 국사나 세계사도 영화나 박물관 체험 등을 병행한다면 훨씬 도움이 될 것이다. 수학이나 논리의 경우 이런 과목들과는 다른 종류의 체험이 필요할 것이다. 영어도 책을 보고 문법을 외우는 것이 아니라, 대화를 하면서 거꾸로 문법을 익힐 수 있는 것처럼.

암트랙 여행을 통해 영어 실력도 키웠지만 견문도 많이 넓혔다. 미국의 북서부를 제외한 주요 도시들을 대부분 돌아보았다. 9·11테러로 무너지기 전의 세계무역센터 건물을 비롯해 뉴욕의 풍경들, 워싱턴의 관광지와 스미스소니언 박물관, 마이애미의 넓은 해변, 뉴올리언스의 선술집, 서부 사막 지대의 그랜드캐니언, 로스앤젤레스의 관광지들… 마이애미 일정이 짧아서 헤밍웨이가 죽기 전에 머물렀던 키웨스트를 방문하지 못한 것이 아쉬웠다.

이 중 가장 인상적인 건 역시 그랜드캐니언이었다. 기차에서 만난 미국인 대학생 두 명과 함께 차를 빌려서 갔다. 그랜드캐니언에서 1박을 했는데 5월인데도 너무 추워서 잠을 못 잤다. 광활한 사막에서 말을 타보지는 못했지만 자동차로 둘러보기만 해도 충분히 만족할 만했다. 워싱턴이나 뉴욕 등 미국 대도시들이 전통적인 공간을 잘 보존하고 있는 점도 흥미로웠다. 우리처럼 기존 건물을 모두 무너뜨리고 현대식 성냥갑만 죽죽 들어서는 것과 많이 달랐다. 과거와 현대의 조화라고 할까.

또 한 가지 흥미로웠던 점은 미국 국민 중 수도인 워싱턴을 방문해보지 못한 사람이 전체의 3분의 1이 될 정도로 상당히 많다는 것이다. 빈부격차가 심해지면서 자신이 살고 있는 동네 밖으로 나가보지 못한 사람들이다. 이들은 나의 워싱턴 방문을 꽤 부러워했다.

여행 기간 동안 잠은 유스호스텔에서 잤는데 하룻밤에 10달러 정도였다. 나이 든 아저씨들도 나처럼 여행을 하며 그곳에서 밥을 해 먹고 잠을 자는 걸 보았다. 도시마다 유스호스텔이 상당히 잘 갖춰져 있었다. 우리도 저런 문화가 형성되면 좋을 것이라는 생각을 해보았다. 가볍게 배낭 하나 메고 여행할 수 있는 시스템. 여행자들이 경제적으로 큰 부담 없이 편하게 다닐 수 있는 시스템. 점심은 5달러짜리 햄버거를 자주 사먹었다. 햄버거가 한국보다 훨씬 커서 한 번에 다 먹기 힘들 정도였다. 관광지는 주로 걸어서 다녔다. 나는 원래 잘 걸었으니까.

6

모난 돌이
정 맞는다

MBC 입사

미국 여행을 마친 뒤 전주 생활을 정리하고 1년여 만에 서울로 올라왔다. 이때 한창 각 언론사마다 신입 공채가 진행 중이었다. 귀경 후 한 달 만에 첫 공고가 난 곳이 중앙일보였다. 시험 준비가 제대로 안 됐는데 운이 좋았는지 필기시험을 통과하고 인턴 과정까지 거쳐 최종 면접을 보았다. 그런데 최종 면접에서 떨어졌다. 이해하기 어려웠다. 합격한 사람들과 떨어진 사람들을 비교하면 떨어진 사람들이 대체로 더 나아 보였다. 나와 얘기한 상당수가 이에 동조했다.

왜 그랬을까? 그 이유를 찾기 위해 떨어진 사람들과 얘기도 하고 스스로도 고민을 많이 했다. 그리고 내 나름대로 추측을 했다. '중앙일보에서는 너무 원칙에 충실한 사람을 원하지 않았던 거야.' 면접을 볼 때 홍석현 회장이 직접 질문을 했다. 홍 회장의 질문은 대학 다니면서 데모를 해보았느냐는 것이었다. 1987년에 대학에 입학했기 때문에 데모를 안 할 수 없는 환경이라는 것은 누구나 아는 사실이었다. 그래서 망설이지 않고 데모를 할 수밖에 없었던 시대 상황에 대해 씩씩하게 대답했다. 어떤 기자가 되고 싶으냐고 물었을 때도 역시 똑소리 나는 답을 했다. 그런데 결과는 낙방.

중앙일보 시험 기간이 인턴 과정까지 포함되어 있어 꽤 길었기 때문에 다른 언론사 시험을 하나도 못 봤다. 이듬해 SBS가 가장 먼저 시험 공고를 냈다. SBS는 민영방송이라 가고 싶은 마음은 없었지만 시험해보고 싶었다. 1차 필기시험을 통과한 뒤 2차 부장단 면접을 할 때, 공교롭게도 똑같은 질문을 받았다. 대학 다닐 때 데모 해보았느냐고. 그 외에도 비슷비슷한 질문들을 했다. 그래서 중앙일보 최종 면접 때처럼 씩씩하게 대답했다. 결과는 탈락. 내 추측이 맞을 것이라는 생각이 점점 강해졌다. 기업들이 말로는 그저 똑똑한 사람을 원한다고 하면서도 실제로는 너무 '원칙적인' 똑똑한 사람은 원하지 않는다. '조직의 지시를 잘 따르는' 똑똑한 사람이 필요한 거지.

MBC에서도 최종 면접의 질문이 한결같았다. 데모해보았느냐 등등. 이때는 준비된 답변을 했다. 똑똑한 척하면서도 적당히 얼버무리는 답변. 예컨대 1987년에 데모를 안 했다면 거짓이다, 누구나

다 하는 상황이었다. 하지만 학년이 올라가면서 데모에 참가하지 않았다, 이런 식. 그 결과 MBC에 합격했다.

나는 원래 신문사를 가고 싶었다. 그전까지도 기자라고 하면 방송보다는 신문을 생각했다. 하지만 인연이 잘 안 닿았다. 방송사로는 KBS를 생각했는데, 거의 1년 만에 MBC에 합격하니까 더 이상 시험을 보고 싶은 마음이 들지 않아 그만두었다. 그렇게 MBC에 들어갔다. 이때부터 방송의 영향력이 신문보다 훨씬 커졌으니 오히려 잘된 것인가?

입사 시험 경험을 통해 두 가지를 알 수 있다. 먼저 한 가지는 사기업의 경우 절대로 '똑똑하고 원칙에 충실한 사람'을 원하지 않는다. 사람이 너무 올곧으면 회사의 부당한 방침을 따르지 않을 수 있다. 오히려 최규석의 만화『송곳』에서처럼 노조에 가입해 회사와 대결하거나 회사에 노조가 없다면 본인이 직접 노조를 만들 수도 있다. 기업은 적당히 구부러질 수 있는 사람을 원한다. 회사 생활을 하면서 원칙을 따지기보다 불법이나 부적절한 일도 회사의 지시라면 마다하지 않는 사람이 되기를 바란다.

실제 우리나라 재벌 중에 불법을 저지르지 않은 기업은 단 한 곳도 없을 것이다. 삼성 이건희·이재용, 현대자동차 정몽구, SK 최태원, 롯데 신동빈 등 재벌 총수들이 배임·횡령·금융실명제법 위반·뇌물공여·불법정치자금 전달 등의 혐의로 구속되거나 불구속 기소되어 처벌을 받았다. 대부분 전과자다. 이들의 불법적인 지시를 실행에 옮긴 사람이 누구겠는가. 웬만한 재벌그룹은 모두 불법 덩어리 그 자체다. 재벌의 영향력이 워낙 세고 정경유착 현상이 아직도 근절되지 않다보니 그냥 넘어가는 일이 비일비재하다. 유전무죄 무전유죄. 그래서 재벌개혁이라는 말이 우리 사회에서 영원한 화두가 되는 것이다.

이는 우리나라가 선진국이 되려면 아직 멀었다는 증거이기도 하다. 선진국이란 무엇일까? 나는 무엇보다 딱 한 가지 조건을 들고 싶다. 정직이 통하는 사회. 우리가 흔히 선진국이라고 부르는 나라에는 한 가지 공통점이 있다. 거짓말을 하거나 다른 사람을 속이는 행위를 할 경우 그에 대한 처벌이 엄격하다는 것이다. 예를 들어 원산지를 속이거나 기업의 회계를 조작하면 중형이 선고된다. 그래야 신뢰받는 사회가 형성된다. 하지만 우리는 모범이 되어야 할 기업들부터 불법을 저지르고 대충 넘어가려고 한다. 아니, 대충이 아니라 로비를 통해 법을 뛰어넘어 해결하려고 한다. 좋은 게 좋은 것이라는 식이다. 모난 돌이 정 맞는다는 속담이 우리 사회처럼 잘 통용되는 곳이 드물다. 이런 문화가 사회 전반에 팽배해 있다.

내 입사 경험에서 알 수 있는 또 한 가지는 한국 사회의 뿌리 깊은 보수성이다. 세대가 바뀜에 따라 앞으로는 많이 달라지겠지만 아직까지 보수세력이 우세하다. 보수세력은 대한민국의 최상위 계층을 독점하고 있다. 해방 이후 오랜 세월 우리 사회를 지배해왔기 때문이다. 우리 사회가 쉽게 바뀌지 않는 가장 큰 이유다. 더구나 사람은 나이가 들면 현실과 타협하면서 보수화되는 경향이 강하다. 보수적인 높은 계층의 신임을 얻어 승진하려면 같은 보수임을 보여주어야 하기 때문이다. 그래서 어느 조직이든 최상위를 차지하는 승자는 대체로 보수 성향의 인사들이다. 그것이 바로 언론사 사장들이 면접에서 공통적으로 데모해보았느냐고 물어본 이유일 것이다. 아마 이들은 노동법에 부당노동행위 금지 조항이 없었다면, 입사 후에 노동조합에 가입할 것이냐고 물어보았을지도 모른다.

한국 사회를 지배하는 보수세력은 친일파에서 군사독재, 최근의 뉴라이트는 물론 일베까지 이어지는 세력을 망라한다. 이들은 이승만과 함께 남한 단독정부를 수립하고 한국전쟁을 거치면서 친미파로 변신했고, 박정희와 함께 군사독재를 하면서 경제성장을 이루었다. 한국전쟁 기간 동안 수많은 인명이 희생되었고, 그 결과 빨갱이는 무조건 죽여도 된다는 인식을 가진 국민들이 등장했다. 이런 반공·반북 심리를 이용해 군사독재를 합리화한 것이다. 그 과정에서 미국의 지원에 힘입어 경제성장까지 이루자, 미국을 신의 나라로 간주하고 자기 나라 국민들은 개나 돼지처럼 통치의 대상으로만 여기는 것이 일상화되었다. 박근혜 대통령의 지지자들이 탄핵 반대를 외치며 태극기와 성조기를 들고 나온 배경이다.

우리 사회 상층부뿐만 아니라 주요 조직을 장악하고 있는 기득권층은 정도의 차이만 있을 뿐 대부분 이런 사람들이다. 정부 부처는 말할 것도 없고, 언론사, 기업, 법원, 국회 등 우리 사회 거의 모든 조직의 사정이 비슷하다. 왜냐하면 과거부터 정부나 사회에 비판적 성향을 띤 사람들은 이런 조직에서 철저히 배제되었기 때문이다. 정부나 사회에 비판적 성향을 띤 사람들 역시 이런 조직에 들어가기를 거부했다. 내가 행정고시를 보지 않은 것과 비슷하다. 물론 민주화가 진행되면서 우리 사회도 변화해왔고 앞으로 또 다른 변화가 예상된다. 그런 변화가 실제 많이 진전이 되었으면 하는 바람이다.

문제는 이런 보수세력의 지배가 장기화되면서 보수 지배층의 심리가 우리도 모르게 마음속 깊이 박힌 것이다. '내 마음속의 파시즘'이라고 할까? 예를 들어서 예전에 어른들이 "조선 놈은 맞아야 돼" 이런 말을 많이 했다. 일제강점기 35년을 지내면서 일본이 우리를 비하해서 사용한 말이 어느새 우리들의 용어가 되어버린 것이다. 또 최근까지도 사회 곳곳에서 윗사람이 아랫사람에게 "까라면 까"라는 말을 빈번하게 사용한다. 남자의 생식기로 밤송이를 까라는 군대에서 쓰던 말인데, 상관이 아무리 부당한 명령을 내려도 반항하지 말고 무조건 따르라는 뜻이다. 군사독재가 일제강점기만큼이나 길어지면서 이런 말이 우리 생활에 침투해 일상화되었다. 언어와 함께 생각이나 행동, 습관까지 군대식으로 바뀌어갔다. 다양성보다는 모든 사람들의 일사불란한 행동을 요구하는 것이나 내용성보다 주어진 시간 내에 빨리빨리 해치우기만 바라는 것 등이다. 군대식 문화다. 전체주의의 한 측면이다.

나는 진정한 개혁을 위해 한 계단씩 올라가는 현행 인사 시스템을 그대로 두는 것이 과연 적절한지 의문이 들 때가 많다. 이미 연공서열과 기존 시스템에 의해 구축된 조직이 있는데 상층부 몇 명 바꾼다고 달라질까. 정부 부처를 비롯해서 각 부문의 파격적인 혁신이 없다면 개혁은 쉽지 않을 것이다.

대학에서 한국 정치경제의 특징 등 메타 이론에 대해서는 열심히 파악을 했지만, 사람들이 살아가는 실제 현실을 제대로 알지 못했던 나로서는 입사 시험을 통해 아주 소중한 경험을 했다. 하지만 사람들과의 관계라는 측면에서 나의 경험은 여전히 매우 일천한 상태였고, 이는 입사한 뒤에 많은 충돌을 야기했다.

수습기자의 모순

1996년 MBC에 입사한 뒤 경찰서를 도는 것으로 나의 기자 생활이 시작되었다. 6개월 수습 기간 동안 경찰서 기자실이라는 정말 지저분한 방에서 다른 회사 수습기자들과 함께 잠을 자며 생활했다. 수습기자는 늦어도 새벽 5시에는 일어나서 밤 12시 내지 새벽 1시까지 관할 경찰서 네댓 곳의 형사과와 교통사고 조사반, 검찰청과 법원 등을 돌며 사건을 챙겨서 보고해야 했다. 경찰서 사건 대장을 보면서 강도, 살인, 폭력, 성폭력, 교통사고, 사기 등 온갖 지저분한 사건을 다 목격했다.

이런 사건 피의자들은 한마디로 잡범이다. 하지만 이런 사건 중에 유명 인사나 고위직 인사 등이 포함되어 있으면 그야말로 기삿거리다. 연쇄살인 등의 엽기적인 행태가 있다면 그것 역시 기사가 된다. 그렇다고 이 사건들이 우리 삶에 큰 영향을 미치거나 사회에 특별한 교훈을 주거나 혹은 경종을 울릴 만한 사건은 아니다. 그래서 경찰이나 검사나 이런 단순 형사사건을 다루는 곳보다 사회적 파장이 큰 사건을 다루는 부서를 훨씬 선호한다. 그게 출세를 위한 지름길이기 때문이다.

경찰서를 출입하면서 기자로서 나름 폼을 잡을 수 있었다. 선배 기자들은 우리에게 경찰들 앞에서 절대로 약하게 처신하지 말라고 거듭 강조했다. 기자는 국민의 대표이기 때문에 상대가 누가 되었든 큰소리칠 수 있어야 한다는 것이었다. 이 가르침은 공명하는 바가 컸다. 일반인의 경우 경찰을 상대할 일이 별로 없고, 상대하더라도 부담스럽고 죄가 없어도 겁을 먹게 된다. 그런 그들을 상대로 당당하게 묻고 따지는 그 자체만으로 대단한 경험이다. 이 경험을 통해 이후 어느 출입처를 나가든 고위직 인사들에게도 당당할 수 있는 태도를 익힌다. 이는 강자에게 강하고, 약자에게 약한 기자로서의 기본 태도를 습성화하는 중요한 첫걸음이다.

그런데 수습기자는 또한 모순적인 상황에 놓여 있다. 경찰에게 '형님'이라고 부를 때를 제외하면 직책에 '님'자조차 빼고 부르면서도, 자기 회사 선배 기자의 지시에는 절대 복종해야 한다. 새벽

6시에 보고하라면 새벽 6시에 보고해야 하고, 아침 10시에 보고하라면 아침 10시에 보고해야 한다. 이 과정에서 온갖 욕설을 듣고 말도 안 되는 지시를 받고도 이행해야 한다.

출입처에 가서는 큰소리 뻥뻥 치면서 자기 회사 선배의 지시에는 찍소리도 하지 못하는 상황이라니. 수습 기간 중 이 모순적인 상황을 잘 터득한 사람과 그러지 못한 사람은 시간이 지나면 인생 행로에서 큰 차이가 난다. 강자에게 강한 면모를 제대로 익힌 사람은 회사에서도 결코 비굴하지 않게 된다. 그러지 않은 사람은 결국 회사에서도 비굴해지고 강자에게도 비굴해진다.

경찰기자 생활을 조금만 해도 어느새 경찰이 기자보다 약한 존재라는 걸 깨닫게 된다. 처음에는 선배들 가르침 때문에 큰소리를 쳤지만, 시간이 지나면 습관적으로, 더 지나면 경찰이 약자이기 때문에, 이들을 상대로 큰소리를 치게 된다. 경찰이 약자로 보이는 순간부터 약자에게 군림하는 법을 익히게 된다. 이 대목에서는 자중할 줄 알아야 한다. 하지만 대개 그러지 못한다. 군림은 배우기도 전에 벌써 습관이 되기 때문이다.

사회부 축출

나는 비교적 좋은 평가를 받으면서 수습기자 생활을 마쳤다. 수습 기간 6개월 동안 종로경찰서에서 동료 경찰관의 폭력 범죄를 숨긴 것을 어렵게 밝혀내는 등 소소한 특종도 제법 했다. 1997년 6월 사회부 경찰기자로 정식 발령을 받았다. 그 뒤 얼마 안 되어 내가 했던 특종이 기억난다. 어린 여자아이 한 명이 유괴를 당해 살해되었고, 얼마 안 되어서 경찰이 범인을 검거했다. 붙잡힌 범인은 여자였고, 누구나 공범이 있을 것으로 추정했다. 그런데 저녁 9시 뉴스데스크 방송을 40여 분 남긴 상태에서 이 사건이 체포된 여자의 단독 범행이라는 사실을 형사계장으로부터 확인받았다. 곧바로 경찰기자(사스마리)의 우두머리인 서울지방경찰청(서울시경) 출입기자(캡)에게 보고했다. 우리는 공범을 전제로 준비했던 모든 기사를 단독 범행을 전제로 급하게 바꾸었다.

그때 MBC는 축구 중계를 하고 있었다. 그런데 뉴스데스크 시작 20분 전쯤 화면 하단의 뉴스 예고 자막에 단독 범행이라는 특종이 흘러나가버렸다. 회사의 실수였다. 이걸 본 다른 언론사 기자들이 경찰서장에게 몰려가 사실 여부를 따져 물었다. 경찰서장이 9시에 긴급 기자회견을 열고 이번 사건이 단독 범행임을 공식적으로 발표했다. MBC는 이미 단독 범행을 확인하고 뉴스데스크를 준비했기 때문에 경찰 발표를 생중계하면서 잘 넘어갔다.

하지만 KBS는 공범을 염두에 두고 방송을 준비한 상태였다. 그런데 9시뉴스가 시작하자마자 경찰이 단독 범행이라는 발표를 하자, 방송이 단단히 꼬여버렸다. 공범을 추정해 준비한 기사를 없애자니 뉴스가 펑크 나는데, 단독 범행을 염두에 둔 기사를 준비할 시간은 없었기 때문이다. 단독 범행이라는 경찰의 발표와 공범이 있을 것이라는 KBS의 추측 보도가 엇갈려 엉망이 되어버렸다. KBS는 그날 이후에도 공범이 있을 것이라는 추정을 갖고 계속 보도를 했다. 마침 추석 연휴가 시작되었는데, KBS는 연휴 기간에도 나 홀로 공범을 찾는 보도를 이어갔다. 그만큼 이 한 건의 보도로 크게 타격을 받은 것이다.

경찰기자로서 이런 식으로 나름 성과를 올렸지만, 사회부 기자로 정식 발령이 난 지 불과 10개월 만에 나는 사회부에서 1998년 지방선거 선거방송기획단으로 쫓겨났다. 왜 그랬을까?

내가 경찰기자 생활을 시작한 1990년대 후반은 KBS와 MBC가 시청률 경쟁을 치열하게 전개하던 시기다. KBS가 1TV의 광고를 없애면서 9시뉴스가 시청률에서 MBC 뉴스데스크를 앞서기 시작했다. 그전에는 MBC가 뉴스 시청률에서 줄곧 1등이었다. KBS는 이런 추세를 굳히려고 사건사고 뉴스를 전면에 배치했고, MBC 역시 이를 따라갔다. 그 바람에 사건사고 뉴스가 전체 뉴스 45분 중 3분의 1에서 2분의 1을 차지할 정도로 비중이 커졌다. 양 사의 시청률 경쟁 속에 의미 없는 사건사고 뉴스가 화면을 가득 채우는 한심한 행태가 벌어졌다.

사실 뉴스가 볼만해진 것은 민주화의 효과다. 그전에는 언론이 정부 발표만 일방적으로 받아썼지만 민주화가 되면서 비판적인 기

사가 나오기 시작했다. 더욱이 김영삼 정부 시절 공직자 재산공개
와 검찰을 통한 사정 등 과거 청산 움직임이 나타나면서 뉴스가 재
미있어졌다. 김영삼 정부는 이를 홍보하기 위해 언론을 많이 이용
하기도 했다. 또 1990년대 중반부터는 신문보다 방송의 영향력이
커지기 시작했다. 1988년 5공 청문회가 TV로 생중계되면서 방송
의 힘이 증명되었고, 1990년대를 거치면서 총선이나 대선 과정에
서 방송의 영향력이 눈에 띄게 드러났기 때문이다. 그 결과 방송사
의 뉴스 영향력 역시 확연히 커졌다.

그런데 정작 공영방송에서는 시청률 경쟁 때문에 기사 가치가
떨어지는 사건사고 뉴스에 주력하고 있었다. 나는 이런 것이 정말
싫었다. 말 그대로 이런 걸 하려고 기자가 되었나 자괴감이 들었다.
취재 지시를 받은 제보도 허접한 생활뉴스거리밖에 안 되었다. 이
런 뉴스 보도를 거부하자면 온갖 욕을 들으면서 선배들과 한참 동
안 실랑이를 벌여야 했다.

더욱이 경찰기자는 군대 조직처럼 되어 있다. 사회부장 아래 사
건 데스크가 있고, 그 아래 서울시경을 나가는 캡(경찰기자들의 선임)
이 있다. 각 경찰서에는 1진, 2진 기자가 있어서, 막내인 2진의 경우
1진, 1진은 시경 캡, 시경 캡은 다시 사건 데스크의 지휘를 받는다.
합리적인 대화나 토론이 사실상 어려운 조직이었다.

이런 상황에서 경찰기자로서 나의 뉴스 기여도는 점점 떨어졌
고, 나에 대한 평가는 재능 있는 놈에서 선배 지시를 잘 따르지 않

1988년 11월에 열린
국회 5공비리 특위의 일해재단 청문회를
생중계하는 방송국 카메라들.
방송의 힘이 증명되는 계기가 되었다.

는 놈으로 돌변했다. 결국 1998년 4월 지방선거 선거방송기획단으로 축출되었다.

음주운전 면허증

경찰기자 생활을 하던 어느 날 10여 명의 경찰기자 전체에게 종로경찰서로 출동하라는 지시가 내려왔다. 종로경찰서를 샅샅이 뒤져서 비판할 기삿거리를 찾으라고 했다. 이번 기회에 서장을 잘라서 MBC 경찰기자의 힘을 보여주겠다는 단호한 명령이었다.

영문을 알고보니 음주운전 때문이었다. 전날 밤 종로경찰서를 출입하는 선배가 음주운전을 하다가 종로경찰서 소속 경찰에게 적발되었다. 만취 상태에서 경찰서에 연행이 되었지만, 그 선배는 MBC 출입기자를 함부로 대한다고 오히려 큰소리를 치며 소란을 피웠다. 화가 난 경찰이 기자에게 수갑을 채우고 구금실에 일시적으로 가두는 상황이 발생했다. 이게 또 마찰을 불렀다. 기자에게 감히 수갑을 채우다니… 기자는 경찰에게 사과를 요구했고, 경찰은 거부했다. 이 사건이 결국 조직 대 조직의 충돌로 발전한 것이다. 결과적으로 경찰서장이 직접 사과를 하고 끝났다. 이 당시 사회상을 반영한 해프닝이었다.

그때만 해도 기자들은 음주운전을 해도 그냥 넘어가던 시절이었다. 특히 자기 경찰서 출입기자의 경우는 같은 식구나 마찬가지였으니 당연히 눈을 감았다. 출입기자가 아니더라도, 출입기자가 전화해서 청탁을 하면 경찰로서는 거절하기 어려웠다. 이 바람에 많은 기자들이 음주운전을 했다. 기자뿐만이 아니었다. 경찰이나 국정원 직원, 검사, 판사 등 우리 사회에서 힘깨나 쓰는 사람들의 경우 음주운전 면허증을 갖고 있었다고 봐도 무방할 정도였다. 군사독재 시절의 유산이다.

이들은 음주운전뿐 아니라 교통단속, 형사사건 등에서도 적지 않은 혜택을 받았다. 경찰에 적발되면 "너 누구야!" "내가 누군지 알아?"라고 큰소리치는 것이 이런 데서 나온 언어 습관이다. 군사정부는 우리 사회의 권력층에게 이런 사소한 특권을 주고, 대신 이들로부터 충성을 받았다. 물론 이런 특권이 오히려 해가 되기도 했다. MBC 기자 중에서도 여러 명이 음주운전을 하다가 사망하거나 다쳤다.

하지만 권력층의 특권도 점점 무너지기 시작했다. 김대중 정부가 들어선 뒤 사회가 더욱 깐깐해졌다. 민주화가 진행되면서 소소한 사회적 특권부터 사라졌다. 실제 1~2년 뒤 경찰서 사건대장에서 모 언론사 법조팀 팀장이 음주운전으로 입건된 것을 보고 깜짝 놀랐다. 사회가 제대로 굴러가기 시작한 것일까.

기회가 된 수도권 기자

1998년 6월 두 달여 동안 준비한 지방선거 방송을 비교적 성공리에 마쳤다. 선거가 끝난 뒤 나는 사회부로 복귀하지 못하고 전국부소속의 경기도 성남시 출입기자로 발령이 났다. 수도권 기자로 쫓겨난 것이다. 이곳에서는 성남과 하남, 광주, 양평, 여주, 이천 등 경기도 10여 개 시·군의 취재를 담당했다. 새옹지마. 나에게는 이렇게 쫓겨난 것이 정말로 유익했다. 훨씬 좋은 기사를 쓸 수 있는 계기가 되었다.

우선 전국부로 가면서 군대식 조직에서 탈피했다. 전국부 기자들은 데스크에게 직접 보고해서 기사를 결정지었다. 데스크의 경우 차장급이라 연륜이 좀 되다보니 대화하기가 훨씬 편했다. 또 모든 기사는 나 스스로 챙겨야 했다. 위에서 기삿거리도 안 되는 것들을 이것저것 알아보라고 지시하는 사람이 거의 없었다. 게다가 넓은 경기도 일대의 제보를 네 명이 커버했다. 기삿거리가 꽤 많았다.

이 기간 동안 남들이 쉽게 쓰기 힘든 기사를 한꺼번에 다 쓴 것 같다. 우선 법조비리와 관련된 기사들이 많았다. 경기도 일대의 큰 지방 검찰청 검사들을 비판하는 기사를 썼다. 수원지방검찰청 검사들에 대해서는 제약회사 비리와 관련해 조무래기만 수사하고 큰 용의자를 놓쳤다고 비판했다. 수원지검에서는 자신들의 수사 성과가 보도되어서 그런지, 할 말이 없어서였는지, 내 보도에 대해 특별한 문제제기를 하지 않았다.

　서울지방검찰청 의정부지청(2004년 의정부지방검찰청으로 승격)의 한 검사에 대해서는 조직폭력배와 유착해 제대로 수사를 하지 않는다는 의혹을 제기했다. 의정부지청 검사를 고발하는 기사를 쓴 뒤 해당 검사의 부장검사에게서 전화가 왔다. 부장검사는 후속 보도를 할 것인지 묻고, 후속 보도가 나갈 경우 가만히 있지 않겠다는 일종의 협박까지 했다. 당시에 나는 협박을 처음 들어 대처할 준비가 안 되어 있었다. 연륜이 조금만 더 있었다면 부장검사의 협박 자체로도 기사를 썼을 것이다.

　수원지검 성남지청의 검사에 대해서는 이중기소를 한 사실을 비판하는 기사를 썼다. 한 번 처벌받은 죄목으로 다시 검찰에 끌려가 조사받고 재판을 해야 한다면 그 심정이 어떻겠는가. 그런데 보도 후 해당 검사가 제보자를 별건으로 구속하고, 나에게도 형사사건 참고인으로 조사하겠다며 수차례 출석을 통보했다. 나도 화가 나서 검사의 실명을 공개하고 후속 보도를 했다. 담당 검사가 단순 실수를 인정하면 끝날 일이었는데, 취재할 때도 성질을 버럭버럭 내더니 끝까지 사람을 괴롭혔다. 그동안 언론을 상대해보지 않은 데다 검사로서의 오만함으로 가득했던 사람이 낳은 참극이었다. 결국 그 검사는 성남지청에서 옷을 벗고 변호사 개업을 했다. 하지만 나에게 5억 원 손해배상 소송을 냈고, 그 일로 나는 4년 넘게 송사에 시달려야 했다.

세 개 검찰청 검사들을 직접 비판하는 기사를 연거푸 썼으니 검찰은 발칵 뒤집혔다. 검사를 꼭 집어서 비판하는 기사는 감히 상상하기 어렵던 시절이었다. 이 일로 소위 알 만한 검사들 사이에서는 내 이름이 많이 회자된 것 같다. 어떤 '꼴통' 기자인지 궁금했을 것이다. 나중에 서울지검 출입을 할 때 이 건으로 아는 체하는 검사들이 꽤 있었다.

현직 검사들의 문제 이외에 변호사 비리에 대해서도 서너 차례 보도했다. 한 변호사는 수임료만 받고 재판에 나가지 않았다. 소송 당사자는 당연히 패소했다. 그 변호사는 이 사실이 보도되면 대한변호사협회(대한변협)의 징계를 받을 수 있다며, 내 사무실로 찾아와서 무릎을 꿇고 빌었다. 불성실한 변론만큼이나 놀라운 사죄였다. 그 변호사의 실명과 얼굴은 보도하지 않았지만, 참으로 무책임한 변호사들이 실재한다는 사실에 놀라울 뿐이었다. 사건 수임 사실을 신고하지 않는 것(탈세)은 기본이고, 재판에 나가지도 않는 등 오로지 돈벌이에만 몰두하는 변호사들이 한둘이 아니었다. 내 취재망에 드러난 것이 그 정도니 실제는 훨씬 더 심각할 것이다. 옛날에 비해 이런 비리는 많이 사라졌겠지만 혹시 누가 알겠는가. 당시 나도 상상 못했던 일인데.

수도권 기자 시절 보도 중 압권은 한국의 잠롱(청빈의 대명사로 일컬어지는 태국 방콕의 시장)으로 불리며 청빈한 사람으로 알려졌던 당시 한나라당 소속 오 모 성남시장을 비판한 것이었다. 시장의 직위를 이용해 온갖 부정부패를 저지르던 사람이 청백리 행세를 했다. 그는 자신이 착복한 뇌물은 물론이고 친인척들에게도 온갖 특혜를 베풀었다. 오 시장의 문제는 끝이 없었다. 결국 오 시장은 검찰에 구속되었다. 오 시장의 비리와 관련된 취재에는 성남시민모임이라는 시민단체의 도움을 많이 받았다. 이 모임의 핵심 멤버가 지금의 이재명 성남시장과 자유한국당 신상진 의원이다. 이 둘은 현재 여야로 나뉘어 극명하게 엇갈린 길을 가고 있다.

주택공사(주공) 본사가 성남에 있었기 때문에 주공의 아파트 분양원가 공개를 요구하는 기사도 썼다. 언론에서 아파트 분양원가 문제를 다룬 기사는 이게 처음이었을 것이다. 원래 두 꼭지를 준비했는데, 당시 부장이 주공의 로비에 휘둘려 보도가 제대로 되지 못했다. 첫 번째 꼭지는 분양원가 공개를 요구하는 핵심 기사고 두 번째는 그 후속 기사였다. 그런데 핵심 기사는 시청률이 낮은 아침 뉴스에 덜렁 내보내고, 후속 기사만 뉴스데스크에 보도되었다. 절름발이 보도였다.

이 기사를 쓴 뒤 회사 선배가 저녁을 먹자고 해서 나간 자리에 주공 직원들이 있어서 몹시 당황했다. 주공 직원은 우리 집까지 쫓아와 기사를 빼줄 것을 요구했다. 그런 막무가내 로비는 처음이었다. 무작정 기사를 빼달라고 했다. 하지만 부동산 문제의 심각성을 생각하면 반드시 나가야 할 기사였다. 외부의 로비로 보도가 막히면서 초년 기자로서 처음으로 큰 실망을 느꼈다.

그 외에 당시 집권 여당인 새천년민주당의 부총재가 호화 불법 묘역을 조성한 사실을 비판하는가 하면, 전북 부안 위도에서 벌어지고 있는 현대판 노예 같은 어민 생활도 보도했다.

수도권 기자 생활 기간은 8개월이 채 안 되었다. 하지만 이 기간은 정치·경제·사회 부문을 막론하고 기사의 가치만을 따져서 취재했고, 나에게는 기자로서 호기를 부릴 수 있는 시기였다. 경찰기자들이 주로 다루는 단순 사건사고가 아닌 우리 사회에서 힘이 있다고 할 수 있는 자들을 상대로 한 기사를 마음껏 썼다.

수도권 기자 생활을 하면서 나에 대한 선배들의 평가가 다시 달라졌다. 지속적으로 특종을 보도하고 좋은 기사를 많이 내자 일을 잘한다는 평가가 우세해졌다. 불과 8개월이 채 안 되어 나는 사회부 경찰기자로 복귀했다.

다시 사회부로

복귀한 사회부는 여전했다. 큰 기사 가치가 없는 단순 사건사고를 쫓아다니는 일의 반복이었다. 조금 의미가 있는 것이라면, 이 당시 김태정 검찰총장 부인의 옷 로비 의혹과 관련해 보충 취재를 하는 일이었다. 카메라를 숨긴 채 강남의 고급 의류상가를 돌아다니면서 밍크코트 등 고가 의류들의 거래 실태를 파헤쳤다. 한 번쯤

해볼 만한 작업이기는 했지만, 옷 로비 의혹 자체가 특별한 근거가 없었기 때문에 신나는 일은 아니었다.

서울 강남에서 굉장히 큰 술집의 바지 사장을 하던 조폭과 어울리기도 했다. 기자라면 살인 등의 범죄를 제외하면 다 경험해봐야 한다는 약간의 오만함과 치기가 어우러진 결과였다. 이 조폭과 술 대결로 기싸움을 벌였는데 쉽게 이기기 어려운 상대였다. 출근을 빌미로 새벽 4시쯤인가 도망치듯 헤어진 적이 있다.

그래도 사회부 생활에서 도움 되었던 일은 줄기차게 했던 수해 방송이다. 수도권을 출입할 때도 소위 '게릴라성 폭우' 때문에 중계차를 많이 탔는데, 사회부에 와서도 수해가 날 때마다 중계차 생방송을 무척 많이 했다. 이때 중계차에 대한 일종의 울렁증을 완벽하게 극복할 수 있었다. 생방송에 자연스러워졌다.

전국부나 사회부나 모두 하나의 사회부다. 하지만 내용 면에서 너무 차이가 났다. 전국부에서 자유롭게 풀어놓았을 때와 달리 군대식으로 꽉 짜인 경찰기자 생활 동안 나는 의미 있는 기사를 거의 쓰지 못했다.

당시 두 공영방송이 사건사고 기사를 무조건 많이 보도했던 배경에는 시청률 경쟁이 있기도 했지만, 그보다 근본적인 이유는 군사정부 시절부터 지속되어온 관성 때문이다. 군사정부 시절에 우리 사회 권력기관에 민감한 기사를 감히 어떻게 쓸 수 있단 말인가. 정부 부처는 물론이고 검사나 경찰 등 권력기관에 대한 비판

보도는 할 수 없으니, 단순 사건사고나 화제성 기사 등 연성 뉴스를 키워서 뉴스 시간을 채웠다. 잡범들의 희한한 절도 행각이나 시청자들의 눈물샘을 자극하는 기사들이 권력자들의 잘못에 대한 비판이 빠진 자리를 대신했다. 이 상황에서 기사의 질을 논하는 것 자체가 사치일 뿐이었다.

기사의 질은 김대중 정부와 노무현 정부를 거치면서 민주화가 진전되고 언론 자체에 대한 고민이 깊어지면서 개선되기 시작했다. 뉴스의 질을 높이기 위해 정치·경제·국제 뉴스 등을 강화하는 방향으로 조금씩 변화했다. 사회부 뉴스도 단순 사건사고를 배제하고 시민단체들의 문제의식을 수용하면서 그 수준을 높이는 작업이 이루어졌다. 그런데 이마저도 이명박 정권이 들어서면서 다시 무너졌다. 알통의 크기로 보수와 진보를 구분한다는 뉴스나 여름철 아스팔트에서 달걀 프라이 하기 등 시청자를 우롱하는 기사들이 다시 등장했다.

사회부 경험에서 또 한 가지 알 수 있는 건 적어도 서울시의 경우 과거에 비해 많이 안정되었다는 점이다. 서울시는 예전에 복마전(伏魔殿)이라는 말을 들을 정도로 비리 백화점이었지만, 이제는 많이 깨끗해졌다. 언론의 자유가 발달하면서 출입기자들이 많아지고 시민단체들도 활발하게 활동하면서 부정부패가 자리잡을 여지가 줄어든 것이다. 반면 경기도만 해도 중앙 언론사 기자들이 부족하다. 그 대신 사이비 기자들도 많고 지역 연고주의에 따라 지방자치단체와 연루된 기자들도 많다. 그래서 아직까지 지방자치단체의 부정부패가 여전한 듯하다. 다른 지방 사정도 비슷하지 않을까?

사회부 경찰기자 생활을 재개한지 6개월 만인 1999년 가을 나는 경제부로 발령이 났다. 나로서는 경찰기자를 벗어난다는 사실 자체만으로 뛸 듯이 기쁜 일이었다.

급변하는 한국 경제의
한복판에서

경제부와 모난 돌

경제부에 발령받았을 때 느꼈던 기쁨은 경제부에 간 뒤 금방 사라져버렸다. 당시 경제부를 책임지던 강 모 부장은 주로 사회부 기자 생활을 했던 사람인데 경제부장이 되었다. 지금이야 한 사람이 부장 한 자리 하기도 쉽지 않지만, 이때만 해도 한 사람이 사회부장, 경제부장, 정치부장 등 여러 부장을 돌아가며 하던 시절이다. 그런데 부장이 경제를 모르니 모든 경제부 기사를 사회부처럼 다루려고 했다. 나를 비롯한 막내급들에게는 무조건 사회부성 기사를 요구했다. 오죽하면 우리 스스로를 "경제 사스마리(경찰기자)"라고 비아냥댈 정도였다.

심오한 경제부 기사는 기대하기 어렵고 백화점이나 시장 바닥을 도는 유통 기사가 도배를 했다. 부장은 금융이나 경제정책과 관련된 기사는 딱딱하고 재미가 없어서 시청률이 떨어진다며 싫어했다. 사실 부장 본인이 이런 내용을 잘 몰랐다. 부장은 후배들을 사회부 신입기자 부리듯 마구 부리려고 했다. 이 때문에 후배들은 물론이고 차장급 선배들 역시 후배들과 함께 부장을 비난했다. 말도 안 되는 부장 덕에 부원들이 하나로 똘똘 뭉쳤다.

하지만 이건 겉모습이었다. 경제부원 15명 중에 무려 4명이나 되었던 차장급 선배들은 부장과 만나는 자리에서는 부장과 함께 후배들을 욕했다. 박쥐와 같은 차장급 선배들의 모습이 적나라하게 드러났다. 부장에게 직언을 하는 선배들은 찾기 어려웠다.

한번은 강 부장과 술을 마시다 나와 같은 금융팀에 속했던 문 모 차장과 셋이 남았다. 나는 분위기를 보아서 부장에게 경제부가 이런 식으로 돌아가는 건 안 되지 않느냐고 직언을 했다. 그러자 부장이 버럭 화를 내더니 문 차장에게 네가 말해보라고 다그쳤다. 순간 잘 됐다고 생각했다. 문 차장까지 한마디 거들어준다면 부장이 경제부를 운영하는 방식을 재고할 계기가 될 것으로 생각했다. 그런데 웬걸, 잠깐 고민하던 문 차장이 하는 말, "부장님, 제가 여기서 그걸 어떻게 얘기합니까?" 정말 충격적이었다. 내가 너무 순진했다. 직언을 아끼지 않는 충성스러운 부하의 모습은 책이나 드라마에 나오는 얘기일 뿐이었다.

문 차장은 이후 정권이 거듭 교체되는 동안에도 끝까지 살아남아 부장, 보도국장을 했고, 박근혜 정부에서는 계열사 사장을 거쳐 MBC 본사 사장이 되겠다고 나서기도 했다. 강 부장은 이후 보도국장까지 올라갔다가 '구찌 백' 사건이 터지면서 불명예스럽게 물러났다.

사회부에 있을 때 김재철 전 사장과도 잠깐 함께 일한 적이 있다. 김 전 사장은 이명박 정부 시절 나를 비롯해 10명을 해고하고 MBC를 망가뜨린 장본인이다. 당시 김재철 사회부장은 막내 경찰 기자들에게도 절대 싫은 소리를 하지 않았다. 후배들을 보면 "○○○ 씨, 어제 무슨 리포트 좋더라~"라며 너스레를 떨었다. 부장으로서 필요한 능력을 통해 인정받을 일이 없으니 후배들에게 단순한 인상비평을 하며 점수를 따는 것이다. 김 부장은 당연히 선배들에게도 잘했다. 물론 콘텐츠는 없었다. 하지만 이런 처세술 덕분에 「시사매거진 2580」 등 시사 프로그램을 담당하는 보도제작국장을 하고 계열사 사장, MBC 본사 사장까지 했는지도 모른다.

이런 사람들의 공통점은 어떤 정권이 들어서든 항상 여당이 되는 탁월한 능력을 갖췄다는 것이다. 이게 현실이었다. 사실 많은 선배들이 비슷했다. 선배들 중에 기자로서 사명감을 갖고 입사한 사람이 과연 몇이나 될까? 대부분 전두환 정부 시절 언론이 정권에 완전히 장악되어 있을 때 입사한 사람들이었다. 그들은 그저 월급쟁이였고 더 좋은 출입처, 더 좋은 자리를 원했을 뿐이다. 그것을 얻기 위해서 부장이나 국장에게 비굴하게 굴었다. 특히 취재나 기사 작성 등 기자로서의 능력이 떨어지는 사람들일수록 더욱 처세에 신경을 썼다. 능력으로는 원하는 자리에 갈 수 없으니 능력 이외의 측면에서 승부를 보려고 한 것이다. 말 그대로 강한 선배에게 약하고, 약한 후배들에게 강하게 굴었다.

슬프게도 현실에서는 이게 통했다. 윗사람들 입장에서는 자신의 말을 잘 따라주는 후배가 사사건건 따지고 드는 후배보다 예쁘게 보이는 것이 당연하다. 그런 식으로 좋은 게 좋은 것이라는 문화가 팽배해지면, 그 조직은 발전보다는 정체나 퇴보하게 마련이다. 하지만 대부분의 조직에서는 이런 게 통한다.

지금이라고 크게 다를까? 내가 입사한 1990년대에 들어온 기자들은 과연 어땠을까? 그들은 기자로서의 사명감을 갖고 왔을까, 아니면 방송기자가 대우도 좋고 폼도 나서 들어온 것일까? 후자의 관점에서 들어온 사람들의 경우 실력보다 처세에 신경을 많이 쓰는 경향이 있다. 우리 사회에서 처세술 관련 서적이 많이 팔리는 데에는 이유가 있다.

이 시절 경찰기자를 거쳐 경제부에서 일을 하면서 나는 회사 돌아가는 사정이나 선후배들의 행태에 대해 본격적으로 눈을 뜨기 시작했다. 하지만 아직 젊고 의기가 넘쳤기 때문에 현실을 받아들일 줄 몰랐다. 나는 사회부에서와 마찬가지로 차장, 부장 등 선배들과 충돌하는 것을 멈추지 않았다. 내 의견을 숨기지 못했고, 선배들의 비굴한 모습에 역겨움을 토했다. 그 바람에 나는 또다시 말 안 듣는 싸가지 없는 놈이 되었다. 대학 시절 운동권과 비운동권을 아우르며 성격 좋기로 평이 괜찮았던 것 같은데, MBC에 들어온 나는 모난 돌이 되어 있었다. 지금 후회하느냐고? 글쎄, 과연 어떻게 처신하는 것이 옳았을까? 솔직히 아직도 그 방법을 모르겠다.

한국은행이라는 횡재

당시 한국은행(한은)을 출입하던 선배 여기자가 있었다. 그런데 무식한 부장이 은행권 기사가 재미없다며 이 선배를 지속적으로 괴롭혔다. 급기야 이 선배가 병가를 내고 휴직을 해버렸다. 그런데 이게 나에게는 커다란 횡재가 되었다. 경제에 문외한인 부장이 한국은행을 경시하고 입사 3년이 채 안 된 나를 그곳에 보냈다. 다른 신문사에서 한국은행은 최소한 입사 10년 이상 된 차장급 기자를 배치하는 중량감 있는 출입처였다. 하지만 우리는 재미없는 출입처에 미운 놈을 콕 찍어서 보낸 것이다. 한마디로 무식한 인사였다.

실물경제에 문외한이었던 내가 한국은행을 출입하게 되니 처음에는 적응하기가 힘들었다. 한국은행과 함께 금융감독위원회(금감위, 현 금융위원회), 금융감독원(금감원), 증권거래소 등이 금융팀의 핵심 출입처였다. 앞서 말한 문 모 차장 등 선배 두 명이 함께 금융팀을 이루었다. 그런데 문 차장 역시 금융을 전혀 모르는 문외한이었다. 특히 문 차장은 처세만 신경쓰는 대표적인 사람이었다. 그러다 보니 한 팀으로서 책임감을 갖고 후배와 일을 하기보다, 나 혼자서 알아서 하고 책임지도록 한국은행을 나에게 떠넘겨버렸다.

모든 것을 홀로 익혀야 했다. 매달 나오는 경상수지 관련된 발표부터 금융통화위원회(금통위)의 콜금리 인상 여부 등에 대해서 스스로 파악하고 기사 쓰는 법을 터득해야 했다. 이 때문에 실물경제와 관련된 서적을 여러 권 구입해 읽었다. 기자가 된 뒤 거의 처음으로 책을 산 것 같다. 공부는 열심히 했다.

좋은 리더의 조건

4~5개월 정도 지나 한국은행에 적응할 무렵 부장이 바뀌었다. 서울대 경영학과 출신으로 경제부 경험이 많은 이 모 선배였다. 이 부장에 대한 평가는 선후배 사이에 선명하게 엇갈렸다. 선배들은 싸가지가 없다고 한 반면, 후배들은 유능하다고 보았다. 실제 함께 지내보니 엇갈린 평가를 충분히 이해할 수 있었다.

이 선배는 경영학 전공자답게 경제 문제에 대해 누구보다 정확한 이해를 하고 있었다. 경제를 잘 모르면서 아는 체하거나 엉뚱한 지시를 하는 선배는 이 선배가 주는 면박을 피할 수 없었다. 누구나 한마디 할 수 있는 사회부 기사라면 몰라도 경제처럼 다소의 전문성이 필요한 분야라면 이야기가 달라진다. 선배들 입장에서는 아는 척하면서 반박하는 후배가 피곤했을 것이다. 나처럼 일일이 따지고 드는 후배들과 마찬가지다. 그래서 이 선배도 비록 경영학과 출신이지만 경제부 기자 생활을 그렇게 오래 하지는 못했다. 선배들로부터 밉보인 것이다.

반면 이 선배가 부장이 된 뒤 후배들의 평가는 단연코 최고 수준이었다. 군더더기 없는 지시와 깔끔한 기사 수정이 그 이유였다. 대개의 부장들은 기사 판단을 잘못해서 후배들에게 이것저것 다 취재하도록 지시하고, 뒤늦게 기사를 빼버려 진을 빼놓는 경향이 있다. 하지만 이 부장은 절대로 그런 일이 없었다. 이전 부장처럼 사회부성 기사만 쫓아다니지도 않았고 수준 높은 경제 기사를 좋아했다. 이러니 후배들 입장에서는 새로운 부장을 좋아할 수밖에 없지 않은가.

이때 우리 사이에서 유행한 직장상사론이 있다. 상사에는 네 가지 부류가 있다. 똑똑하면서 부지런한 똑부, 똑똑하면서 게으른 똑게, 멍청하면서 부지런한 멍부, 멍청하면서 게으른 멍게. 이 중 제일 좋은 상사는 똑게 스타일이다. 업무를 잘 알면서도 후배들을 채근하지 않고 적당히 이끌어간다. 최악의 상사는 멍부, 즉 잘 모르면서 후배들을 닦달하는 스타일이다. 전임 부장이 멍부라면, 새 부장은 똑게 스타일이었으니, 우린 지옥과 천국을 오간 셈이다. 회사에서 가장 좋은 부서는 남들이 선호하는 부서가 아니라 좋은 상사가 있는 부서라는 것을 이때 처음 알게 되었다.

직장상사론은 대통령을 포함해 우리 사회 모든 지도자에게 적용되는 말이다. 지도자라면 일단 거시적 관점에서 큰 맥을 잘 짚을 줄 알아야 한다. 하지만 잘 안다고 아랫사람들을 무조건 닦달만 해서는 안 된다. 그들의 적성과 능력을 잘 헤아려서 적절하게 일을 배분하고, 그들을 이끌고 가야 한다. 그래서 리더라는 말을 하는 것이다. 자신이 아무리 잘 알아도 능력이 안 되거나 적성에 맞지 않는 사람들에게 무조건 강요하면 탈이 생긴다.

물론 그전에 자신에게 인사권이 있다면 적절한 사람을 골라서 쓸 줄 알아야 한다. 자신이 부족한 분야라면 자신보다 잘 아는 사람을 활용하고 그 사람 말을 잘 들을 줄 알아야 한다. 지도자가 모든 걸 다 알 필요도 없고, 그럴 수도 없다. 대통령이 모든 분야를 어떻게 다 자세히 파악할 수 있겠는가. 그래서 자신에게 주어진 자원 내에서 적절한 배치가 필요한 것이다. 적재적소라는 말이 의미하는 바다. 그러자면 리더는 우선적으로 사람 보는 눈을 가져야 한다. 인사(人事)가 만사다. 인사를 잘하면 나머지는 시스템으로 돌아간다.

금융 자본주의와 현대그룹의 계열 분리

부장이 바뀐 뒤 나의 경제부 생활은 확연히 달라졌다. 제대로 된 경제부 기자가 되었다. IMF 외환위기 이후 대우그룹의 해체 여파가 본격적으로 몰려오면서 1999년 말에서 2000년 초 사이에 우리 경제는 제2차 위기 상황에 직면했다. 이 기간 동안 금융권에는 큰일이 많았다. 제2의 경제위기를 피하기 위해 이헌재 금융감독위원장 주도로 금융·기업·공공·노동 등 4대 부문에 걸친 제2차 구조조정이 진행되고 있었다. 내가 명실상부한 금융팀의 일원이 되어 한국은행과 함께 금감위를 출입할 때 이헌재 금감위원장은 재정경제부(재경부, 현 기획재정부) 장관으로 옮겼고, 그곳에서도 구조조정의 주도권을 쥐고 있었다. 이때 진행된 구조조정 과정을 보면서 현대 자본주의가 금융 자본주의라는 사실을 절감했다. 모든 작업이 금융으로 시작해서 금융으로 마무리되었다.

그런 엄중한 시기에 MBC 경제부 전체 인원은 10명, 그중 금융팀은 단 2명이었다. 송 모 선배와 나. 경제부에 인력이 적었던 것은 당시 보도국장이 정치에 비해 경제를 경시한 측면이 있었기 때문이다. 다행히 송 선배는 연세대 경제학과 출신으로 경제부 경험이 있었고 경제 문제를 잘 인식하고 있었다. 정치학과 출신의 내가 거시적 시각에서 문제를 바라봤다면, 송 선배는 미시적인 문제까지 정통했고, 우리 둘은 상호 충실한 보완재로 작동했다. 송 선배와는 이때부터 형제 이상으로 가까운 관계를 맺었다.

제2차 구조조정은 그동안 우리나라가 겪어보지 못한 새로운 길을 가는 것이었고 그 여파는 굉장히 컸다. 하루에 주가가 100포인트 넘게 빠지는 날이 일상이 될 정도였다. 이 기간 동안 다른 사람이 경제부에 10년을 있어도 겪지 못할 일들을 많이 경험하는 혜택을 입었다. 일은 그만큼 많았고 육체적으로 힘들었지만 즐겁고 보람을 느낀 시기이기도 했다.

2000년 우리가 가장 처음 부딪혔던 사건은 3월경 현대가(家)에서 발생한 '왕자의 난'이다. 정주영 회장 승계를 놓고 현대의 삼 형제가 충돌한 것이다. 정주영 회장은 현대그룹을 사실상 정몽헌에게 물려주고, 장남 정몽구에게는 현대자동차, 정몽준에게는 현대중공업을 떼어 넘겼다. 이 과정에서 정몽구가 반발을 시도하다 좌절되었다.

왕자의 난 직후 현대건설에 위기가 닥쳤다. 현대그룹의 모태인 현대건설이 자금난에 봉착한 것이다. 현대건설은 이때부터 연말까지 무려 여섯 차례에 걸쳐서 자구계획을 내놓았지만 다 실패했고, 연말에 1차 부도를 맞은 뒤 결국 채권단 주도의 워크아웃에 돌입했다. 현대건설의 부도는 현대그룹 전체의 연쇄부도를 야기할 수 있고, 이는 주거래은행인 외환은행을 비롯해 금융권 전체로 위기가 확산되어 기사회생하던 한국경제에 찬물을 끼얹을 수 있는 중대 상황이었다. 대우그룹이 해체된 지 얼마 되지 않은 상황에서 우리 경제가 감당하기 어려웠다. 이로 인해 모든 관심이 현대와 주거래은행인 외환은행에 쏠렸다. 물론 그 주도권은 금융 당국이 쥐고 있었다.

형제인 현대자동차그룹과 현대중공업그룹이 현대건설을 지원할 것이라는 일말의 기대도 있었지만 두 형제는 매몰찼다. 두 그룹의 입장을 요구하는 인터뷰를 요청했는데, 나의 예상과 반대 현상이 일어났다. 정몽구의 현대자동차그룹은 의외로 인터뷰에 응해서 지원하지 않을 것이라는 입장을 명확하게 밝힌 반면, 정몽준의 현대중공업그룹은 지원 거부 입장을 직접 밝히기 곤란하다며 인터뷰를 피했다.

현대자동차그룹을 대표해 인터뷰한 임원이 나에게 "어떻게 하면 우리 입장을 분명히 알릴 수 있을 것인가?" 거꾸로 물어보기도 했다. 그래서 나는 현대자동차그룹이 계동의 현대 사옥에서 나가는 것이 좋겠다고 즉석에서 충고해주었다. 당시 현대자동차그룹은 정주영 회장이 세운 계동 사옥을 현대그룹과 함께 사용하고 있었다. 따라서 현대자동차그룹이 계동을 떠나면 그 누구도 현대자동차와 현대그룹이 완전히 단절되었음을 부인하지 못할 것이라고 덧붙였다.

현대자동차그룹은 그 뒤 정말 내 충고를 따른 것인지 서둘러 계동을 떠나 양재동으로 사옥을 옮겼다. 계동 사옥은 과거 의금부가 있을 정도로 기가 센 자리라서 정주영 같은 사람이 아니면 안 좋은 반면, 양재동은 터가 좋다는 얘기도 흘러나왔다. 이 말이 사실이라면 정몽구 회장은 나에게 감사해야 할 것이다. 양재동으로 옮긴 현대자동차그룹의 정몽구 회장은 사업이 번창해 승승장구한 반면, 계동에 머물던 현대그룹 정몽헌 회장은 노무현 정부 들어 대북송금 등과 관련한 검찰 조사를 받던 중 자살로 생을 마감했다.

현대건설의 위기를 계기로 제2차 구조조정이 더욱 가속화되었다. 기업들은 부채비율 200퍼센트 이하로 빚을 줄일 것을 요구받았고, 이를 지키지 못하면 퇴출 대상에 포함되었다. 금융권에서는 소위 선진 금융기법을 이용해 각종 부실 채권을 정리하는 작업이 진행되었다. 경제부 기자들도 처음 들어보는 생소한 이름의 채권들이 우후죽순 등장했다.

금융권 통폐합과 함께 그해 여름에는 전국금융산업노조(금융노조)가 총파업을 벌였다. 금융노조는 한국노동조합총연맹(한국노총) 산하 단체인데, 위원장이 이용득이었다. 이때 금감위원장이 이용근이었다. 금융노조 파업 당시 내 리포트의 화면 자막에는 이용근 금감위원장, 이용득 노조위원장, 이용마 기자가 매일같이 나란히 등장해 눈길을 끌었다. 금융노조 파업 이후 지방의 중견은행 몇 곳도 사라졌다. 제2금융권의 저축은행과 신협 등도 구조조정을 피해가지 못했다.

제2차 구조조정으로 2000~2001년 사이에 55개 부실 기업이 최종 퇴출되었고, 국민은행과 주택은행이 합병되었다. 외환위기 야

©연합뉴스

2000년 7월, 88체육관에서 열린
금융노조 지부 전체 대의원대회에
참가한 노조원들이
금융기관 강제합병 철회 등을 요구하며
구호를 외치고 있다.

기 논란을 일으켰던 삼성자동차는 프랑스 르노에 팔렸고, 대우자동차는 미국의 GM에 넘어갔다. 현대건설은 1차 부도를 맞은 뒤 결국 채권단 소유로 넘어갔고, 현대의 주거래은행이었던 외환은행은 이후 외국자본에 팔렸다. 증권사와 투자은행 등 제2금융권 기관들도 상당수 정리되었다. 우리나라 한 해 예산의 3분의 1 수준인 100조가 넘는 공적 자금이 금융권을 살리기 위해 투입되었다.

현대 자본주의는 금융 자본주의다. 자본주의 발전의 최고 단계를 걷고 있는 미국에 금융 산업이 발달한 이유다. 한국은행은 콜금리를 통해 통화량을 늘리거나 줄여서 거시경제를 확장 국면과 축소 국면으로 조정한다. 기업들은 주식이나 채권 등을 통해 돈을 마련해 사업을 한다. 따라서 국가가 금융을 통제하면 기업에까지 통제력을 발휘할 수 있다. 구조조정이 금융기관을 매개로 진행된 이유다. 경제를 제대로 알려면 금융을 알아야 한다.

정글식 자본주의와 구조조정

1997년 IMF 외환위기에 이은 2000년 제2차 구조조정은 우리나라의 경제 체질을 많이 바꾸었다. 부실 기업과 부실 은행이 상당수 정리되었다. 부실 기업이라고 하면 자기자본에 비해 부채가 너무 많고 영업이익률이 나오지 않을 정도로 수익성이 없는 기업을 말한다.

이런 기업들도 그전에는 계속 생존할 수 있었다. 은행이나 정부에 로비를 하고 돈을 계속 빌려 충당하면 되었기 때문이다. 이런 좀비 기업들로 인해 시장 질서가 교란된 측면이 분명히 있다. 부실 은행 역시 마찬가지다. 부실 기업에 돈을 빌려주어 제때 돈을 받지 못하는 상황에 놓였기 때문에 부도나기 전에 정리하는 것이 바람직하다.

하지만 부실 은행이 발생한 상황을 보면 이야기가 좀 달라진다. 대부분의 부실 은행은 기업에 열심히 돈을 빌려준 은행들이다. 우리은행의 전신인 한빛은행은 1999년 한일은행과 상업은행의 합병으로 탄생했다. 이 은행들은 그야말로 기업대출을 열심히 했다. 과거에는 은행이 예금을 받아서 그 돈을 기업에 빌려주는 것이 너무 당연했다. 기업은 은행에서 빌린 돈으로 투자를 해서 상품을 만들고 수출을 해서 달러를 벌어들였다. 기업과 은행이 공존하는 길이었다. 따라서 소매금융, 즉 부동산을 담보로 잡고 일반인들에게 돈을 빌려주는 은행보다, 도매금융, 즉 기업에 대출을 잘하는 은행일수록 우수한 은행이었다.

그런데 외환위기가 닥치면서 기업이 부실 덩어리가 되고 기업대출을 많이 한 은행들이 우수수 망했다. 이 상황에서 시장원리를 적용해 부실 은행을 정리해버리니 소매금융을 하는 은행들만 살아남았다. 과거 은행 평가에서 뒤졌던 국민은행과 주택은행이 갑자기 우량 은행이 되었다. 인생지사 새옹지마라는 말이 실감되는 상황이었다.

공적 자금을 투입해 살려낸 한빛은행이나 외국에 팔린 제일은행 등이 이후 기업대출보다 부동산 담보대출을 급격히 늘린 것은 바로 이런 배경에서 기인한다. 은행들은 또 조금이라도 위험이 있는 벤처기업이나 중소기업에 돈줄을 차단하기 시작했다. 이로 인해 당장 실적은 없지만 가능성이 있는 벤처기업이 성장할 수 있는 기반이 무너지기 시작했다. 한마디로 기업에 자금을 대는 은행의 공적 기능이 무너진 것이다.

기업의 자금줄 역할을 하던 은행이 붕괴된 반면 주식시장은 이때를 계기로 살아났다. 외국인에게 주식시장을 100퍼센트 공개하면서 외국인 자본이 들어오기 시작했고, 기업들도 은행보다는 주식시장을 통해 자본을 늘리는 방향으로 자금줄을 바꾸기 시작했다. 이때부터 우리나라 주식시장은 외국인에 의해 좌우되는 상황에 놓였다. 전체 주식 중 3분의 1 정도는 경영권 방어 차원에서 움직일 수 없다. 그리고 3분의 1 이상을 외국인이 차지하고 있으니 외국인이 주식을 사느냐 파느냐에 따라 주가가 출렁이기 시작한 것이다.

기업과 은행의 구조조정 결과 살아남은 기업은 더욱 튼튼해졌다. 부실을 많이 털어냈고 걸리적거리던 좀비 기업도 정리되었기 때문이다. 하지만 이때부터 약육강식의 정글식 자본주의 문화가 우리 사회에 팽배해지기 시작했다. 최우선의 가치는 무조건 살아남는 것이 되었다. 국가를 생각해서 기업에 자금을 대는 것보다 안

전성 위주로 부동산 담보대출을 늘리는 것이 은행의 주요 과제가 된 것이 단적인 예다. 기업들은 수익성이 보장되지 않으면 투자를 망설였다. 한 번 실패하면 회생할 기회가 없기 때문이다.

노동자들의 경우 처지가 더욱 어려웠다. 부실 기업과 부실 은행이 정리되면서 상당수의 노동자들이 회사에서 해고되었다. 어떻게든지 회사에서 잘리지 않고 살아남은 자들과 그렇지 못한 자들은 천국과 지옥으로 나뉜 신세가 되었다. 경제 여건이 호전되면서 이후 회사에 복직한 사람들은 정규직이 아닌 비정규직이 되었다. 신분 차이가 확연히 나게 된 것이다. 복직하지 못한 사람들은 통닭집을 운영하는 등 자영업자가 되었다. 그 바람에 우리나라 전체 인구에서 자영업자가 차지하는 비율이 30퍼센트대로 부쩍 늘었고, 이들은 살아남기 위해 자기들끼리 치열한 경쟁을 치러야 했다.

원래 우리나라는 정규직이 일반적이었다. 일본처럼 정년퇴직까지 평생고용이 보장된 사회였다. 하지만 IMF 이후 구조조정을 계기로 비정규직이 정규직을 넘어서기 시작했다. 기업 입장에서는 정규직 임금의 절반만 주면 되고, 노동조합을 만들어 저항하기도 힘든 비정규직을 많이 고용하는 것이 무조건 유리하기 때문이다. 비정규직의 증대는 거꾸로 정규직을 압박하는 인적 풀로 작용했다. 기업 입장에서 정규직 노조를 열심히 상대할 요인이 없어진 것이다. 그 결과 정규직 역시 조기 명예퇴직(명퇴) 분위기가 일반화되었다.

이런 상황에서 우리 사회는 그야말로 살아남기 위해 상대를 죽일 수밖에 없는 비정한 사회가 되었다. 강자에게 굴복해야 하는 사회, 약자의 처지를 봐주기보다 군림할 수밖에 없는 사회가 되었다. 오로지 살아남는 것만이 목적이 된 사회다.

한국은행과 재정경제부

2000년은 그야말로 구조조정의 최전방에서 이를 지켜본 한 해였다. 크고 작은 특종도 많이 했지만, 이때 쌓은 경험은 평생 내 자산이 되었다. 한국은행을 출입하면서 거시경제 흐름을 읽는 방법을 익혔고, 금감위를 출입하면서 미시경제 흐름을 파악했다. 재경부에서 경제정책을 어떻게 이끌어가는지 목격했다.

한국은행 금통위의 콜금리 결정은 거시경제의 흐름을 좌우한다. 미국의 연방준비제도이사회(Federal Reserve Board, FRB)가 금리를 조절해 경기 흐름을 조정하는 것과 같다. 매달 금통위의 금리 결정과 관련한 한은 총재의 설명을 들으면 큰 도움이 된다. 기사로만 읽어도 된다. 그 시점 우리 경제의 실상을 보여주는 주요 지표들을 근거로 판단한 결정이기 때문이다. 물론 이건 재경부 등 외부의 압력이 작용하지 않은 것을 전제로 한다. 재경부의 압력이 작용하면 문제는 달라진다.

재경부와 한은은 존재의 이유가 다르다. 재경부는 기본적으로 경제성장을 추구하는 집단이다. GDP(국내총생산), 경제성장률을 끌어올리려고 한다. 장관의 임기가 제한된 상황에서 짧은 기간 내에 성과를 올려야 하고, 그 성과는 보통 GDP로 나타나기 때문이다. GDP를 올리려면 돈이 시중에 많이 풀려야 한다. 이를 위해서 저금리를 선호한다. 반면 한은의 최고 목표는 물가안정이다. 물가를 안정시키려면 시중에 풀린 돈을 거둬들여야 하고, 이를 위해 금리를 올린다. 물론 재경부와 한은의 이해가 항상 상충하는 것은 아니다. 하지만 기본적인 존재 이유가 다르기 때문에 상충할 가능성이 적지 않다. 그래서 중앙은행이 경제 부처의 영향에서 벗어나도록 독립시키는 것이다.

재경부가 중앙은행에 압력을 행사하면 경제 논리가 왜곡될 수 있다. 과거 우리나라의 경제규모가 작을 때에는 이런 경제 논리의 왜곡이 큰 문제가 되지 않았다. 한은은 사실상 재경부의 경제성장 정책에 종속적인 기능을 수행하기도 했다. 하지만 우리나라 경제규모는 2017년 현재 세계 12위 수준이다. 이 정도 규모에서 경제 논리를 왜곡하는 재경부의 무리한 경제성장 정책은 오히려 역효과를 낼 가능성이 높다.

대표적인 예가 박근혜 정부에서 진행된 부동산 경기 부양 정책이다. 박근혜 정부는 한국은행을 압박해 저금리를 유도하고 부동산 담보대출을 쉽게 해줌으로써 부동산 경기를 띄웠다. 부동산 경기가 살아나면 건설업이 활발해지고 그 결과 연관 산업이 살아나

리라고 기대한 것이다. 하지만 이런 선순환 논리가 이미 깨진 것을 웬만한 경제학자라면 다 알고 있었다. 건설업이 살아난다고 다른 경기가 살아나지는 않는다. 이명박 정부에서 실시한 4대강 사업 등 토건사업이 이미 밑 빠진 독이었음을 여실히 증명한 바 있다. 부동산 경기 부양은 오히려 생산성 있는 투자를 가로막고 부동산 투기만 과열시켜 사회 양극화를 더욱 부추겼으며, 집값이 오를 것을 우려한 서민들이 빚내서 집을 사느라고 가계부채를 천문학적 수준으로 증대시켰다. 그 결과 구매력이 하락해 내수가 부진해지고, 경제는 더욱 어려워졌다.

한은이 금리 조정을 통해 경제의 흐름을 제어한다면, 재경부는 재정을 통해 경제의 흐름을 제어한다. 우리나라 한 해 예산이 400조 원을 훌쩍 넘는다. 한 해에 이 정도 돈을 굴릴 수 있는 기업은 존재하지 않는다. 정부는 가장 큰 경제주체다. 정부는 재정을 몽땅 풀어서 경기 부양에 나설 수도 있고, 재정을 축소해 경기를 가라앉힐 수도 있다. 미국이 1930년대 세계대공황 이후 뉴딜정책을 통해 재정을 대량으로 풀고, 2008년 세계금융위기 이후 양적 완화를 한 것도 바로 이런 정책이다. 한은이나 재경부 모두 중요한 경제 통제 기관이다. 한은과 재경부가 간접적인 통제를 한다면, 금감위는 주요 금융기관들을 직접 관리해 주요 기업을 통제함으로써 경제 흐름을 제어한다. 이 점에서 세 기관은 상호 보완하는 중요한 기능을 수행한다.

재벌 중심 논리로 무장한 경제 관료

어떤 직업이든 간에 경제의 큰 흐름을 파악하는 것은 항상 필요하다. 앞으로는 대통령도 경제에 대한 철학이 분명한 사람을 뽑아야 한다. 대통령이 경제를 모르면 경제 관료에게 모든 것을 맡길 수밖에 없다. 하지만 기자의 입장에서 지켜본 바로는 대한민국 경제 관료들은 절대로 서민을 위한 경제정책을 세우는 사람들이 아니다. 이들은 그저 지금까지 자신들이 해온 습성에 따라 경제성장 정책을 세운다.

현 단계에서 경제성장을 위한 정책은 간단하다. 덩치가 큰 기업들을 움직이면 경제성장률이나 투자율, 고용률 등 경제지표는 눈에 띄게 증가할 수 있다. 예컨대 정부가 중소기업 수천 개를 지원해 투자율을 높이는 것보다 삼성과 현대자동차 등 재벌그룹 몇 개를 지원해 투자율을 높이는 것이 훨씬 효과적이고 시간도 짧게 걸린다. 임기가 한정된 경제 관료들 입장에서 과연 무엇을 택할 것인가. 재벌그룹 몇 곳만 상대하면 금세 눈에 띄는 성과를 낼 수 있는데, 왜 당장 효과가 날지 알 수도 없는 중소기업들을 지원하려고 하겠는가. 따라서 경제 관료들 입장에서는 재벌과 유착되지 않을 수 없다. 게다가 재벌에게 잘 보이면 퇴직 후 자리까지 보장된다.

역대 대통령들을 보면 임기 초반에 꼭 소위 재계 인사들을 청와대로 불러 함께 식사를 하며 경제를 살리자는 덕담을 나누었다. 또 재계 인사들은 이 자리에서 한결같이 투자와 고용 증대를 약속했다. 이 모습을 보면서 생겨난 궁금증을 나는 아직도 해소하지 못했다. 대통령이 재벌들과 꼭 밥을 함께 먹으며 인사를 해야 재벌이 투자와 고용 증대에 나서는가? 그렇지 않으면 재벌은 투자와 고용 증대를 하지 않는가? 대통령에 당선된 뒤 노동계 인사들과 자리를 하며 그들의 이야기를 들은 대통령이 역대 단 한 명이라도 있었는가?

이는 모두 경제 관료들의 인식과 관련된 행태다. 재벌과 관료가 유착될수록 재벌 중심의 경제구조는 더욱 강화된다. 관료는 재벌에게 특혜를 줄 수밖에 없고, 재벌은 시장의 강력한 포식자가 되는 것이다. 반면 관료들은 노동계를 배척해왔다. 그들이 보기에 경제는 재벌과 정부가 이끌고 노동자들은 말없이 따라가야 하는 존재일 뿐이다. 노동단체들은 파업이나 하며 떼를 쓰면서 경제성장을 방해만 하는 세력이라는 인식이 경제 관료들의 머리에 박혀 있다. 당연히 노동정책은 이들을 제압하기 위한 강경책 위주가 된다. 말이 노동부지, 노동억압부의 역할을 해왔다.

더 큰 문제는 경제 관료들이 독선에 사로잡혀 있다는 점이다. 이들은 박정희 정부 이래 지금까지 일관된 경제성장 정책을 추진해왔고, 그 결과 우리나라가 이만큼 발전했다는 자부심을 갖고 있다. 낙수효과 이론이 그것이다. 소수 대기업을 중심으로 경제를 이끌어가면 연관 산업 효과를 통해 다른 중소기업 등도 혜택을 볼 수 있다는 것이다. 경제 관료, 특히 주류에 속해 속된 말로 잘나갔던 관료들은 다 이 이론의 신봉자들이다. 경제 관료 출신으로 정치를 하는 사람들은 여당이든 야당이든 어디를 가도 똑같다. 재벌 중심의 경제성장론자들뿐이다. 강봉균 전 재경부 장관이 야당인 민주당 소속으로 오랫동안 지내다가 2016년 여당인 새누리당으로 이적한 것이 단적인 사례다. 다른 관료들이라고 다를까?

그런데 재벌 중심의 성장 체제는 이미 시효가 끝났다. 삼성전자나 현대자동차가 돈을 많이 번다고 해도 그와 연관된 중소기업이나 노동자들도 함께 돈을 버는 시대가 더 이상 아니다. 대기업과 중소기업 간의 양극화, 기업과 가계의 양극화가 표상하는 바다. 산업구조가 고도화되면서 대기업과 중소기업, 노동자들 간의 연계고리가 많이 끊어졌다. 그 결과 일부 대기업이 돈을 많이 벌어도 그것으로 끝이다. 대기업에 정부 지원을 아무리 몰아주어도 전체 경제라는 측면에서 과거처럼 도움이 되지 않는다는 뜻이다. 대기업 특혜로 끝날 뿐이다.

하지만 우리 경제 관료들은 재벌 중심의 경제성장 패러다임을 대체할 철학이 부재하다. 그들은 지금까지 해온 방식에서 탈피할 줄 모른다. 왜냐하면 그 이외의 방식을 시도해본 적이 없고, 다른 방식을 고민해본 적이 없기 때문이다. 이론적으로 아무리 근거가 있어도 절대 모험을 하지 않는 것이 관료들의 습성이다. 흔히 말하는 소득 주도 경제성장이나 분배와 복지를 통한 경제성장, 기본소득 같은 말은 경제 관료들에게는 뜬구름 잡는 이야기로 들릴 뿐이다.

이런 상황에서 경제 관료들에게 모든 걸 맡긴다면 나라가 어디로 가겠는가. 노무현 정부가 '좌파 신자유주의' 소리를 들은 배경이 여기에 있다. 말로는 서민을 위한다고 하지만 대통령의 경제철학이 부족하다보니 경제 관료들에게 모든 걸 의존했다. 그 결과 기존의 재벌 중심 경제성장 정책을 답습함으로써 양극화를 심화시키고 서민 생활을 더 어렵게 만들었다. 노무현 대통령뿐 아니라 노무현 정부를 떠받쳐온 소위 386 정치인들도 다 마찬가지다. 이들은 대학 시절 독재정권을 상대로 거리에서 투쟁은 열심히 했지만, 정작 사회를 개혁할 프로그램, 특히 경제 문제에 대해 이해가 깊지 않았다. 그 결과 최장집 교수가 말한 대로 경제 관료들에게 거꾸로 포획되었다. 물론 문재인 정부가 들어선 뒤 이 부분에 대한 반성적 성찰을 하고 경제정책을 바꾸기 위해 많은 노력을 하고 있지만 아직은 부족해 보인다.

경제 관료는 재벌과 유착되어 있고, 재벌은 족벌 언론과 동맹관계를 맺고 있다. 박정희 시절부터 이어져온 삼두마차이자 한국 사회의 기득권 체제다. 이 기득권 체제를 극우보수 정치세력이 떠받치고 있다. 한국 사회의 개혁은 바로 이 기득권 체제를 타파해야 가능하다. 그 출발점은 당연히 기득권 체제를 떠받치고 있는 정치세력을 교체하는 것이다. 그리고 그 새로운 개혁세력은 기득권을 뒷받침해온 경제 패러다임을 대체할 수 있는 확고한 경제철학을 갖춰야 한다. 복지와 경제민주화 등을 통해 경제 운용 시스템을 전면적으로 바꾸어야 한다. 그래야 기득권 세력의 물적 토대가 붕괴되고 우리 사회의 실질적인 민주화가 이루어질 수 있다.

이렇게 이야기하면 재벌에게 주어진 특혜를 철폐하고 모든 걸 시장 논리에 맡기면 해결되지 않느냐고 말할 수도 있다. 하지만 이것 또한 잘못된 방향이다. IMF 외환위기 이후 우리가 민주주의라는 이름하에 국가의 개입을 최소화하면서 이미 추구해온 방향이다. 재벌과 중소기업, 기업과 노동자 간에는 엄청난 격차가 존재한다. 이 상황에서 시장주의자들의 주장처럼 정부의 규제를 모두 암덩어리 취급하며 철폐하고 시장의 자유경쟁에만 맡긴다면 어떻게 되겠는가. 사실 이 방향이 최근 우리 경제 관료들이 금과옥조처럼 강조해온 길이다.

이 길은 군사정부에서 온갖 특혜를 받아 이미 강자가 된 재벌이 모든 것을 독식하는 체제를 강화하고, 기득권 체제를 합리화해주는 결과만 낳게 된다. 헤비급 선수와 어린아이를 링 위에 올려 똑같은 조건에서 싸우게 하면서 이것이 자유경쟁이라고 말할 수 있는가? 시장 논리에 맡기자는 것은 이런 싸움을 내버려두자는 말이나 다름없다. 우리 사회 최상위 단계의 포식자인 재벌이 가장 원하는 것이다. 이게 과연 국가라고 할 수 있는가? 이것은 민주주의가 아니라 금권 사회다.

1930년대 세계대공황은 시장에 모든 것을 맡겨놓았을 경우 어떤 일이 발생할 수 있는지를 잘 보여준다. 2008년 세계금융위기 역시 마찬가지 현상이다. 시장 자체가 붕괴되고 우리가 살아가는 공동체가 파괴된다. 복지와 경제민주화는 정부가 사회적 약자를 보호할 뿐 아니라 공동체를 유지할 수 있게 하는 최소한의 체제를 말한다. 공동체를 위한 필수불가결한 요소다.

세계경제 체제의 변화

이 대목에서 자본주의 세계경제의 흐름에 대해 알고 가야 할 것 같다. 16~18세기 중상주의를 거쳐 자본주의 경제가 발달한 뒤 세계는 애덤 스미스의 『국부론』에 따라 자유주의 경제의 바람이 불었다. 이른바 고전적 자유주의 시대다. 이 당시 세계 최대 강국은 영국이었다. 영국을 중심으로 국가 간의 모든 상품 거래를 시장에서 자유롭게 하고 국가는 자유방임을 하는 자유무역이 중시되었다. 국가 간의 상품 결제는 금으로 이루어지는 금본위 체제였다.

시장에서 기업이 살아남으려면 상품을 많이 팔아야 한다. 상품을 많이 팔기 위해서는 남들보다 기술력이 좋거나 값이 싸야 한다. 하지만 기술의 발전 속도는 한계가 있기 때문에 당장 경쟁에서 이기려면 상품 값을 떨어뜨리는 수밖에 없다. 상품 값을 낮추려면 투입비용을 줄여야 한다. 투입비용은 원료와 노동력이다. 결국 값싼 원료를 찾아 식민지 개척에 나서거나 임금을 줄여 노동력을 착취하게 된다. 식민지 개척에는 시간과 비용이 들기 때문에 일단 임금을 최대한 쥐어짜는 수밖에 없다. 노동자들이 먹고살기 힘들어지고 빈부격차가 커진다.

임금이 줄면 노동자들의 소비가 감소한다. 소비가 줄면서 상품이 팔리지 않고 재고가 쌓인다. 상품이 남아돌자 값이 폭락한다. 세계대공황이다. 세계 각국은 공황을 타개하기 위해 다른 나라에 더 많은 상품을 팔려고 시도한다. 자국의 환율을 높여 상품 값을 인위적으로 낮추는 환율경쟁에 돌입한다. 또 값싼 원료를 찾아 기존 식민지를 더 늘리려고 시도하면서 각국 간의 충돌이 발생한다. 세계대전이다.

세계대공황과 두 차례 세계대전을 계기로 고전적 자유주의는 붕괴했다. 세계 각국은 시장에 모든 걸 맡기는 것은 최악의 상황을 초래할 수 있음을 깨달았다. 이때부터 국가가 적극적으로 시장에 개입하기 시작했다. 자본가가 과도하게 임금을 낮추고 노동자들을 탄압하지 못하도록 국가가 노동조합을 보호하기 시작했다. 국가는 재정을 풀어 적극적으로 공공사업을 주도하고 각종 복지정책을 통해 유효수요를 증대하는 정책을 폈다. 케인스주의가 확대되면서 복지사회가 도래했다.

세계무역도 통제되었다. 고전적 자유주의 시대와 달리 자유무역이 제한되었다. 특히 금융자본의 이동에 대해서는 각국이 적절히 규제할 수 있도록 했다. 국가 간의 거래 수단은 금본위제이지만 실질적으로는 달러가 되었다. 금이 고갈된 유럽 각국은 마셜플랜에 따라 일단 미국에서 달러를 공급받아 무역대금으로 사용했고, 달러가 일정 액수에 도달하면 미국에서 미리 정한 비율에 따라 금으로 교환하기로 했다.

제한된 자유주의 시대를 맞아 세계경제는 급속한 발전을 이루었다. 자본주의 발전의 황금기라는 말이 나올 정도였다. 복지국가 체제로 인해 빈부격차도 사상 유례가 없을 정도로 줄어들었다. 하지만 이 체제도 시간이 지나면서 발전의 한계에 봉착했다.

먼저 유럽경제가 부흥하면서 달러의 거래량이 폭증했다. 달러의 양이 늘면서 달러 값이 폭락했다. 유럽 각국은 앞다퉈 달러를 금으로 교환했고, 미국의 금이 고갈될 위기에 놓였다. 결국 미국은 1971년 금태환 정지를 선언했다. 그 대신 중동을 압박해서 석유거래를 달러로만 하도록 강제했다. 중동의 석유에 의존할 수밖에 없던 세계는 울며 겨자 먹기로 달러 기축통화 체제를 수용했다.

자본주의 발전도 정체되기 시작했다. 기술 혁신이 한계에 부딪히자 기업의 이윤이 줄어들었고, 자본가들은 그 원인을 복지국가 체제에서 찾았다. 시장에 대한 국가의 규제를 무차별적으로 공격하면서 다시 시장주의를 주창했다. 자본가들은 국가의 복지정책을 공격하고 노동자들의 임금 삭감을 주장했다.

미국의 레이건, 영국의 대처 정부가 등장하면서 본격적으로 신자유주의 시대가 도래했다. 신자유주의는 고전적 자유주의와 사실상 동일하다. 신구 구분을 위해 이름을 새롭게 붙였을 뿐이다. 이 체제는 모든 것을 시장의 자유에 맡긴다. 기업이나 시장에 대한 국가의 규제나 통제는 암 덩어리 취급을 받으며 공격당하고 복지국가는 해체되었다. 국가는 노동조합의 저항을 저지하기 위해 적극적으로 개입했다.

국가 간의 무역에 대한 통제도 해체되기 시작했다. 세계무역기구(WTO)를 중심으로 자유무역을 주창했고, 금융자본의 이동도 규제를 풀어 자유롭게 이루어졌다. 다른 국가들에 대한 시장 개방의 압력이 거세졌다.

신자유주의 시대가 도래하면서 빈부격차는 다시 심화되었다. 노동자들은 임금이 감소하면서 소비를 줄였다. 세계무역기구를 중심으로 외국에 더 많은 상품을 팔기 위한 시장 개방 압력이 고조되었다. 특히 자본 시장 개방 압력이 높아졌다. 노동자들은 임금 감소를 부채로 메웠다. 정부의 부동산 부양 정책과 맞물려 가계부채가 폭증했다. 금융자본의 자유로운 이동은 각국의 금융위기를 빈발하게 만들었다. 1980년대 남미의 외채위기, 1990년대 후반 동아시아의 금융위기, 급기야 2008년에는 세계금융위기에 봉착했다. 세계경제가 붕괴 위기에 직면한 것이다.

세계금융위기를 겪은 뒤 세계 각국은 미국을 중심으로 금융자본의 이동을 다시 통제하기 시작했다. 노동자들의 소비를 늘리기 위해 임금 증대를 비롯한 복지정책의 필요성이 다시 제기되고 있다.

세계경제 체제는 고전적 자유주의에서 제한된 자유주의, 신자유주의를 거쳐 또다시 새로운 시대로 나아가고 있다. 어디로 갈지는 아무도 모른다. 다만 신자유주의하에서 보였던 무차별적인 금융과 무역의 자유, 노동권에 대한 억압에서 벗어나는 흐름인 것만은 분명하다. 우리 사회에서 최근 강조되고 있는 복지와 경제민주화와 유사한 흐름이다.

고려는 원·명 교체기를 알지 못해 이성계에게 왕조를 뺏겼고, 조선은 명·청 교체기를 알지 못해 병자호란을 초래했다. 시대적 흐름에 대한 분명한 이해가 없으면 결국 중요한 시기에 위기를 맞게 된다. 국가의 운명이 걸린 때에 이는 더욱 중요하다.

삼성공화국

삼성은 우리나라 최대 재벌그룹으로 그 누구도 손볼 수 없는 지존(至尊)이다. 경제부에 온 뒤 그 삼성과 인연을 맺기 시작했다. 사회부에서 옮긴 지 얼마 안 돼 경제에 대해 잘 모르던 시절, 경제부의 한 선배가 어느 날 삼성 이재용의 불법상속에 관한 자료를 나에게 보여주었다. 나야 좋은 기삿거리였기 때문에 그저 감사할 뿐이었다. 그게 삼성에 관해 내가 쓴 첫 번째 기사다. 그때 그 선배가 왜 자신이 직접 안 쓰고 나에게 그 기사를 줬는지는 모른다. 아마 본인이 쓰기에는 부담을 느꼈던 것 같다.

어쨌든 나는 이걸 계기로 삼성 이재용의 불법상속 사실을 알게 되었고, 기회가 되면 기사를 썼다. 지금 이재용 부회장의 재산은 8조 원이 넘는다. 이 돈을 모두 이건희 회장으로부터 물려받았다면 상속세나 증여세를 절반은 냈어야 한다. 엄청난 액수의 세금이다. 그래서 이건희 회장은 아들 이재용에게 편법으로 재산을 물려줬다.

먼저 이건희 회장이 이재용에게 60여억 원을 물려주고 증여세를 16억 원 정도 냈다. 이재용은 이 돈으로 미상장 계열사인 삼성에버랜드의 채권을 말 그대로 헐값에 사들였다. 이 채권은 일정 기간이 지나면 주식으로 전환이 가능한 전환사채(Convertible Bond, CB)였다. 삼성에버랜드는 삼성전자 등 다른 핵심 계열사들을 지배하고 있는 일종의 지주회사 역할을 했다. 그 덕택에 이재용은 단돈 수십 억으로 삼성그룹을 장악하게 된 것이다. 이재용이 마련한 주식은 그 후 수백 배 혹은 수천 배의 가치가 되었다. 아주 단순한 방법이다.

내가 경제부에 있을 때 이재용의 불법상속 문제가 이슈가 되기 시작했다. 2000년 곽노현 전 서울교육감을 비롯한 법학교수 43명이 이건희·이재용 부자 등을 검찰에 고발했다. 하지만 경제부 기자들은 기사를 제대로 쓰지 않았다. 삼성은 이미 삼성에 불리한 기사를 쓰면 광고를 주지 않는 방법으로 모든 언론사의 갑(甲)이 되어 있었다. 언론은 광고를 팔아야 돈을 벌 수 있다. 신문 구독료가 신문사 수입에서 차지하는 비중은 갈수록 떨어지고 있다. 방송은 오로지 광고에 의존한다. 따라서 언론사 입장에서 삼성에 비판적인 기사는 대단히 민감할 수밖에 없다. 더욱이 현대그룹의 왕자의 난 이후 삼성 불법상속 건은 완전히 이슈에서 사라져버렸다.

그러다가 나중에 내가 검찰로 출입처를 옮긴 뒤 다시 삼성을 만나게 되었다. 이건희 회장을 비롯한 삼성에버랜드 임원들이 이재용에게 헐값에 전환사채를 넘겨 회사에 손실을 끼친 배임 행위가 없었다면 이재용의 불법상속은 애초부터 불가능했다. 따라서 이들을 배임 혐의로 처벌해야 한다. 당시 배임 액수가 50억 원을 넘으면 공소시효가 10년이지만, 50억 원 미만이면 공소시효는 7년이었다. 법원에서 배임 액수를 얼마까지 인정해줄지는 재판을 해봐야 안다. 따라서 검찰은 짧은 공소시효인 7년 안에 사건을 처리해야 한다. 삼성의 불법상속이 1996년 12월 초 이루어졌기 때문에 2003년 12월까지는 기소 여부가 결정되어야 했다. 하지만 검찰은 2000년 고발 사건을 차일피일 미루며 제대로 수사하지 않았다. 결국 내가 검찰로 옮긴 뒤 삼성의 공소시효가 닥쳐왔다.

삼성 관련 기사는 나에게는 너무 당연한 일이었다. 검찰은 공소시효가 임박해오는데 아직 입장을 정하지 못했다는 말만 반복했다. 어떤 방향이든 공소시효 안에 처리한다는 것도 아니고, 아직 모르겠다는 것이었다. 이게 말이 되는가. 사건 담당 검사가 의견을 내면 되지만 윗선의 지시를 기다리고 있고, 윗선은 삼성과 여론의 눈치만 살피고 있었다. 검찰 내 삼성 장학생들이 장난을 하고 있다는 합리적 의심이 들었다. 검찰을 비판하지 않을 수 없었다.

하지만 이상한 일이 벌어졌다. 너무나 큰 기사인데 다른 언론사의 검찰 출입기자 중 어느 누구도 이 기사를 쓰지 않았다. 한두 번이 아니었다. 검찰에서 삼성과 관련된 공식적인 입장을 밝힐 때도 안 쓴다. 거의 나 혼자 삼성 기사를 쓰는 모양새가 되었다. 너무 답답해서 옆자리에 앉아 있던 연합뉴스 기자를 불러내 왜 기사를 쓰지 않는지 물어보았다. 연합뉴스는 정부와 KBS, MBC 등이 돈을 내 만든 언론사로, 가장 많은 기자를 보유하고 있다. 모든 분야의 기사를 취재해, 언론사에 돈을 받고 공급해주는 역할을 한다. 언론사의 언론사라고 할 수 있다. 따라서 연합뉴스는 기사 가치가 조금 떨어져도 가능한 많은 기사를 내보낼 의무가 있다.

연합뉴스 기자가 매우 난처한 표정을 지으면서 하는 말은 이랬다. "다 알면서 왜 그래. 삼성 기사 쓰면 삼성이 전화하지, 회사 선배들이 전화하지, 데스크가 기사가 되니 마니 자꾸 따지지, 그렇게 싸워서라도 기사가 나가냐? 결국 안 나가잖아. 그런데 뭐 하러 기사를 써? 안 쓰면 서로 편한데." 그랬다. 그게 현실이었다. 믿을 수 없었지만 그런 일이 백주에 내 눈앞에서 벌어지고 있었다.

사실 나도 이미 삼성으로부터 다양한 압박을 받고 있는 상황이었다. 경제부 때부터 익히 경험한 바다. 삼성 관련된 기사를 쓰면 회사 선배들은 물론 주변의 아는 사람들로부터 다양한 전화가 온다. 부장이 데스크도 보기 전인데 이 사람들은 내 기사를 어떻게 알았는지 혀를 내두를 정도다. 누군가가 기사를 통째로 빼서 넘겨주었을 것이라는 의심이 든다. 그래서 일부러 기사 송고를 늦춰서 한 적도 여러 번 있다. 한번은 검찰을 비판하는 기사를 써서 회사에 보냈는데, 얼마 지나지 않아 삼성 홍보실에서 전화가 왔다. 왜 검찰을 비판하느냐고 나한테 따졌다. 너무 어처구니가 없어서 실소가 나왔다. 내가 검찰을 비판하는데 정작 당사자인 검찰은 가만히 있고 삼성이 항의전화를 하다니. 더구나 아직 보도되지도 않았는데…

또 한번은 경기도 안양의 초대형 재건축 사업(5000세대)과 관련해 검찰이 삼성물산을 수사한 적이 있다. 이 사건으로 재건축 조합의 조합장이 구속되었다. 거기서 끝이 아니라 검찰이 삼성의 담당 과장을 수사해 그 윗선을 파악해야 하는데, 이 과장이 캐나다로 이민을 떠나버렸다. 이게 말이 되는가. 담당 과장이 가족까지 데리고 해외로 도주할 때까지 검찰은 도대체 뭘 했단 말인가. 이 기사를 썼더니 당시 보도본부장이 직접 전화해서 검찰이 삼성으로 수사를 확대하는 것이 맞느냐, 지금 수사가 어떻게 진행되느냐 꼬치꼬치 묻더니, 삼성은 우리 회사 최대 광고주니 적당히 쓰라고 한 적도 있다. 이건 차라리 솔직하다.

삼성 관련 기사를 쓰겠다고 부장에게 말하면 아침 편집회의에 보고를 해서 뉴스데스크 꼭지로 잡아준다. 아침 8시 반 편집회의가 끝나면 뉴스데스크 보도 순서가 나오는 큐시트에서 10번째 이내 상위에 내 기사가 배치된다. 45분 방송인 뉴스데스크의 큐시트에는 보통 25~26개의 기사가 배치된다. 그러다가 오후 2시 편집회의가 끝나면 20번째 이내로 순서에서 밀린다. 오후 5시 편집회의가 끝나면 20번째 뒤로 밀린다. 그리고 뉴스데스크가 나가기 전에 보면 끝에서 두 번째에 가 있다. 모든 기사가 정해준 시간을 10~20초라도 초과하기 때문에 그날 준비된 기사 중 최소 두어 개는 반드시 빠진다. 그 빠지는 기사 중 1순위이다. 맨 마지막 기사는 그날 뉴스의 끝을 알리는 일종의 신호이기 때문에 반드시 나가기 때문이다. 그리고 뉴스데스크에서 빠진 기사는 다음 날 아침 6시~6시 반 사이에 내보낸다. 시청률이 1~2퍼센트에 그치는 시간대다.

내가 검찰 출입할 때는 2002~2004년이었다. 언론의 자유를 마음껏 보장한 노무현 정부가 들어선 뒤에도 삼성과 관련된 기사는 이런 식으로 많이 빠졌다. MBC가 다른 언론에 비해서 삼성을 비판하는 기사를 많이 내보냈는데도 이 정도다.

한번은 이런 일이 있었다. 여느 때처럼 삼성을 비판하는 기사를 써서 회사에 보낸 뒤 사회부장이 데스크 보는 걸 기다렸다. 하지만 저녁 8시가 되도록 부장이 내 기사를 전혀 보지 않은 것 같았다. 보통 데스크를 보려면 기사 원본을 복사해서 수정을 하는데 복사도 안 되어 있었다. 방송시간이 임박했기 때문에 부장에게 그대로 제작할지 여부를 물어보자 부장이 자기 옆에 앉으라고 했다. 부장은 나에게 이 기사를 그대로 내보내주겠다, 다만 다른 사람이 대신 읽으면 안 되겠느냐고 물었다. 삼성이 포항 MBC에 광고 2억 원어치를 주는 대신 나를 빼달라고 요구했다는 것이다. 기사만 그대로 내보낸다면 굳이 내가 리포트하지 않은들 무슨 상관이겠는가. 흔쾌히 그렇게 하자고 했다.

나중에 알아보니 삼성 홍보팀이 이건희 회장으로부터 많이 혼이 난 모양이었다. 기자 한 명 막지 못해서 매번 동일한 기자가 삼성 비판 기사를 쓴다고. 삼성 홍보팀에서 이번에도 기사를 빼기 어렵다고 판단하자, 기사 대신 기자를 바꾸는 꼼수를 쓴 것 같았다. 이 정도는 정말 양반이다. 다른 언론사에서는 기사가 통째 사라지는 판인데.

삼성 홍보팀 관계자로부터 들은 얘기로는 나는 이미 삼성의 블랙리스트에 올라 있었다. 상대하기 어렵다고 판단한 것이다. 처음에는 나와 같은 호남 출신 인사를 홍보실 방송 담당 부장에 배치했다. 당시 홍보팀 상무는 영남 출신이었다. 하지만 그래도 소용없자 요주의 기자로 분류해놓았다. 적당히 술 마시고 적당히 촌지 받으면서 좋은 게 좋은 것이라고 넘어갔다면 나는 또 한 명의 삼성 장학생이 되었을지도 모른다.

다른 부처를 출입하면서 알게 된 것이지만 삼성은 검찰뿐 아니라 거의 모든 정부 부처와 언론사, 국회 등을 사실상 장악하고 있다. 인맥을 활용해 끊임없이 지인들을 공략하고 '좋은 게 좋은 것'이라는 문화 속에 그 영향력을 확대해온 것이다. 그 결과 정부 부처에서도 승진을 하려면 삼성에 잘 보여야 하는 웃기는 현상이 일반화되었다. 우리 사회에서 삼성공화국이라는 말이 나온 배경이다.

학연이라는 이름의 마피아

이 모 선배가 경제부장으로 온지 불과 6개월 만에 바뀌었다. 충격이었다. 경영학을 전공한 경제통도 소용없었다. 이 부장은 「시사매거진 2580」 부장으로 밀려났다. 당시 보도국장이 바뀌면서 부장 인사가 대대적으로 있었다. 그렇다고 해도 급박한 구조조정의 시기를 도맡아온 경제부장을 불과 6개월 만에 바꾸는 인사는 납득할 수 없었다. 더욱이 이 모 부장은 나와 궁합이 잘 맞았다. 윗사람과 뜻이 잘 맞으니 회사 일을 하기 편했고, 그 덕에 큰 특종도 많이 했다. 다른 부원들도 모두 부장이 바뀌는 걸 많이 아쉬워했다. 이 부장이 나중에 보도국장을 한다면 좋을 것이라는 생각을 한 적도 있지만, 그는 노무현 정부에서 홍보수석이 되어 회사를 떠나버렸다.

부장 인사의 내막은 간단했다. 고려대 출신 선배가 보도국장이 되면서 주요 부장들을 고려대 출신 후배들로 바꾼 것이다. 회사 생활을 하면서 보니 고려대 계보라는 게 있었다. 고려대 출신 최고 고참 선배를 정점으로 누구누구순으로 이어지는 일련의 계보다.

고려대가 잘나갈 때는 이 계보가 두 개가 되어 자기들끼리 서로 경쟁하기도 한다. 하지만 대개의 경우 다른 학교 출신들과의 경쟁 때문에 한 개 계보가 유지된다.

고려대 출신들은 선후배를 따지는 과정에서 지역이든 혈연이든 걸리는 것이 아무것도 없다. 이런 우스개가 있다. 서울대 출신들은 서로 만나면 무슨 과를 나왔는지 묻고, 연세대 출신들은 단과대를 묻는다. 하지만 고려대 출신들은 고려대가 확인되는 순간 학번을 묻는다. 서울대는 같은 과 출신 정도 되어야 선후배를 따지고 인간적인 관계를 형성한다. 연세대는 단과대 정도는 같아야 한다. 하지만 고려대는 고려대를 나왔다는 그 이유 하나만으로 유대의식을 갖는 것이다.

한번은 MBC의 한 기자 선배가 "MBC tigers"에게 보내야 할 이메일을 실수로 전체 직원에게 발송한 적이 있다. MBC 내 전체 고려대 출신 직원들에게 모임을 알리는 이메일이었다. 사내에서 직종을 떠나 특정 대학 출신이 모두 모이는 건 극히 이례적인 일이다. 또 검찰에 출입할 때는 고려대 출신 검찰총장이 고려대 출신 기자들만 따로 불러 회식을 하기도 했다. 지금까지 특정 대학 출신 검찰총장이 자신의 출신 대학 기자들을 따로 불러 회식을 했다는 얘기는 고려대를 제외하면 들어본 적이 없다.

문제는 이런 유대의식이 회사라는 조직 내에서 지극히 폐쇄적으로 작용한다는 것이다. 우선 인사를 할 때 능력이나 적성 등은 고려 대상에서 제외된다. 고려대라는 학연이 우선순위를 차지한다. 한 조직 내 최고 인사권자의 자리에 고려대 출신이 앉는 순간 그 조직의 주요 직책을 고려대 출신들이 장악하는 것이다. MBC에서도 이런 일이 빈번했다. 고려대 출신 보도국장이 오는 순간 말단 경찰기자들의 인사에까지 영향을 미쳤다.

MBC뿐만이 아니다. 고려대 마피아는 거의 모든 조직에 있다. 기업, 공무원, 국회, 학계, 검찰, 법원, 언론 등에 걸쳐 고려대 인맥이 폭넓게 퍼져 우리나라 최고의 마피아 역할을 하고 있다. 오죽하면 잘나가려면 어떤 식이든 고려대 인맥을 쌓아야 한다는 농담이 통할 정도다. 흔히 말하는 우리나라 3대 조직이 있다. 호남 향우회와 고려대, 해병대 전우회가 그것이다. 호남 향우회는 김대중의 집권을 계기로 그 세력이 점차 약화되었다. 하지만 고려대는 아직까지 실질적인 영향력을 행사하는 최대 마피아 조직이다. 이명박이 대통령이 되기 전후 고려대 출신들의 역할을 생각해보라.

고려대 출신들의 유대가 이념이나 민주주의 같은 가치가 아니라 오로지 학연에 기초한 만큼 이 조직은 기본적으로 보수적인 성향을 띤다. 물론 일부 인사들이 진보적 혹은 개혁적 성향을 띠기도 하지만 그건 예외적이다. 적어도 MBC 내에서 고려대 출신들은 호남 출신들과 마찰을 빚었다. 호남 출신들의 경우 군사정부에서 밀려나면서 민주주의와 진보개혁에 대한 가치를 어느 정도 공유했던 것이 사실이다. 물론 모든 호남 출신들이 그런 것도 아니지만 전반적인 분위기가 그랬다. 김대중 정부 이후 호남 출신들이 조직을 장악하면서 진보개혁적 가치를 추구했다면, 고려대 출신들이 그 안티테제로 등장했다. MBC 보도국의 인사를 보면 한동안 진보 성향의 호남과 보수 성향의 고려대가 엎치락뒤치락하면서 주도권을 잡았다. 내 개인의 인사 역시 이 흐름에서 크게 벗어나기 어려웠다.

경제부 축출

새로 온 김 모 경제부장 역시 대단히 보수적이었다. 아니, 보수성을 떠나 그의 취향이 독특했다. 김 부장은 경제부장이 되기 직전 사회부장을 했다. 이때 후배들 사이에서 유행한 말이 '김○○의 호기심 천국'이다. 당시 유행했던 TV 프로그램의 이름을 본떠서 사회부의 실태를 단적으로 표현한 것이다. 김 부장 체제에서 사회부 아이템으로 선별되는 것들이 어땠는지를 쉽게 알 수 있다. 더 문제는 김 부장이 무척 '성실한' 사람이라는 점이다. 저녁 약속도 잘 안 잡고 늦게까지 남아서 홀로 아이템을 찾아 후배들에게 제작을 시켰다. 방송계 표현으로 말하면 후배들에게 '총을 쏘는 것'이다. 자신의 호기심을 충족시킬 만한 아이템을 찾아 후배들에게 보도하도록 끊임없이 지시하니 후배들 입장에서는 견디기 어려웠다.

하루는 내가 경제부 근무를 마치고 늦은 저녁 식사를 하러 갔다가 우연히 김 부장을 만났다. 그 자리에서 김 부장에게 자신의 별명을 아는지 물어보았다. 그는 전혀 알지 못했다. 그래서 '호기심 천국'에 대한 이야기를 해주었다. 후배들의 반응을 듣고 부 운영 방식에 참고해보라는 선의에서 나온 말이었다. 하지만 김 부장은 노발대발 언성을 높였다.

당시 '호기심 천국' 보도 중 지하철 의자와 관련된 것이 있었다. 7명이 앉기에는 여유가 있고 8명이 앉기에는 좁은데, 의자를 조금 늘려 8명이 편하게 앉도록 하자는 보도였다. 이에 대한 지하철 공사의 답변은 이랬다. "지하철은 혼잡한 출퇴근 시간에 대량 수송을 하기 위한 교통수단이다. 평소에는 텅텅 비어서 간다. 사람마다 덩치도 다르다. 지금 의자를 바꾸면 예산만 엄청나게 들어간다." 아무리 생각해도 지하철 공사의 답변이 더 적절해 보인다.

나는 김 부장에게 MBC 사회부라면 최소한 시민단체의 문제의식 정도는 되어야 하지 않느냐, 조금 더 큰 문제를 다루는 게 좋지 않겠느냐고 말했다. 하지만 김 부장은 내 말을 전혀 수용하지 않았다. 자신의 주장을 절대 굽히지 않았다. 내가 물러나는 수밖에 다른 방법이 있겠는가.

그랬던 김 부장이 갑자기 경제부장으로 자리를 옮겨온 것이다. 아니나 다를까 김 부장이 온 뒤 내 경제부 생활은 다시 꼬이기 시작했다. 이상한 아이템을 내놓고 후배들에게 보도를 지시했다. 그보다 앞서 나를 놀라게 한 건 현대건설이 1차 부도가 난 날이었다.

당시 뉴스데스크 꼭지가 전체 25~26개 정도인데 무려 20개 정도를 현대건설 1차 부도를 가지고 보도했다. 엽기였다. 큐시트를 보고 우리 경제가 무너진 줄 알았다. 아니면 우리 경제가 무너지기를 바라는 줄 알았다. 1차 부도는 1차 부도일 뿐이다. 최종 부도 처리가 되려면 아직 시간이 있고, 금융기관으로 구성된 채권단의 결정도 남아 있다. 또 현대그룹으로 인한 파장을 최소화하기 위해 현대건설을 그룹에서 떼어내는 작업이 1년 내내 정교하게 진행되어 왔다. 그런데 뉴스를 온통 현대건설 부도와 그 여파 등으로 도배하게 되면 정상적인 기업도 무너질 수밖에 없다. 경제는 심리가 중요한데 그걸 전혀 고려하지 않은 것이다. 전임 부장이었다면 이런 식으로 보도하지 않았을 것이다.

경제부에 있는 동안 조선일보, 중앙일보, 동아일보 등 보수 신문들의 보도 행태를 보면서 이것은 언론이 아니라는 생각을 많이 했다. 우리 경제는 살얼음판을 걷고 있는데, 조·중·동은 어려운 경제 현실을 과장하면서 살얼음판 위를 껑충껑충 뛰는 보도를 멈추지 않았다. 김대중 정부와 대립각을 세우면서 오로지 김대중 정부를 어떻게든지 무너뜨려야 한다는 일념뿐이었다. 역설적이게도 당시 하루에 주가가 100포인트 이상 빠지는 날이 많았음에도 우리 경제가 잘 견뎌낸 배경 중 하나가 여기에 있다. 보수 신문들이 호들갑을 떨면 주가가 큰 폭으로 추락했다가, 그 보도가 과장되었음을 깨닫는 순간 다시 반등하는 상황이 반복되었다. 이런 보수 신문들도 정작 현대건설 1차 부도가 났을 때는 우리처럼 요란하게 보도하지 않았다. 실제 현대건설이 무너졌을 때 다가올 파장을 우려하지 않을 수 없었던 것이다. 그런데 우리는 꼭지 수 늘리기에만 급급했다.

부장에게 아무리 이런 얘기를 해보아야 소용이 없었다. 부장과의 마찰은 이후에도 지속되었다. 부장도 자신의 지시에 순순히 따르지 않고 일일이 따지고 드는 내가 피곤했을 것이다. 하지만 부장에게 당장 대체재가 없었던 것이 고민이었다. 금융팀 경험자가 없는 상황에서 나를 쫓아내고 아무나 그 자리에 보낼 수는 없었다. 부장과 나의 불편한 동거는 한동안 계속되었다. 그러다가 대체재가 마련되었다고 판단된 순간 나는 경제부에서 문화부로 축출되었다. 기자 생활을 한 지 5년도 안 되어 벌써 두 번째 축출이었다. 김 부장은 그 뒤 다소 우여곡절이 있었지만 승승장구를 해서 본사 사장까지 했다.

금연

경제부에서 일하는 동안 나는 일벌레가 되었다. 방송사의 야근은 밤샘이 기본이다. 특히 주니어 기자들의 경우 밤에 잠잘 틈이 거의 없다. 자신의 소속 부서가 어디든 사회부에서 야근을 하며 밤새 발생하는 사건사고를 챙겨야 하기 때문이다. 그리고 아침 9시가 넘어야 퇴근해서 다음 날 오전 출근하는 것이 일상이다. 2주에 한 번 정도는 야근을 해야 한다.

하지만 경제부에서는 야근하고 아침 9시 넘어 퇴근하면 회사 앞 사우나에 가서 잠깐 눈을 붙인 뒤 씻고 나와서 다시 근무를 했다. 금융팀 인원이 두 명뿐이었기 때문이다. 다른 사람의 지원을 받고 싶어도, 급박하게 돌아가는 상황인 데다 내용을 모르면 접근이 안 되기 때문에 지원받을 형편도 못 되었다. 1주일 자리를 비우는 여름휴가도 가지 못했다.

점심과 저녁 약속도 많았다. 기자 일이라는 것이 다 사람 장사다. 특히 경제부처럼 전문성이 필요한 부서의 경우 더욱 그렇다. 관련 분야의 전문가가 누구인지를 알아야 정확한 정보를 얻을 수 있고, 필요할 때 인터뷰를 딸 수 있기 때문이다. 따라서 밥 먹는 1시간을 사람 파악하고 정보를 얻는 데 사용하는 일이 많았다. 물론 직접 만난 적은 없지만 전화로 의견을 묻다가 인터뷰를 하는 경우도 꽤 있었다. 대표적인 인물이 한국금융연구원 연구원으로 있던 이동걸 박사다. 대화를 해보니 개혁 성향의 인물로 내공이 깊었다. 이 박사는 나중에 노무현 정부에서 금융감독위원회 부위원장이 되었다.

이런 식으로 사람들을 만나고 다니면서 술과 담배를 많이 했다. 담배를 하루 평균 두 갑씩 피웠으니 하루 종일 물고 있었던 셈이다. 대학 다닐 때 사나흘 금연에 성공한 적이 있다. 그래서 금연이 충분히 가능할 것이라고 생각한 적도 있었는데, 결국 포기했다. 집에 담배를 두어 보루씩 사다놓았다. 혹시라도 담배가 떨어지면 말 그대로 길거리에서 꽁초라도 찾아야 할 정도였다. 금연이라니 상상도 못할 일이었다.

그런 내가 2000년 12월 담배를 끊었다. 물론 내 의지는 아니었다. 12월 첫 목요일에 갑자기 몸이 너무 안 좋았다. 1년 내내 바빴는데, 마침 그 다음 한 주에 특별한 일정이 없었다. 그래서 부장에게 여름 휴가도 못 갔으니 1주일을 쉬겠다고 했다. 부장도 당연히 허락했다. 그런데 수첩을 보니 월, 수, 금, 사흘 저녁 약속이 있었다. 약속을 세 개나 옮기려니 너무 번거로웠다. 휴가니 술 먹고 다음 날 쉬면 될 것이라는 생각에 그냥 휴가를 냈다. 그런데 다음 날 쉰다고 생각하니 술자리가 더 길어졌다. 술 마시는 동안에는 흡연량이 대폭 늘어난다. 몸을 만들려고 휴가를 냈는데 오히려 몸을 망친 것이다.

그렇게 1주일을 보낸 뒤 토요일 오전 잠에서 깨어나서 습관대로 담배를 피우려고 꺼냈다. 그런데 담배 냄새가 너무 역겨웠다. 전날 담배를 너무 많이 피워서 일시적으로 나타나는 현상이라고 생각했는데, 그 역겨움이 무려 사흘이나 지속됐다. 내 자신이 정말 신기했다. 금단증상으로 단 한 순간도 못 참는데 어떻게 담배를 사흘이나 피우지 않았을까? 나흘째 되는 날 아침에는 담배를 계속 멀리해보자고 마음먹었다. 그러면서 1주일, 2주일, 한 달, 두 달, 마침내 6개월이 지난 뒤 주변에 담배를 끊었다고 공식 선언했다.

금연 선언이 늦어진 건 역시 자신이 없었기 때문이다. 담배를 한 개비라도 피우면 언제든지 다시 피우기 시작할 것 같았다. 주변에서 담배 끊었느냐고 물어보면 잠시 참고 있다고 말했다. 그러다가 6개월이 지나면서 금연을 공식화했다. 혹시라도 담배를 다시 피우지 못하도록 막아달라는 일종의 읍소였다.

2000년대 들어 주변에서 담배를 끊는 사람들이 하나둘 늘어나기 시작했다. MBC에서도 사무실을 금연으로 하고 흡연 장소를 별도로 설치하자는 요구가 나왔다. 그 요구가 실현되기 전에 담배를 끊어서 다행이라고 생각했다. 그런데 어느 날 보니 금연했던 사람 중 일부가 다시 담배를 피운다. 이 사람들에게는 공통점이 있다. 대부분 자신의 의지로 금연에 성공했던 사람들이다. 한번 금연에 성공하니 언제든지 또 끊을 수 있다는 공연한 자신감이 있는 것이다. 이런 사람들은 결국 담배를 끊지 못한다. 나처럼 자신의 의지가 아니라 몸의 필요에 의해서 담배를 끊은 사람들은 대체로 금연을 이어간다. 다시 피우면 절대 끊을 수 없다는 절실함이 있기 때문이다. 사람이라는 게 참 웃기는 동물이다. 금연 문제만 그러겠는가. 불필요한 자신감이 때로는 사람을 망치는 법이다.

7

좋은 언론이란
무엇인가

누구를 위해
언론이 존재하는가

안티조선운동과 주홍글씨

2001년 7월 문화부로 옮겼다. 나는 내가 문화부에 갈 것이라고는 꿈에도 생각해본 적이 없다. 워낙 문화적 소양이 부족하다고 느꼈기 때문이다. 나는 활동적이면서도 음악과 스토리가 있는 뮤지컬을 좋아한다. 반면 클래식이나 발레 등의 공연은 거의 문외한에 가까웠다. 미술이나 도예, 이런 분야와는 더더욱 거리가 멀었다. 그래서 나는 주로 종교와 미디어 분야를 맡았다.

문화부에서는 뉴스데스크에 한 꼭지 내보내기가 무척 어려웠다. 구색용으로 하루에 한 꼭지를 겨우 심어주었기 때문이다. 대부분은 아침 뉴스를 제작한다. 다른 방송사들도 마찬가지다. 문화계에서 방송사 문화부 기자들의 영향력은 신문에 비해 떨어진다. 보도 자체가 잘 안 되는 판에 명함을 내밀기 어려웠을 것이다. 사실 문화 뉴스에 대해서도 다시 생각해봐야 한다. 개인적으로는 오전 시간대에 문화 뉴스 코너를 별도로 만드는 건 어떨까 싶다. 이것이 문화부로 옮긴 뒤 문화 뉴스와 관련해 내가 느낀 단상이다. 하지만 당시 시대 상황은 이런 고민을 계속하도록 만들지 않았다.

문화부로 옮긴 직후 안티조선운동이 대대적으로 일어났다. 조선일보는 우리나라의 대표적인 극우 신문이다. 조선일보는 1970년대 박정희 유신정권을 거치면서 본격적으로 정권의 나팔수가 되었고, 1980년대 전두환 정권에서 권언유착으로 소위 1등 신문이 되면서 우리나라 기득권 세력의 대변지가 되었다. 민주화를 거치면서 그동안 자신들을 뒷받침해준 보수정치 세력의 위기가 닥치자 기득권 논리를 전파하면서 여론을 좌우했다. 반공사상과 반북 이데올로기를 퍼트리고, 재벌 중심의 경제성장 이론을 확산하는 이데올로그 역할을 자임했다. 조선일보는 이를 위해 김대중을 비롯해 우리 사회 민주 인사들에 대해 무분별하고 무차별적인 '빨갱이 낙인찍기' 공세를 멈추지 않았다.

조선일보가 빨갱이로 몰아세우며 그토록 반대운동을 벌였던 김대중이 1997년 대통령에 당선되었다. 김대중 정부는 집권 초기 보수 신문에 대해 적극적인 대응을 하지 않았다. 외환위기 극복을 위해 보수세력까지 안고 가고자 했다. 조선일보도 김대중 집권 초기에는 납작 엎드렸다. 대한민국 정부 수립 이후 처음으로 이루어진 정권교체였고, 그동안 자신들이 해온 짓이 있기 때문에 언제 역공을 당할지 몰라 몸조심을 한 것이다.

그런데 2000년 제15대 총선에서 김대중의 여당이 과반 확보에 실패했다. 더군다나 김종필과의 DJP연대가 깨지면서 새천년민주당은 소수 여당으로 전락했다. 이런 과정을 거치면서 조선일보는 김대중 정부 공격에 누구보다 목소리를 높이기 시작했다. 김대중 정부는 2001년 언론사 세무조사를 통해 처음으로 보수 신문들을 향해 칼을 빼들었다.

안티조선운동도 언론사 세무조사와 궤를 맞추어 본격적으로 확산되었다. 마침 내가 미디어를 맡고 있다보니 이 일이 내 주된 업무가 되었다. 러시아 특파원을 하다 귀국한 윤 모 차장이 나와 짝을 이루었다. 내가 그날그날 벌어지는 안티조선운동을 취재해서 보도하고, 윤 선배가 한 걸음 더 나간 심층보도를 했다.

김중배 당시 MBC사장은 우리가 안티조선운동을 적극적으로 보도하기를 원했다. 노조에서도 마찬가지였다. 하지만 사내 보수 성향의 선배들은 이를 반대했다. 보도국장 역시 적극적인 보도를 원하지 않았다. 그래서 적당히 줄타기를 선택했다. 안티조선운동을 보도하되 철저히 후반부로 빼버린 것이다. 뉴스데스크 후반부는 소위 로컬 타임이다. 전체 45분 뉴스 중에 25분 정도부터는 지방 계열사에서 임의로 뉴스를 끊어간다. 따라서 수도권을 제외한 지방은 25분 이후 지방 계열사에서 자체 제작한 지방 뉴스가 나간다. 바로 이 시간대에 안티조선운동을 배치했다. 사장과 노조에는 안티조선운동을 보도했다고 우기고, 이를 반대하는 보수 성향의 사람들에게는 수도권 뉴스로 처리했다고 해명했다.

조선일보의 막가파식 행태와 냉전적 사고방식에 대해 평소 문제의식이 컸던 나는 안티조선운동 보도에 적극적이었다. 언론사 입사 시험을 볼 때도 나는 조선일보에 원서조차 내지 않았다. 그런데 이는 사내 보수적인 선배들에게 확실히 찍히는 계기가 되었다. 일부 선배들은 MBC에서 주도권을 쥔 호남 인사들이 안티조선운동 보도를 위해 나를 문화부에 특파한 것이라고 소문을 냈다. 그렇지 않으면 경제부에서 잘나가던 호남 출신의 내가 갑자기 문화부로 옮길 이유가 없었다는 것이다. 나와 함께 안티조선운동 보도를 담당했던 윤 선배 역시 알고보니 호남 출신이었다. 윤 선배는 러시아 특파원을 하다가 3년 만에 귀국해 국내 적응 차원에서 문화부에 발령을 받았지만 이런 음모론을 피해가지 못했다.

안티조선운동 보도는 한 달 정도 지속되었다. 그 덕분에 나는 민주언론시민연합(민언련)이라는 시민단체를 처음 알게 되었고, 이때부터 회원이 되었다. 하지만 MBC 내에서는 상처만 남았다. 뉴스는 후반부에 배치되어 보도되었는지도 모르는 사람들이 대부분이었고, 보수 성향의 선배들은 이때부터 나를 적으로 돌리기 시작했다. 나야 안티조선운동 보도를 신념에 따라 했지만, 윤 선배는 나를 끌어들여서 미안하다고 끊임없이 반복했다. 당시 MBC를 잘 몰랐던 나는 윤 선배가 왜 그렇게 미안해하는지 이해하지 못했다. 보수 성향의 선배들이 다수를 차지하는 조직에서 안티조선운동 보도에 적극적이었던 나는 영원히 지울 수 없는 주홍글씨를 이마에 새긴 셈이 되었다.

윤 선배와는 이때부터 혈육처럼 지냈다. 윤 선배는 MBC에서 기사를 가장 잘 쓰는 사람 중 하나였고 문제의식도 좋았다. 게다가 인간성 측면에서 최고였다. 자리를 탐하지도 않고 후배들을 존중하는 사람이었다. 한 가지 단점은 술을 너무 많이 마셨고, 다른 사람에게 모질지 못했다. 이런 사람들이 잘 풀리는 사회가 되어야 하는데, 우리 사회는 그렇지 못했다.

언론의 객관성

언론은 사회를 보는 창이다. 우리가 안에서 밖을 내다볼 수 있는 건 창이 있기 때문이다. 그런데 그 창이 노란색이라면 바깥세상은 노랗게 보일 것이다. 창이 빨간색이라면 바깥세상은 빨갛게 보일 것이다. 그 창이 아주 작다면 우리는 아주 작은 공간밖에 보지 못할 것이고, 창이 크다면 넓은 공간을 볼 수 있을 것이다. 창 바로 아래는 고개를 내밀지 않으면 볼 수 없다. 창이 없다면 우리는 바깥 세상과 차단된다.

우리 개개인이 사회에서 벌어지는 모든 일을 다 알 수는 없다. 그 일을 대신 알려주는 것이 언론이다. 우리는 언론을 통해 간접적으로 세상이 돌아가는 상황을 안다. 요즘에는 영상문화가 발달해서 현장 화면을 생생하게 볼 수 있다. 하지만 그 내막은 역시 언론을 통해 설명을 들어야 한다. 예를 들어 불이 난 장면을 화면으로 볼 수는 있지만, 불이 왜 났는지, 그 피해는 얼마나 되는지 등의 내용은 언론에서 전해주는 설명을 들어야 한다.

그런데 그 설명이 편견에 젖어 있다면 어떻게 해야 할까? 불이 나서 세 명이 사망했는데, 어떤 언론은 엄청난 인명피해가 났다고 하고, 다른 언론은 그나마 다행이라고 보도를 한다면, 과연 누구의 말이 옳을까?

언론은 객관적이어야 한다는 말을 많이 한다. 편견에 젖어서는 안 되고 균형 잡힌 관점을 가져야 한다는 말이다. 하지만 과연 어떤 것이 객관적일까? 사람마다 보는 눈이 다른데 객관이라는 말이 성립할까? 세상을 빨갛게 보는 사람과 파랗게 보는 사람이 있다면, 객관은 보라색으로 보는 것인가? 정치에서 여당과 야당이 서로 상대방을 공격할 때 객관은 무엇일까? 그 중간에서 둘 다 나쁘다고 비판하는 것일까, 아니면 둘의 입장을 똑같이 기계적으로 전달하는 것일까? 노동자가 파업을 하고 있을 때는 어떻게 보도해야 하나?

세상에서 가장 남용되는 단어 중 하나가 바로 객관성 혹은 중립이라는 말이다. 엄격히 말해 언론의 객관성은 가식이다. 조선일보와 한겨레는 서로 다른 논조를 유지하면서도 자신이 객관적이라고 주장한다. 누구의 말이 옳은 것인가?

그렇다면 객관성은 아예 없는 것인가? 그렇지 않다. 우리는 적어도 객관성을 판별할 수 있는 기준을 갖고 있다. 바로 사회적 다수와 사회적 약자를 중심으로 세상을 보는 시각이다. 먼저 소수 권력자에 대해서는 엄격한 시각을 유지해야 한다. 대통령이나 정부, 국회, 재벌, 법원 등이 우리 사회에 미치는 영향력은 엄청나다. 그들이 권력을 잘못 사용했을 때 그로 인해 피해를 보는 사람은 상상을 초월한다. 권력을 쥔 자는 소수지만 그들로 인해 영향을 받는 사람은 다수다. 언론의 일차적인 역할이 권력에 대한 감시와 비판이라는 말이 의미하는 바는 바로 이들 소수 강자에 대한 다수 약자의 견제를 말한다. 언론이 견제해야 하는 소수 강자에는 정부와 여당뿐 아니라 야당과 다른 언론도 포함된다. 이들 역시 중요한 권력기관이기 때문이다.

다음으로 언론은 사회적 약자에 대해 인간적인 배려를 해야 한다. 프란치스코 교황이 세월호 참사 당시 한국을 방문했을 때 박근혜 정부와 새누리당(여당)은 교황이 세월호 유족들을 만나지 않기를 원했다. 또 교황이 유족들을 만날 때도 가슴에 세월호를 상징하는 노란 리본을 달지 않기를 원했다. 천주교의 높은 신부 한 분이 정치적인 중립이라는 이름하에 이런 요구를 교황에게 전달했다. 그때 교황은 이렇게 대답했다. "인간적 고통 앞에 중립은 없다."

언론 그리고 우리 모두는 기본적으로 사회적 다수를 대표하면서도, 사회적 약자를 배려하는 시각을 가져야 한다. 그래야 사회가 유지될 수 있다. 이것이 바로 객관성을 측정할 수 있는 지표다. 모든 언론은 자신의 주장을 합리화하기 위해 그에 맞는 사실(fact)을 수없이 끌어온다. 하지만 그 주장이 진정 객관성을 갖기 위해서는 사회적 다수를 대표하거나, 사회적 다수가 공감할 수 있거나, 사회적 약자를 배려해야 한다.

부역자에서 권력자로

언론이 사회를 보는 창이라고 할 때, 우리 언론의 역사를 돌이켜보면 비애감을 느낄 정도다. 해방 이후 미군정 시절부터 이미 언론에 대한 통제가 시작되었다. 이승만 정부에서도 서울신문을 정부 소유로 바꾸고 경향신문을 폐간하는 등 언론에 대한 억압을 시도했다. 하지만 압권은 역시 박정희 정권이었다.

박정희 정권은 유신헌법을 통과시켜 절대 권력을 수립한 뒤 언론장악을 시도했다. 긴급조치권을 남발해 언론의 정부 비판을 무력화시켰다. 급기야 정부에 비판적 성향을 보인 동아일보에 광고

지난 2014년 방한한 프란치스코 교황이
공항에 환영을 나온 세월호 유가족 대표들과
인사를 나누고 있다.
우리 언론은 "인간적 고통 앞에 중립은 없다"는
교황의 말에 귀 기울여야 한다.

를 주지 못하도록 광고주들을 압박해 소위 백지광고 사태를 야기했다. 그 뒤 동아일보와 조선일보의 사주들은 기자들을 대량으로 해고하고 정부 기관지를 자처했다. 박정희 정부는 그 대가로 동아일보와 조선일보에 여러 가지 반대급부를 주었고, 두 신문사는 경제적으로 급성장을 하게 된다. 소위 채찍과 당근을 구사한 것이다.

전두환 정권은 박정희 정권의 언론장악 정책을 그대로 계승했다. 12·12쿠데타 이후 언론통폐합을 통해 언론사 숫자를 대폭 줄인 뒤, 정부 정책에 순응하는 언론사에게는 각종 물질적 혜택을 제공했다. 반면 정부에 비판적인 성향을 보이면 빨갱이로 몰아 가차 없이 탄압을 가했다. 보도지침을 통해 언론에서 보도하는 단어 하나하나까지 정부가 직접 통제했다.

그 결과 살아남은 언론들은 당시 정부와 마찬가지로 극우 보수적인 논조를 유지하게 된다. 대표적인 언론이 조선일보, 중앙일보, 동아일보로 대표되는 신문들이다. 이를 계기로 이들 신문들은 언론 시장의 강자로 우뚝 서게 되었다. 물론 이는 국민들에게 진실을 감추고 정부의 발표만 일방적으로 받아쓰기를 한 대가다.

문제는 이런 언론 이외에 대안이 될 만한 언론이 당시 존재할 수 없었던 점이다. 국민들 입장에서는 정보를 얻을 수 있는 창이 이들 극우보수 언론밖에 없었다. 이런 상황이 수십 년간 지속되었고, 그 결과 국민들 자신도 이런 논조에 익숙해져버렸다. 사람마다 자기에게 익숙한 옷이나 머리 스타일이 있는 법이다. 그런데 갑자기 이런 옷이나 머리 스타일을 바꾸면 어떻게 될까? 불편하고 어색해 적응하기 어려울 것이다. 마찬가지로 언론의 논조도 기존의 방식이 그저 편하게 느껴지는 것이다. 국민들의 이런 관성과 독재정부 시절 쌓아놓은 재력 덕분에 조·중·동은 민주화 이후에도 언론 시장에서 가장 큰 지분을 차지하고 있다. 보수 신문들에는 행운이지만 우리 국민들에게는 커다란 불행이라 아니할 수 없다.

1987년 민주화 이후 언론의 위상은 큰 변화를 겪게 되었다. 군사정부 시절에는 권력에 편승해 정권의 나팔수 역할을 하면서 정권의 특혜를 받는 부역자 노릇을 했지만, 민주화 이후에는 언론 자체가 커다란 권력이 되어버렸다.

민주화 시대에 가장 중요한 것은 여론이다. 이 여론은 정보를 독점한 언론에 의해 영향을 받을 가능성이 높다. 그런데 조·중·동을 비롯한 보수 신문들이 언론 시장에서 가장 큰 지분을 차지하고 있다보니, 자연스럽게 여론에 가장 큰 영향을 미치는 존재가 되었다. 특히 민주화 이후 정치권력이 언론에서 점차 손을 떼면서 이미 공룡화된 보수 신문들은 누구도 손댈 수 없는 언론 시장의 강자로 자리를 굳혔다.

보수 신문들은 이 점을 이용해 스스로 권력자가 되어 거꾸로 정치권력에 영향력을 행사하기 시작했다. 소위 킹메이커라는 말이 의미하는 바다. 언론이 대통령이 되고 싶어하는 유력 정치인들을 키워주거나 반대로 공격하는 역할을 하면서 정치를 좌우하게 되었다. 물론 이들이 원하는 정치는 자신들의 기득권을 유지하는 것이다. 이를 위해서는 우리 사회의 기득권 체제, 즉 박정희 정부 이래 확고하게 자리 잡은 재벌과 언론, 관료들로 이루어진 앙시앵레짐(ancien régime)을 유지해야 한다.

보수 언론의 논조를 보면 항상 재벌과 관료들의 편을 드는 이유가 바로 여기에 있다. 노사 갈등이 생기면 항상 노조를 종북좌파 혹은 이기주의 세력으로 매도하거나 파업으로 인한 경제적 손실을 과장하면서 기업의 편을 든다. 또 북한의 위협을 과장해서 보도해 반북 감정을 지속적으로 불러일으켜 남북관계를 긴장으로 몰아간다. 미국의 심기를 건드리는 일이 있으면 먼저 나서서 한미관계를 해친다고 공격한다. 그렇게 해야 종북좌파 혹은 빨갱이론이 국민들에게 통하고, 자신들의 정치적 반대세력을 탄압할 수 있기 때문이다.

우리나라 언론이 제자리를 찾으려면 아직도 험난한 여정이 남아 있다. 다행히 정보통신기술의 발달로 소수 언론에 의한 정보의 독점이 깨지면서 과거와 같은 일방적인 여론조작은 불가능해졌지만, 기득권 세력들이 여전히 자리를 지키고 있는 한 우리가 가야 할 길은 아직도 멀다.

대외관계 취재의
현실

호텔에서 전쟁을 취재하다

안티조선운동 보도 이후 조용히 지나갈 것 같던 나의 문화부 기자 생활은 2001년 9·11테러 이후 또다시 요동치기 시작했다. 미국이 9·11테러 배후로 오사마 빈 라덴을 지목하고 아프가니스탄(아프간)을 공격했다. MBC는 이를 취재하기 위해 파키스탄에 파견할 기자들을 선발했다. MBC에서는 대단한 종군기자단을 꾸린 것처럼 그들 하나하나를 뉴스에 소개하고 아프간 인접국인 파키스탄에 보냈다.

나 역시 이 대열에 합류하고 싶었다. 기자로서 이런 치열한 현장에 가서 취재를 해보고 싶었다. 아프간이든 중동이든 가지 못할 일이 없었다. 하지만 첫 번째 취재단을 파견할 때는 국장과 부장단이 일방적으로 취재기자를 선임했고 나는 거기에 끼지 못했다. 경제부에서 문화부로 쫓겨난 판국에 무슨 기대를 하겠는가.

그런데 전쟁이 생각보다 길어졌다. 미국이 금방이라도 아프간을 무너뜨릴 것이라는 예측이 많았지만 탈레반 세력의 저항이 만만치 않았다. 파키스탄에 파견된 기자들 사이에서 불만이 나오기 시작했다. 자발적 지원이 아니라 일방적으로 선발돼 출장을 간 데다, 파키스탄의 여건이 별로 좋지 않았기 때문이다. 그러자 보도국에서는 취재기자를 2주일 단위로 교체하기로 하고 지원자를 받기 시작했다. 당연히 나도 지원을 했고 파키스탄 취재 대열에 합류했다.

2001년 10월 파키스탄을 향해 출발할 때 나는 설렘을 감출 수 없었다. 파키스탄 수도 이슬라마바드의 호텔에 도착하자 먼저 와 있던 선배가 환호하며 나를 반겼다. 파키스탄을 떠나게 된 것이 너무 좋았던 것이다. 파키스탄에서 할 일에 대해 설명을 들으면서 이상했다. 점점 이상해졌다. 심지어 첫 번째 팀이 남기고 간 골프 장갑까지 받았다. 내가 상상했던 현실은 전쟁터 비슷한 현장을 쫓아다니는 것이었는데 골프 장갑이라니…

사정은 이랬다. 전쟁은 아프간에서 벌어지고 있다. 우리가 위치한 곳은 아프간에서 수백 킬로미터 떨어진 파키스탄이다. 파키스탄과 아프간의 국경 도시인 페샤와르에 한 명이 추가로 파견되었지만, 역시 전쟁터와는 거리가 먼 지역이었다. 비유하자면 일본에서 전쟁을 하고 있는데 이를 취재하기 위해 한국에 와 있는 것이나 다름없었다. 그런 상황에서 전쟁터를 취재할 수는 없었다. 전쟁터는 고사하고 아프간에서 실제 벌어지고 있는 일을 알 수 있는 방법도 없었다.

전쟁 상황을 취재할 수 있는 방법은 두 가지다. 하나는 직접 아프간 수도 카불에 들어가서 탈레반을 취재하는 것이고, 또 하나는 미군에 합류해 종군기자를 하는 것이다. 실제 미국 기자들은 종횡무진했다. 대규모 취재단을 꾸려서 미국 본토와 미군 사령부, 미군 항공모함, 일부는 미국 육군을 따라 전쟁 현장을 누볐다. 파키스탄 등 주변국에도 미국 기자들이 파견되어 취재를 했다. 하지만 우리는 모든 것이 불가능했다. 아프간 진입은 봉쇄되었고, 미군이 한국의 종군기자를 받을 이유가 없었다. 아니, 우리는 어느 것도 할 엄두를 내지 않았다. 애초에 전쟁 지역에 기자 한두 명을 파견해서 무엇인가 취재한다는 것 자체가 불가능한 일이었다. 하지만 우리는 마치 종군기자를 파견한 것처럼 거짓 광고를 했다.

우리가 하는 일은 하루 종일 호텔에 앉아서 인터넷을 연결해 AP, AFP, UPI, 로이터 등 소위 4대 통신사와 우리나라 연합뉴스를 검색하는 것이었다. 그것도 귀찮으면 연합뉴스의 해외 면만 봐도 충분했다. 연합뉴스에서 4대 통신사의 기사를 계속 번역해서 올리고 있었기 때문이다. 파키스탄에 파견된 연합뉴스 기자도 있었지만,

그가 하는 일은 매일 아침 파키스탄의 영자 신문을 읽고 기사를 골라 베껴 쓰는 정도였다. 결국 서울에 있나 파키스탄에 와 있나 취재 내용은 차이가 없었다. 해외통신을 열심히 베끼는 일뿐이었다. 유일한 차이가 있다면 뉴스데스크 보도에 파키스탄의 군인들이 있는 곳을 배경으로 방탄조끼처럼 보이는 조끼를 걸치고 우리 얼굴을 10초 정도 찍어서 내보내는 것이었다. 나머지 화면은 모두 미국 종군기자들이 찍어 보낸 전쟁 장면으로 서울에서 깔아주었다. 전쟁 지역에서 수백 킬로미터 떨어진 이웃 나라에 앉아 외신을 베끼면서 마치 전쟁 현장을 취재한 것처럼 전쟁 소식을 보도했다.

너무나 충격적인 현실이었다. 이런 사정도 모르고 한국에 있는 지인들은 전쟁터에 파견되어서 고생한다고 걱정했다. 호텔 사용료의 상당액이 전화비로 나갔다. 인터넷 시설이 잘 안 되어 있어서 국제전화로 연결했기 때문이다.

전쟁이 장기화 조짐을 보이면서 전쟁 상황에 대한 보도 필요성이 갈수록 떨어졌다. 시간 여유가 생기면서 현지에서 할 수 있는 취재를 해보기로 했다. 한번은 파키스탄의 외신기자 브리핑실에 가서 파키스탄 공무원을 상대로 질의를 한 적이 있었다. 하지만 그것도 큰 의미가 없었다. 전쟁 상대는 아프간이었다. 파키스탄 주재 아프간 대사관에서 브리핑을 한다고 해서 자주 갔지만 역시 특별한 내용은 없었다.

그런 식으로 시간이 흐르다 드디어 현지에서 취재할 수 있는 기회가 생겼다. 탈레반과 같은 파슈툰족이 파키스탄의 미군 지원을 반대하면서 파키스탄 북부의 고속도로를 무장 점거한 것이다. 이 고속도로는 중국과 연결된 유일한 도로로 예전 실크로드의 지선이었다. 처음에는 함께 파견된 후배에게 취재하도록 권했지만 가이드가 위험하다고 한다며 거부했다. 취재가 가능할 것 같은데 도무지 이상했다. 할 수 없이 내가 혼자서 6밀리미터 카메라를 들고 현장에 가서 취재해 보도했다. 이게 파키스탄에 머물면서 처음으로 했던 현장 취재였다.

더 이상 전쟁 상황을 매일같이 보도할 필요가 없어지면서 본격적으로 현지 르포를 하기로 마음먹었다. 파키스탄 국경 지역에서 벌어지는 무기 밀거래 현장을 찾아 몰래카메라를 돌렸고, 파키스탄과 아프간 국경 지대의 부족자치구역 등도 취재했다. M16 소총이 우리 돈 30만 원 정도에 거래되었고, 부족자치구역에서는 전쟁 중에도 아프간으로 인적·물적 유통이 빈번하게 이루어졌다. 현지 르포는 새로 교체되어 들어온 후배 카메라 기자들도 좋아했다. 호텔 방에 갇혀 빈둥거리는 것보다 훨씬 나았기 때문이다.

그렇게 파키스탄에서 한 달을 보냈다. 그곳 음식도 입맛에 맞지 않았고 고달팠다. 파키스탄에 온 지 얼마 안 되어 르포에 재미를 느낀 후배 카메라 기자들은 더 있고 싶어했다. 하지만 내가 싫증이 났다. 전쟁터도 아니고 이웃 나라에 와서 계속 르포를 하는 것에서 큰 의미를 찾기 어려웠다. 사실 그해 파키스탄에 가기 전 장래 아

아프간전쟁 중 파키스탄 주재 탈레반 대사관에서
취재 중인 모습. 치열한 현장에서 취재해보고 싶어
종군기자로 지원했지만
전쟁터와 수백 킬로미터 떨어져 있을 수밖에 없었다.

내를 처음 만났다. 파키스탄에서 마음이 떠나자 하루라도 빨리 돌아가고 싶은 마음뿐이었다. 내가 파견될 당시 약속했던 2주일을 훌쩍 넘겨 한 달이 지났지만, 회사에서는 후임을 보낼 생각도 안 했다. 카메라 기자는 순번에 따라 계속 왔지만, 취재기자는 더 이상 지원자가 없었던 모양이다. 다른 언론사 기자들도 이미 다 철수한 뒤였다. 결국 우리도 파키스탄에서 철수했다.

파키스탄에서 철수한 지 얼마 안 되어 아프간 카불이 미군에 함락되었다. 미국 기자들이 미군을 따라 카불로 들어갔다. 하지만 우리나라 기자들은 아무도 카불에 가지 않았다. 처음부터 아프간 취재를 할 준비가 안 되어 있었고, 아프간에 대단한 관심을 가졌던 것도 아니었기 때문이다. 그저 종주국인 미국이 수행한 전쟁에 관심을 두었던 것뿐이다. 그렇게 아프간전쟁은 쉽게 잊히고 있었다.

뒤늦은 아프간 르포

새로 바뀐 보도국장이 아프간에 대해 관심을 보였다. 그는 1980년 전두환 정권 시절 해직기자 출신이었는데, 아프간을 꼭 취재해서 보도하고 싶어했다. 국장은 국제부 기자들이 아프간에 들어가 르포를 해주기를 원했지만, 국제부의 어느 누구도 선뜻 아프간에 가기를 원하지 않았다. 아니, 제안이 가기가 무섭게 거부했다. 서방 기자 몇 명이 아프간에 들어가다 산적들에게 공격을 당해 사망하는 등 아프간 치안은 매우 취약한 상태였다. 결국 국장은 아프간을 취재할 사람을 국제부 이외의 부서에서 찾기 시작했고, 내 부장이 난데없이 나를 지목했다. 한번 파키스탄에 다녀왔으니 아프간을 가라는 것이다. 문화부 소속이니 탈레반이 파괴한 바미얀 석불을 취재하자는 명분도 달았다.

아프간 취재 제안을 받은 뒤 망설일 이유가 없겠다는 생각을 했다. 산적이야 치안이 불안한 나라에서는 항상 있는 법이고, 그곳에서 죽고 사는 문제 역시 운명일 뿐이다. 아프간도 사람 사는 곳이 아니던가. 미국이 아프간을 공격했을 때 파견을 지원했던 것도 아프간에 들어가기 위한 것이었으니 안 갈 이유가 없었다. 다시 아프간에 가기로 마음먹고 방법을 알아보았다. 일단 파키스탄에서 가이드를 했던 사람을 찾았다. 그 가이드가 아프간에 들어갈 사람을 연결시켜줄 수 있을 것이라고 했다.

파키스탄에서 예전 가이드와 운전사를 만나 함께 국경 도시 페샤와르로 이동했다. 그곳에서 아프간 취재를 도와줄 운전사와 가이드를 만났다. 2002년 1월 드디어 아프간 비자를 받고 입국을 했다. 전쟁 기간 동안 꽉 닫혀 있던 국경이 너무 쉽게 열렸다.

아프간 국경을 통과한 지 얼마 안 되어 황량한 벌판 위에 엄청난 텐트촌이 눈에 들어왔다. 일단 거기서부터 취재를 시작했다. 아프간전쟁 난민들이었다. 폭격을 피해서 집을 떠나 이웃 나라로 이동을 하고자 했지만 국경에 막혀서 주저앉은 사람들이다. 텐트에는 짐도 거의 없었다. 도대체 무엇을 먹고 어떻게 사는지 궁금할 정도였다. 유엔의 식량 지원이 없으면 하루도 버티지 못할 것 같았다.

카불을 향해 조금 더 들어가니 서방 기자들이 산적들에게 습격을 당했다는 곳이 나왔다. 겉으로 보아서는 그저 평범한 산악지대였다. 우리가 통과할 때는 날이 밝아서 그런지 산적의 낌새조차 느끼기 어려웠다. 서둘러 그곳을 빠져나갔다.

자동차로 대여섯 시간을 더 달려가자 카불로 들어가는 도로가 나왔다. 도로라고 해도 비교적 잘 닦인 흙길이었다. 도로 여기저기에서 어린아이들이 지나가는 차량 운전자들에게 구걸을 하고 있었다. 한국전쟁 당시 우리나라 사람들도 똑같았을 것이다. 아프간 아이들은 구걸을 하더라도 일을 하는 티를 내는 점이 달랐다. 카불 시내로 들어가자 이런 아이들이 더 많았다. 심지어 카펫을 만드는 가내 수공업 공장에서는 네댓 살짜리 아이들도 일을 했다. 전쟁으로 피폐화된 나라에서 돈을 벌기 위해서는 아동 노동조차 소중했다.

카불 시내에는 멀쩡한 건물이 하나도 없었다. 모든 건물에 총탄이나 폭탄 파편 자국이 나 있어 벌집 같았다. 카불의 박물관도 폐허로 변해 있었다. 카불에서 조금 떨어진 곳에 위치한 유적 지역도 마찬가지였다. 아무도 돌보는 사람이 없어 황량함만 남아 있었다. 당장 먹고사는 것도 힘든 판국에 과거의 유물을 보존하는 것은 현실과 거리가 먼 얘기다.

그래도 시장은 사람들로 붐볐다. 어디서 이 많은 사람들이 쏟아져 나왔는지, 물건을 팔려는 사람과 사려는 사람들이 북새통을 이뤘다. 아프간에서 논밭을 본 기억은 없다. 산악지대도 대부분 폭격으로 나무조차 남아 있지 않았다. 그런데 시장에 내다 파는 음식은 어디서 구해왔는지 모르겠다. 카불 역시 사람 사는 곳이었다. 카불 시내는 외부에서 우려한 것보다 훨씬 안전했다.

카불 시내를 돌아다녀보니 태권도장이 눈에 띄었다. 신기해서 들어가보았다. 북한에서 전수된 태권도였다. 아프간에는 남북한에서 온 태권도가 공존하고 있는데, 북한 태권도가 조금 더 많이 확산되어 있다. 아프간과 외교관계를 먼저 맺은 북한이 태권도를 보급한 것이다. 북한 태권도가 남한 태권도보다 공격적이다. 전쟁이 끝난 지 얼마 되지 않은 때에 태권도장이 아직 운영되고 있는 것이 그저 신기할 따름이었다.

카불 시내를 조금 벗어나자 미군이 버려진 지뢰나 불발탄을 찾아 폭파하고 있었다. 폭파 장면을 촬영하기가 너무 쉬웠다. 지뢰와 불발탄이 아프간에만 1000만 개 정도 된다고 했다. 불발탄 주변에서 놀다가 다친 아이들이 매일같이 병원으로 실려 갔다.

오사마 빈 라덴이 마지막 저항을 한 것으로 알려진 토라보라를 찾아가보았다. 아프간의 수많은 산악지대 중 한 곳이다. 올라가는 길 곳곳에는 탱크와 트럭이 부서진 채 버려져 있었다. 그곳에서도 살아 있는 초목은 거의 찾아보기 어려웠다. 토라보라 곳곳에 동굴이 있었다. 사람이 만든 동굴도 있지만 대부분 자연적으로 형성된 동굴이다. 그런 곳에 탈레반 저항군이 머물렀다고 한다.

바미얀 석불을 찾아가는 건 포기했다. 1월이라 가는 길이 얼어버려 웬만한 장비를 갖추지 않으면 바미얀 석불까지 가기는 불가능했다.

카불에서 이것저것 취재를 하다보니 어느덧 20여 일이 지나갔다. 우리나라 여관만도 못한 호텔 방이 하루 50달러씩이나 했다. 일종의 전쟁 특수인 셈이다. 하긴 파키스탄에서도 아프간전쟁이 나면서 외국 취재진이 갑자기 늘어나자 호텔 값이 평소보다 서너 배 비싸졌다. 차량 운전자와 가이드 비용이 하루 각각 100달러를 넘었다. 그곳의 일반 직장인 한 달 월급이 100달러가 안 될 정도이니 얼마나 큰돈인지 알 수 있다. 한국전쟁 당시에도 이런 식으로 돈을 번 사람들이 있었겠지.

어느 정도 취재를 마치고는 귀국하기로 했다. 아프간에서 파키스탄으로 돌아갈 때는 안전하게 비행기를 타고 나가려 했다. 그런데 비행기 표 구하기가 쉽지 않았다. 승객 운송용 비행기 자체가 얼마 없었던 것이다. 어렵게 표를 구해 공항에 도착해서 비행기를 본 순간 깜짝 놀랐다. 프로펠러가 달린 소형 비행기였다. 탑승해보니 기장을 포함해 10명 정도가 탈 수 있었다. 우리 일행이 세 명, 기장과 부기장, 미국인 한 명 등 모두 여섯 명이 타고 비행기가 출발했다. 프로펠러 돌아가는 소리가 요란했다. 비행기가 이륙해 회전을 하는데 놀이동산의 놀이기구를 탄 것 같았다. 프로펠러의 굉음과 동체의 흔들림이 겹치면서 정신이 아찔아찔했다. 파키스탄에 어떻게 도착했는지 모를 정도로 초긴장 상태로 비행기를 탔다. 그런 비행기를 다시 탈 기회가 있을까?

아프간 르포는 귀국 후 다섯 편을 만들어서 1주일 동안 보도했다. 개인적으로는 소중한 경험을 했지만, 이미 끝난 아프간전쟁과 그 후의 아프간 상황에 대해 과연 사람들이 얼마나 관심을 가졌을지는 잘 모르겠다. 세계 12위권의 경제대국임에도 불구하고 당장 하루하루 먹고사는 문제에 매달리는 사람들이 너무 많은 게 우리 현실이기 때문이다. 그 사이에 나는 통일외교부로 옮겨져 있었다.

종군기자의 허상

우리나라에 종군기자가 있을까? 먼저 종군기자는 어떤 사람인가? 종군기자는 군을 따라 전쟁터에 가서 전쟁 상황을 보도하는 기자를 말한다. 세계 최초의 종군기자는 『런던타임스』의 W. H. 러셀로 알려져 있다. 그는 크림전쟁에 종군해서 전쟁의 참상을 알렸고, 그 보도를 본 플로렌스 나이팅게일이 현장에 가게 된 것으로 유명하다. 그 외에 수많은 전쟁에서 종군기자들이 활동했다. 그렇다면 우리나라는? 한국전쟁이나 베트남전쟁 당시 종군기자가 있었을 텐데 웬일인지 그 실체가 불분명하다. 당시 정부가 독재를 하다보니 국방부가 일방적으로 발표하는 내용만 쓰도록 강요하고 종군기자를 용인하지 않았을 수도 있다.

종군기자는 구체적으로 무슨 일을 할까? 단순히 상상해보자. 미국과 아프간이 전쟁을 할 경우 두 나라는 현재의 전세에 대해 각각 브리핑을 할 것이다. 미국이 어디에 어떤 공격을 가했고, 아프간은 어떻게 대응을 했다, 그 결과 어떻게 되었다는 식으로. 어디서? 두 나라의 국방부에서 그렇게 떠들 것이다. 그렇다면 두 나라 국방부 발표를 듣고 보도하는 기자는 종군기자라고 할 수 있을까? 종군기자라고 할 수도 있지만 엄밀히 따져보면 아니다.

그렇다면 두 나라 발표 중 누구 말이 옳은지는 어떻게 검증할 수 있을까? 그게 바로 종군기자의 첫 번째 역할이다. 미군이 아프간의 특정 지역을 공격하면, 미군을 따라가며 현장 취재를 해야 한다. 마찬가지로 기자가 아프간 쪽에 있다면 아프간군을 따라서 미군이 공격한 특정 지역에 가서 확인을 하면 된다. 만약 미군이 특정 지역의 점령에 성공했다면 미군이 취재를 적극적으로 도울 것이고, 실패했다면 아프간군이 취재를 도울 것이다. 적어도 종군기자라면 이런 정도를 생각해야 하는 것 아닌가?

종군기자의 두 번째 역할은 군을 따라다니며 전쟁 현장의 상황을 르포 형식으로 알리는 것이다. 특정 지역을 미군이 점령했다면 그 지역의 피해 상황은 어떤지, 아프간군의 반격은 없는지, 그곳 주민들의 반응은 어떤지, 민간인 피해는 어느 정도인지 등을 보도해야 한다. 이는 종군기자만이 직접 확인할 수 있는 일이다. 미군이나 아프간군의 직접적인 협조보다는 현지 주민들의 이야기를 들어야 하기 때문이다. 이건 첫 번째 역할보다 더 중요할 수도 있다.

이 두 가지 의미에서 종군기자를 생각해본다면, 나는 지금까지 우리나라에서 이런 종군기자를 단 한 명도 본 적이 없다. 우리는 전쟁터에서 수백 킬로미터 떨어진 지역에 기자를 보내 종군기자를 사칭한 뒤 서울에서 해도 충분한 전황 보도를 하느라 바빴다. 성의를 보여 전쟁터에 조금 근접해서 인터넷이 잘 터지지 않는 지역에 기자가 갔을 때는, 서울에서 기사를 대신 써주고 그걸 현장에서 읽기만 하는 경우도 있다. 실제 이런 일이 생각보다 많은 편이다. 이런 걸 종군기자라고 할 수 있을까? 군인들의 총격전 장면을 직접 찍은 우리나라 기자가 누가 있는가? 대부분의 총격전이나 폭격 장면, 심지어 현지 주민이나 군인들의 인터뷰도 외국에서 촬영한 것을 돈 주고 사온다.

외국 간의 전쟁에 우리나라 종군기자가 필요한지에 대해서도 근본적으로 생각해봐야 한다. 우리와 특별한 이해관계도 없는 상황에서, 목숨을 걸어야 할지도 모를 종군기자를 왜 파견할까? 지금까지 우리 언론사들은 그저 보여주기식으로 전쟁 보도를 해왔다. 전쟁터 부근에 기자를 파견한 것도 같은 맥락이다. 미국과 이라크가 전쟁을 하는데 왜 요르단이나 쿠웨이트에 기자를 파견할까? 뭔가 실감 나게 전쟁 보도를 하는 척하기 위해서다.

사실 이런 문제는 전쟁뿐 아니라 모든 해외 취재에 다 해당된다. 미국 워싱턴에서 미국의 일을 취재해서 보도하지만, 대부분은 해외통신에 보도된 것을 베껴서 다시 알려주는 것이다. 생각해보라. 미국 워싱턴에 한 방송사의 취재기자는 기껏 두세 명이 나가 있다. 신문의 경우는 대부분 한 명이다. 이들이 미국에서 무엇을 얼마나 취재할 수 있겠는가. 현실적으로 불가능하다. 미국 워싱턴 특파원보다 한국 국제부에서 미국 일을 더 빨리, 더 정확하게 알 때가 많다. 중요한 사건의 경우 CNN 등을 통해 생방송이 되거나 4대 통신사를 통해 거의 실시간으로 기사가 들어온다. 정보통신기술의 발달이 가져온 변화다.

그럼에도 불구하고 우리 언론사들은 엄청난 비용을 들여서 해외에 특파원을 파견한다. 모든 것이 과거의 관행에 따른 보여주기식이다. 어차피 CNN이나 ABC 등 미국 방송사와 계약을 맺고 그들이 취재한 화면과 인터뷰를 사서 보도하고 있다. 특파원이 없더라도 방송에는 전혀 문제가 없다.

물론 특파원이 아예 필요 없는 것은 아니다. 해외통신의 보도를 현장에서 직접 확인하고, 우리의 시각에서 현지 상황을 보도할 필요가 있기 때문이다. 지금처럼 미국 위주의 통신과 방송을 그대로 보도할 경우 미국 편향적인 시각을 띨 수밖에 없다. 그들이 낸 오보를 그대로 받아쓸 수밖에 없다. 이슬람의 알자지라 방송이 등장한 배경도 미국 편향적인 시각에서 벗어나 이슬람권의 독자적인 목소리를 내기 위한 것이다.

하지만 우리나라 기자들 대부분이 미국의 시각에 이미 푹 젖어 있는 데다, 굳이 독자적인 시각을 갖고 보도를 했다가 혼자 튄다는 소리를 듣기 싫어서, 기존 관행에 따라 받아쓰기를 한다. 권력에 장악된 언론만 억지로 받아쓰는 것이 아니다. 많은 언론사들이 이미 한통속이 되어 알아서 혹은 무의식중에 무비판적으로 받아쓰기를 한다.

언론의 이런 받아쓰기는 시청자나 독자들에게도 그대로 전달된다. 한국전쟁 이후 70년이 다 되도록 미국을 천사의 나라로 떠받들어 오면서 우리의 사고방식은 어느새 미국 혹은 선진국 위주로 편향되었다. 우리는 은연중에 아시아나 아프리카 등지의 국가와 국민들을 야만인 취급하며 무시하고, 유럽과 미국을 떠받드는 경향이 있다. 우리 몸속에 백인을 우월한 민족으로, 흑인이나 황인종을 열등한 민족으로 천대하는 DNA가 자리잡았다.

최근 필리핀의 로드리고 두테르테 대통령이 미국 도널드 트럼프 대통령의 초대에 확답을 하지 않아서 화제가 되었다. 예전 같으면 미국 대통령의 부름에 기다렸다는 듯이 적극적으로 응했겠지만 이번에는 달랐다. 특히 과거 미국의 식민지였던 필리핀의 대통령이 중국이나 러시아와도 회담을 해야 한다며 미국 대통령의 초대를 사실상 거부한 것은 시사하는 바가 크다. 이미 이런 나라들조차 자

국의 이익을 최우선시하면서 강대국을 상대로 자기주장을 펴는데,
우리는 아직도 미국의 식민지 노릇을 하고 있는 현실이 서글프다.

미국인보다 더 친미적인 외교부

아프간 취재 직후 옮긴 통일외교부에서는 외교통상부(현 외교부,
2013년 외교부와 산업통상자원부로 분리 개편)를 주된 출입처로 삼고, 통
일부를 부수적으로 도와주는 역할을 했다. 하지만 이때는 김대중
정부 말기인 2002년이었다. 외교부에서 능동적으로 일을 벌이기
어려운 시기였다. 반면 통일부에서는 2000년 남북정상회담의 성과
를 이어받아 여러 가지 일을 많이 벌였다.

외교부를 출입하면서 가장 먼저 든 생각은 외교부가 정말 우리
나라 소속이 맞는가였다. 일반인들로서는 매우 충격적인 일이 외
교부에서 벌어지고 있었다. 외교부 공무원들이 미국인보다 더 친
미적이었다. 하지만 자기들끼리만 모여 있어서 그런지 자신들이
얼마나 친미적인지 스스로 느끼지 못하는 것 같았다. 그들은 자기
들만의 조직 논리에 갇혀 그 속에서 누가 더 친미적인지 경쟁을 하
고 있었다.

모든 일을 미국의 관점에서 바라보는 게 외교부 공무원들의 습
성이었다. 비록 우리나라에 이득이 된다고 해도 미국에 해가 된다

고 판단되면 먼저 피하려고 했다. 미국과 부딪혀봤자 손해만 본다는 생각이 뼛속 깊이 박혀 있는 것이다. 미국과 제대로 협상을 해서 우리 이익을 극대화시킨다는 개념은 그들에게 아예 배제되어 있었다. 이를 숭미 사대주의라고 비판해도 자신들의 조직 논리에서는 전혀 문제 될 것이 없었다.

외교부 출입 당시인 2002년 6월 주한미군 장갑차에 의한 여중생 사망 사건, 일명 효순이 미선이 사건이 발생하면서 불평등한 소파(SOFA, 주한미군지위협정) 개정에 대한 국민들의 목소리가 높아졌다. 촛불시위가 전국적으로 전개되었다. 상식적으로 생각하면 이런 중대한 사건과 국민감정을 고려해 외교부가 먼저 나서서 불평등한 소파를 개정하기 위해 진력을 다해야 한다. 설령 그동안 미국에게 말을 꺼내지 못했다고 하더라도 이런 사건을 호재로 삼아 목소리를 내야 한다.

하지만 당시 우리 외교부는 효순이 미선이 사건을 단순한 교통사고 정도로 치부했다. 박근혜 정부가 세월호 참사를 교통사고에 비유한 것과 똑같은 행태다. 교통사고가 날 때마다 소파를 개정하자고 할 거냐며, 소파 개정을 요구하는 국민들을 어리석게만 보았다. 미국이 보일 수 있는 가장 최악의 반응을 미리 예상하고 그들의 심기를 관리하는 차원의 대응이었다. 이런 상황에서 소파 개정이 이루어지겠는가. 우리가 기를 쓰고 물고 늘어져도 쉽지 않을 텐데, 미리 선을 긋고 가장 소극적인 대응을 한 것이 잘난 외교부 공

©연합뉴스

2003년 효순이와 미선이의 1주기를 기리며
서울시청 앞에 모여 촛불을 밝힌 시민들.
우리 외교부는 이 사건을
단순한 교통사고 정도로 치부했다.

무원들이다.

이명박 정부의 한미 자유무역협정(FTA) 협상 당시 소고기 협상을 생각해보라. 국민들의 엄청난 반대에도 불구하고, 미국과 협상을 끝냈으니 더 이상 협상하기 어렵다는 것이 바로 우리 외교부의 주장이었다. 국민의 안전보다 체면이 더 중요했던 것이다. 그러다가 이명박 정권이 무너질 정도로 위태로운 상황이 되자 마지못해 겨우 재협상에 나섰다. 이런 상황에 미국과의 협상에서 국익을 제대로 관철할 수 있겠는가.

이런 저자세는 공무원뿐 아니라 외교부 출입기자들도 마찬가지였다. 외교부 출입기자라면 각 언론사 내에서 나름 인정을 받는 기자들이다. 외교안보 부서에 해당하는 만큼 출입기자들의 연차도 상당히 높아 차장급 기자들이 많았고, 간혹 부장급도 있었다. 신문사에서 이 출입처들은 정치부에 속한다. 이는 신문사 내에서 주류에 속하는 기자들이 많이 출입한다는 의미다. 또한 외교부 출입기자는 자주 바뀌지 않기 때문에 출입한 지 오래된 기자들이 많다.

내가 보기에 외교부 출입기자들의 사고방식은 지극히 수구적이었다. 그들이 공무원들을 상대로 하는 질문을 듣고 있으면 마치 미국의 매파 성향 기자들이 자국의 이익을 수호하기 위해 하는 질문 같았다. 이들은 항상 가정법을 사용해 미국이 이렇게 하면 우리는 어떻게 할 것이냐는 식으로 질문했다. 언제나 미국이 주체고 우리는 종속적 존재다. 외교부 공무원이 미국에 대해 강경한 태도를 보이면, 큰일 날 것처럼 호들갑을 떨면서 비난한다. 외교부 공무원과 기자들이 모두 이런 상태니 미국으로서는 우리를 상대하는 것이 얼마나 편할지 짐작할 수 있다.

왜 이렇게 되었을까? 이는 한국전쟁 이후 미국에 편향된 외교, 미국에 사실상 종속된 정치와 경제의 산물이다. 군사정부의 장기 집권은 미국에의 종속을 더욱 심화시켰다. 박정희나 전두환 모두 쿠데타로 집권했기 때문에 미국의 인정이 필요했다. 또 국민들의 지지를 받기 위해 경제를 발전시키려면 미국의 도움이 절실했다. 이에 따라 웬만한 것은 다 미국에 양보하고 미국의 뜻에 굴복하는 것이 습관화되었다. 우리나라의 이익을 주장하며 목소리를 높였다가 군사정권에 위협이 되는 일이 발생할까봐 의식적·무의식적으로 피해온 것이다.

이는 마치 경제 관료들이 재벌 중심으로 모든 일을 생각하는 것과 유사하다. 경제 관료들에게 재벌은 미국이나 다름없다. 재벌의 이익에 반하는 정책을 세웠다가 재벌의 반발에 직면할 경우 발생할 위험을 미리 회피한다. 아니, 이들의 사고방식 자체가 재벌과 동일하다. 그러니 재벌의 이익에 반하는 정책을 애초에 구상할 수가 없다. 외교부도 마찬가지다. 미국의 이익이 곧 우리의 이익으로 둔갑한다.

최근 사드(THAAD, 고고도 미사일 방어체계)와 관련된 논란을 보라. 미국 전문가들조차 사드가 군사적으로 남한의 방어에 거의 도움이 되지 않는다는 평가를 하고 있지만, 외교부나 국방부, 보수 성향의 언론 모두 일방적으로 미국, 엄밀히 말해 사드를 만들어 팔아먹는 록히드마틴사의 편을 들며 사드 배치를 주장하고 있다. 중국이 어떤 반응을 하든, 우리가 이 때문에 어떤 손해를 보든, 미국이 하는 일이 무조건 우리의 일이라는 식이다. 과거 조선이 중국에 조공을 바쳤듯이 우리도 미국에 그 정도 희생은 해야 한다는 사대주의가 이들의 의식 저변에 뿌리 깊이 박혀 있다.

외교부 시스템을 보면 숭미 사대주의가 조직 내에 그대로 반영되어 있다. 외교부에는 여러 국이 있는데, 그중 최고, 최대 부서는 단연코 북미국이다. 북미국은 형식적으로는 미국과 캐나다를 상대하도록 되어 있지만, 사실상 미국을 상대하기 위한 조직이다. 우리나라 외교가 오로지 미국에만 쏠려 있다. 김대중 정부가 들어서기 전까지 역대 외교부 장관들은 모두 북미국 출신이었다. 외교부에서 잘나가려면 북미국을 반드시 거쳐야 한다.

외교부에서 북미국 다음은 동북아국이다. 동북아국은 중국과 일본을 상대한다. 기존에는 일본이 중요했지만, 중국이 급부상하면서 동북아국의 위상이 높아졌다. 그 외에 유럽이나 아시아, 아프리카, 남미 등을 상대하는 국이 있지만 외교부 내 위상은 그리 높지 않은 편이다. 요컨대 과거 우리나라 외교가 미국과 일본을 상대로 했다면, 외교관계가 확대되면서 미국·중국·일본·러시아 등 주변 4강으로 그 폭이 조금 넓어졌다. 하지만 우리 외교는 여전히 미국만 바라보는 수준에서 탈피하지 못하고 있다. 미국 외교가 80퍼센트, 중국과 일본 외교가 20퍼센트가 안 된다. 나머지 나라는 미미한 수준이다.

내가 외교부를 출입하던 시절에 통상교섭본부는 외교부 산하에 있었다. 통상교섭본부는 말 그대로 통상을 담당하는 부서인데 본부장이 차관급이었다. 우리 외교가 통상보다는 정무 위주로 되어 있음을 보여준다. 외교부 공무원의 절반 정도는 서울대 외교학과 출신들로, 이들이 주도권을 쥐고 있다.

햇빛 받은 통일부

통일부는 외교부와 많이 달랐다. 외교부와 비교하면 통일부는 사대주의에서 벗어난 조직이었다. 조금 과장하면 대북 주도권을 놓고 미국과 경쟁을 하는 입장이라고 할 수도 있다. 그것이 바로 통일부의 존재 이유이기 때문이다.

북한을 상대하는 정부 부처는 통일부와 국가정보원 두 곳이다. 국정원이 말 그대로 '음지'에서 일한다면, 통일부는 '양지'에서 일하는 기관이다. 국정원이 대북 공작을 비롯해 공식적으로 공개하기 어려운 기능을 수행한다면, 통일부는 남한 정부를 대표하는 공식 기능을 수행한다.

그런데 과거 군사정부 시절에 통일부가 할 수 있는 일은 아무 것도 없었다. 공식적인 남북관계가 단절되고 적대적 공존을 하고 있는 상황에서 공식적인 기관이 무엇을 할 수 있었겠는가. 통일부는 오로지 북한을 향해 공개적인 위협이나 협박, 제재를 가하겠다고 발표하는 기능만 수행했다. 북한과 말싸움만 한 것이다.

이에 비해 국정원은 대북 간첩 파견, 소위 휴민트(HUMINT, 인간정보)를 포함해 남북 간의 물밑 대화 등 비공식적인 다양한 기능을 수행했다. 가장 압권이 바로 김영삼 정부 시절의 총풍(銃風) 사건이다. 국가안전기획부(안기부, 국정원의 전신)에서 선거를 앞두고 북한에게 거액을 주고 비무장지대에서 무력시위를 해달라고 부탁한 사실이 밝혀져 당시 권영해 안기부장이 구속되었다. 국정원이 이와 같이 대북관계에서 각종 정보와 주도권을 쥐고 실권을 행사한 반면, 통일부는 정부 부처 내에서도 가장 소외된 부처 중 하나였다. 할 일이 없었기 때문이다.

하지만 김대중 정부 이후 남북정상회담이 열리고 남북관계가 개선되면서 통일부에 활기가 넘치기 시작했다. 군사정부 시절에는 항상 국정원에 눌려 지내던 통일부에 그야말로 햇빛이 비치기 시작했다. 통일부 장관이 부총리로 승격되고 외교안보 부처의 수장노릇을 하게 되었다. 반면 국정원은 비공식적인 역할이 줄어들면서 상대적으로 그 위상이 축소되었다. 이런 상황이니 통일부는 임기 말에도 불구하고 남북관계를 개선하기 위해 적극적인 노력을 많이 했다. 그게 곧 통일부의 살 길이었다.

반면, 보수 언론과 야당은 온갖 트집을 잡아 남북한 정부를 싸잡아 비난하는 데 주력했다. 남북관계가 개선될수록 남한 내에서 반공·반북 이데올로기를 기반으로 유지해온 자신들의 정치적 입지가 줄어들기 때문이다. 특히 냉전사상에 절어 있는 기존 인사들이 여전히 국정원과 통일부, 국방부의 주요 조직을 장악하고 있었다. 이들은 보수 언론 및 야당과 은밀하게 연결해 김대중·노무현 정부를 종북세력으로 비난했다. 북한에 대한 정부의 지원을 '퍼주기'라고 비난하며 남한 사람들의 세속적 이기심을 자극했다. 경제적 양극화를 경험하고 있던 남한에서는 이런 비난이 효과적으로 먹혀들었다.

통일부 출입기자 시절 내가 가장 많이 했던 보도는 이산가족 상봉행사였다. 2002년 한 해 동안 제4차, 제5차 두 차례 상봉행사가 열렸다. 그 바람에 금강산을 계속 방문했고, 북한의 일꾼들도 많이 만났다. 북한 일꾼들을 만나면서 받은 느낌은 엇갈렸다. 이들은 대부분 순박하고 성실했다. 마치 남한의 시골 사람들을 보는 느낌이었다. 하지만 일부는 그 순박함이 돈에 오염되어 있었다. 자본주의에 대한 교육을 잘못 받은 것도 있고, 우리가 잘못 대한 것도 있었다. 남한은 자본주의 국가이기 때문에 모든 것이 돈으로 움직인다고 생각한 것 같다. 그래서 무슨 일을 하려고 하면 노골적으로 돈을 요구했다. 북한 노동당의 일당독재가 오래되면서 부패가 자연스럽게 몸에 밴 탓도 있을 것이다. 감시와 견제를 할 만한 기구가 없는 데서 오는 문제다. 절대 권력은 절대 부패한다.

2002년 부산 아시안게임에 북한 응원단이 온 것도 흥미로운 행사였다. 우리에게 북송선, 즉 납치선으로 알려졌던 만경봉호를 타고 북한 응원단이 왔다. 이들이 보여준 군무(群舞)에는 독특한 아름다움이 있었다. 특히 우리 전통 노랫가락을 살린 응원가는 흥겨웠다. 북한의 응원단만큼은 세계 최고 수준으로 세련되었다.

하지만 남북 간의 활발했던 교류도 노무현 정부 이후 상당수 중단되었다. 통일부는 비교적 활발하게 움직였지만 새로운 소득은 거의 없었다. 개성공단과 금강산 관광이 계속 유지되었고, 노무현 정부 임기 말 제2차 남북정상회담을 가진 것이 소기의 성과였다. 그런데 이마저도 이명박·박근혜 정부 들어서 전면 중단되고 말았다. 통일부에 비친 햇빛은 금세 사라졌고, 통일부는 또다시 종이호랑이로 전락해버렸다. 국정원이 다시금 공작을 주도하며 활개를 치기 시작했다.

2002년의
두 가지 변화

내 삶의 변화, 결혼

2002년 3월 23일 지금의 아내와 결혼을 했다. 아프간 르포를 마치고 통일외교부에 발령을 받은 지 얼마 안 된 때였다. 내 나이는 서른다섯, 아내는 서른하나, 당시로서는 둘 다 늦은 나이였다. 아내와 만난 건 한 해 전이었다. 양가 부모님들이 모두 원불교 교도였다. 원불교를 통해 혼기가 찬 남녀가 있다는 사실이 알려지면서 소개를 받았다.

압구정동의 한 카페에서 아내를 처음 만났다. 아내가 얼굴에 미소를 가득 띤 채 나타나던 모습이 아직도 눈에 선하다. 얼굴 보조

개가 선명했다. 우리 집에는 없는 특징이다. 만나서 얘기하다보니 마음이 편했다. 그 뒤로 만날 때도 마찬가지였다. 일단 마음을 편하게 해주는 것이 정말 좋았다.

그런데 아내는 몸이 너무 약했다. 20대부터 힘겹게 살아온 내 경험으로 보건대, 앞으로 내 삶이 어떻게 될지 모르는데, 그걸 견딜 수 있을지 걱정스러울 정도로 유약한 여자라는 생각이 들었다. 하지만 장점이 단점을 덮었다. 나중에 내 운명이 거칠어질 수도 있다는 점을 거듭 설명했지만 아내는 개의치 않았다. 운동권을 사랑한 모범생이라고 할까.

아내는 나를 무척 좋아했다. 기자에 대한 현실은 잘 모르지만 뉴스에 밝았다. 나는 기자란 원래 바쁜 직업인 것처럼 뻥튀기를 했고, 약속을 잡으면 아내가 항상 먼저 와서 나를 기다렸다. 데이트가 끝나면 아내는 나를 집에 데려다주고 밤늦게 집이 있는 분당까지 차를 몰고 돌아갔다. 뒤늦게 알고보니 집에 가는 도중에 길가에 차를 세우고 잠을 잔 것도 몇 차례 되었다고 한다.

아내는 원래 새벽형 인간이다. 밤 9시 뉴스데스크를 다 보지 못하고 잠들었다가, 새벽 5시 정도면 일어나서 돌아다니는 스타일이었다. 그런데 나랑 저녁에 데이트를 하다보니 제시간에 잠을 자지 못한 것이다. 집에 가는 길에 잠이 드는 건 너무 당연했다.

2001년 12월 31일 친구들과 가족을 동반해 강촌의 한 펜션으로 1박 2일 동안 놀러갔다. 뒤늦게 출발했던 나는 눈이 너무 많이 오는 바람에 기차를 타고 밤늦게 펜션에 도착했다. 그날 밤 사람들과 장작을 때며 밤새 이야기를 나눴다.

2002년 1월 1일 우리는 기와집 한옥에서 늦은 아침을 먹고 쉬고 있었다. 우리가 머문 숙소는 비교적 높은 고지였고 저 아래로 온 세상이 하얀 눈에 덮여 있었다. 그때 빨간색 누비라 승용차 한 대가 백색의 눈 위에 새로 길을 내며 다가왔다. 아내가 탄 차였다. 그걸 바라보던 친구들의 입에서 탄성이 절로 나왔다. 그림 같은 장면이었다. 그때 친구들은 아직도 이 이야기를 꺼낸다. 그로부터 두 달 뒤 우리는 결혼식을 올렸다.

나는 인생을 스스로의 힘으로 개척할 수 있다고 믿는다. 다만 몇 가지는 인력으로 할 수 없는, 그야말로 운명에 속한다고 여긴다. 사람의 생과 사, 그리고 결혼이 그것이다. 멀쩡하게 잘 살던 사람이 어느 날 갑자기 죽고, 곧 죽을 것 같던 사람이 장수하기도 한다. 생명의 탄생도 마찬가지다. 내가 아이를 낳고 싶다고 해서 꼭 아이가 생기는 건 아니다. 반대로 아이를 원하지 않아도 생길 수가 있다. 결혼도 마찬가지다. 10년을 연애하고도 헤어지는 사람들이 있는가 하면, 만난 지 한 달 만에 결혼을 하는 사람들도 있다. 전세계 70억 인구 중 인연이 닿아야 내 짝을 만날 수 있다.

우리는 노량진동의 한 연립주택에서 신혼을 시작했다. MBC 입사 당시 무일푼으로 시작했던 내가 6년 동안 모은 돈으로 26평짜리 연립주택에 전세를 얻어 살고 있었고, 그 집에서 우리의 첫 살림을

신혼여행 중 로마에서 촬영한 사진.
인생에서 인력으로 할 수 없는 일이 몇 가지
있다고 생각하는데
결혼도 그중 하나인 듯하다.

시작했다.

그런데 연립주택까지 가자면 골목길이 좁은 데다 주차가 어려웠다. 어느 날 누군가 아내의 빨간 누비라 승용차 바퀴에 구멍을 내고 도망갔다. 그런 우여곡절을 겪다가 결국 신길동 아파트로 이사를 갔고, 봉천동을 거쳐, 역삼동 아파트에 입주하게 되었다. 역삼동의 22평짜리 아파트는 운 좋게 분양을 받는 데 성공했다. 아파트 값이 꾸준히 오르고 있었기 때문에 분양을 받지 않으면 집을 사기 힘들었다. 지금도 마찬가지다.

보통 주변 시세와 분양가가 서로 상승작용을 하면서 집값을 끌어올린다. 건설회사에서는 분양가를 주변 시세에 맞추어서 내놓고, 입주 시기가 되면 새 아파트는 금세 1~2억 원 정도가 올라버린다. 새 아파트 가격이 오르면 주변 아파트도 덩달아 오른다. 그러다가 재건축 시점이 된 낡은 아파트는 새 아파트 이상으로 값이 훌쩍 뛰어오른다. 지금까지 아파트 값의 순환구조다. 그래서 사람들이 아파트 분양에 너도나도 몰리는 것이다.

우리 부부도 그전부터 분양을 시도했지만 계속 떨어졌다. 우리가 당첨된 역삼동 22평짜리 아파트는 원래 한 동짜리 연립주택이었는데, 150세대, 세 동짜리 아파트로 재건축한 것이었다. 일반 분양도 22평짜리 20여 세대, 32평짜리 1세대뿐이었다. 22a형 14세대 모집에 15세대가 응모해 당첨됐다. 이 아파트가 우리 부부의 첫 번째 소유 주택이었다. 이 집에 입주한 바로 다음 해 현재와 경재가 태어났다.

우리 사회의 변화, 노무현 당선

2002년에는 내 삶 이상으로 우리 사회에도 큰 변화가 있었다. 노무현이 소위 '노풍'을 일으키며 대통령에 당선되었다. 당시 여당이던 새천년민주당의 동교동 그룹은 신한국당에서 이적한 이인제를 밀었다. 하지만 지지율 2퍼센트의 노무현이 국민참여경선에 힘입어 이인제를 꺾고 새천년민주당 후보가 되어 대권까지 거머쥐는 파란을 일으켰다.

노무현은 원래 김영삼 정당인 통일민주당에서 정치를 시작했다. 1988년 5공 청문회 당시 전두환을 향해 "살인마"라는 외마디와 함께 자신의 명패를 집어던진 일화는 유명하다. 또 전두환에게 수천억 원을 갖다 바친 정주영 현대 회장을 비롯한 재벌들을 향해 다른 국회의원들이 "회장님"이라고 부르며 고개를 숙일 때 "증인"이라고 부르면서 청문회 스타가 되었다. 김영삼이 노태우, 김종필과 함께 3당 야합을 하자, "이의 있습니다"를 외치며 합당 반대를 했다. 노무현은 결국 1997년 대선 즈음에 김대중 정당과 합쳐서 당적을 옮겼다. 이후 김대중 정부에서 지역주의 타파를 외치며 국회의원으로 있던 서울 종로를 버리고 부산으로 가 국회의원과 부산시장에 거듭 출마했지만 낙선했다.

하지만 국민들은 인간 노무현의 진정성을 높이 샀다. 이걸 배경으로 2002년 대선에서 '노사모', 즉 노무현을 사랑하는 사람들의 모임이 만들어졌다. 노사모는 한국 정치 사상 첫 번째 정치인 팬카페였고, 이들은 2002년 민주당 경선에서 노무현 당선에 결정적인 역할을 했다.

2002년 여중생이었던 효순이, 미선이가 미군 장갑차에 깔려 희생당한 사건도 노무현 후보의 당선에 큰 영향을 미쳤다. 여중생들로부터 시작된 촛불시위는 선거를 불과 두어 달 앞둔 상황에서 전개되어 전국적으로 확산되었다. 한국 정부가 효순이 미선이 사건을 처리하는 걸 지켜보면서 한미 간의 종속적 관계가 부각되었고, 젊은 층을 중심으로 대등한 한미관계에 대한 목소리가 높아졌다. 이 당시 촛불시위는 2000년대 들어 최초로 자발적으로 발생한 대규모 평화시위였다. 촛불시위는 기존의 격렬한 거리투쟁을 대체한 새로운 문화로 자리잡아, 이후 중요한 정치 국면마다 재개되었다. 2002년 여름, 한일월드컵을 계기로 광장 문화가 일반화된 것도 촛불시위의 확산에 영향을 주었다.

노무현은 지역주의 타파, 불평등한 한미관계의 개선, 권위주의 타파 등 정치개혁이라는 측면에서 가장 적합한 후보로 부각되었다. 그가 제시했던 정치개혁, 즉 3김 정치, 낡은 정치의 청산이라는 구호가 국민들의 가슴속에 파고들었다.

하지만 노무현의 지지율이 당시 야당 후보였던 이회창에게 일시적으로 뒤지는 상황에 직면하자, 민주당 내에서 이인제를 지지했던 사람들이 일명 후단협, 후보단일화협의회라는 모임을 만들어

노무현의 사퇴를 촉구하는 상황까지 발생했다. 후단협은 보수 성향의 정몽준 후보를 지지했다. 이들은 진보개혁적 성향의 노무현을 받아들이기 어려웠던 것이다.

동교동계는 많은 한계를 가진 집단이다. 군사정부에서 독재 대 민주 구도가 유지될 때는 김대중을 도와 열심히 싸웠지만, 국정운영에 대해서는 김대중을 제외하면 문외한이나 다름없었다. 절차적 민주주의는 지지했지만 경제 문제 등에서는 당시 보수 야당과 큰 차별성을 보이지 못했다. 정치개혁이라는 관점에서도 386세대에 비하면 뒤진다고 볼 수 있을 정도다. 따라서 동교동계는 노무현보다는 정몽준의 이념적 성향에 더 가깝다고 보아야 할 것이다. 물론 김영삼을 따랐던 상도동계는 말할 것도 없었다.

처음부터 노무현 후보를 지지했던 나는 후단협의 행태에 크게 분노했다. 자신들이 뽑은 후보를 밀어내고 외부인을 후보로 만들기 위한 그들의 행태가 정치 도의를 넘어섰다고 판단했다. 누구라도 노무현을 도와주어야 한다는 생각이 간절했다. 실제 나와 비슷한 생각을 한 박범계 판사 같은 사람들이 자리를 박차고 노무현 측에 합류했다.

노무현은 정몽준과의 후보단일화 협상에서 이겨 야권 후보가 되었고, 당시 유력했던 야당의 이회창 후보까지 꺾고 대통령에 당선되었다.

노무현은 선거운동 시기 야당이 장인의 좌파 전력을 공개하며 빨갱이 공세를 펴자, "그럼 사랑하는 아내를 버리라는 말입니까" 라고 되받아쳤다. 또 대등한 한미관계를 주장하는 자신을 향해 반미라고 몰아대는 야당에 대해서도 "반미면 어떻습니까?"라고 응수하며 지지층을 결집시켰다. 이런 노무현의 정치적 태도는 386세대를 비롯해 많은 젊은 층을 열광하게 했고 나 역시 노무현의 열렬한 팬이 되었다.

노무현은 내가 현실 정치를 접한 이후 김대중에 이어 열렬히 지지했던 정치인이었다. 물론 노무현 집권 기간에 지지층들이 많이 이탈했다. 노무현은 자신이 살아온 시대의 한계를 극복하지 못했다. 그는 그의 말대로 구시대의 막내였다. 정치개혁이라는 관점에서는 그 누구보다 선명했다. 노무현 정부에서 권위주의는 많이 사라졌다. 하지만 경제와 노동, 사회 개혁이라는 관점에서는 노무현역시 시대의 한계에 사로잡혀 있었다. 그 결과 그는 새로운 시대의 맏형이 되지는 못했다. 그 과제는 후대에 남겨졌고, 우리는 그 한계를 뛰어넘어야 한다. 노무현은 우리 현대 정치의 중요한 한 축을 형성했고, 그로 인해 문재인 정부가 출범할 수 있었다. 그는 새로운 시대의 밑그림을 깔아놓은 인물이다.

8

우리 사회의 적폐와
노무현 정부

특수부와 공안부

에피소드 1. 삼성

"삼성 이재용 씨의 불법상속과 관련해 고발된 사건은 어떻게 처리됩니까?"

"아직 정해진 바 없습니다."

"공소시효는 언제까지로 봅니까? 7년인가요, 아니면 10년인가요?"

"그것도 정해진 것 없습니다."

"공소시효를 7년으로 보면 얼마 남지 않았는데, 그 전에 기소여부는 결정합니까?"

"그것도 정해진 건 없습니다."

2003년 9월 서울지검 3차장 검사실에서 나눈 신상규 차장과 기자들 간의 대화 내용이다. 이재용이 삼성에버랜드 주식을 불법 인수한 것은 1996년 12월 초이다. 2000년 이 사건으로 이건희·이재용 부자를 비롯해 삼성 고위 임원들은 배임 혐의로 검찰에 고발되었다. 이들의 공소시효는 최소로 잡을 경우 만 7년인 2003년 12월 만료된다. 법원의 최종 판결이 어떻게 나올지는 아무도 예단할 수 없고, 예단해서도 안 된다. 따라서 검찰은 일단 짧은 공소시효인 7년을 적용해 기소 여부를 결정해야 했다.

하지만 공소시효가 석 달도 채 남지 않은 상황에서 이때까지 기소 여부도 결정하지 못했다는 것이 검찰의 공식적인 설명이었다. 항상 철저한 법 논리를 강조하는 검찰로서 말이 안 되는 설명이었다. 그럼에도 불구하고 검찰은 기자들에게 비논리적인 주장을 버젓이 하고 있었다.

검찰은 노무현 정부가 들어선 뒤 대통령 측근비리 수사에 이어 사상 유례가 없는 불법대선자금 수사까지 거침없이 단행하고 있었다. 그런 검찰이 삼성 이건희 회장 부자가 관련된 사건에 대해서는 제대로 답변을 못하고 차일피일 사건을 미루었다.

이 사건이 검찰에 접수된 지 벌써 3년이 넘었다. 복잡한 사건도 아니다. 조사에 많은 시간이나 자료가 필요한 것도 아니다. 그동안 이 사건을 담당한 서울지검 검사들은 일종의 폭탄돌리기를 했다. 골치 아픈 사건을 후임자에게 서로 떠넘긴 것이다. 그러다가 공소시효가 임박해 어떤 식이든 결론을 내야 할 상황이 되었지만, 검찰은 이때까지도 어정쩡한 자세를 버리지 못했다. 기자들이 관심을 보이지 않았다면 그냥 넘어갈 수도 있었을 것이다.

검찰은 결국 2003년 12월 1일 공소시효 만료 하루 전날에 이르러서야 이 사건과 관련해 허태학과 박노빈 두 전·현직 삼성에버랜드 사장을 불구속 기소했다. 두 사람에게 적용된 혐의는 이재용에게 전환사채를 헐값에 넘겨 회사에 1000억 원 가까운 손실을 끼친 배임이었다.

검찰이 정상적으로 이 사건을 처리했다면, 두 사람을 소환해 조사하는 과정부터 언론에 공개해 포토라인에 서게 만들어야 했다. 두 사람의 구속은 당연했다. 배임 액수가 1000억 원에 이르는 엄청난 범죄다. 일반인들은 배임 액수가 1억 원만 넘어도 구속되는 것이 보통이다. 또 두 사람의 윗선을 따라 이재용은 물론 이건희 회장까지 조사하고, 그 과정과 내용을 낱낱이 공개해야 했다. 검사로서 삼성 회장을 사법처리한다는 건 두 번 다시 겪을 수 없는 최고의 경험이기 때문이다.

하지만 검찰은 이 사건을 아주 조용히 처리했다. 허태학과 박노빈 두 전·현직 사장의 소환 사실도 공개하지 않았다. 이들에 대한 구속영장 청구는 물론 하지 않았고, 이 사건의 주범 격인 이건희·이재용 부자에 대해서는 소환조사도 하지 않았다. 공범을 기소하면 나머지 피의자들의 공소시효는 자동으로 정지된다며, 또다시 이건희·이재용 부자에 대한 조사를 미루었다. 폭탄돌리기의 끝판왕이라고 할 수 있는 꼼수였다. 주범은 조사도 안 하고 종범만 기소하다니.

이건희·이재용 부자에 대한 조사는 결국 이로부터 4년 뒤인 2007년 11월 김용철 변호사가 삼성의 비자금 조성 의혹 등을 폭로해 구성된 조준웅 특검에게 넘겨졌다. 당시 조준웅 특검에 대해 고위 검찰 출신으로 삼성을 제대로 수사하지 못할 것이라는 우려가 많이 제기되었다. 아니나 다를까 조준웅 특검의 수사 결과는 예상을 한 치도 벗어나지 않았다. 이건희·이재용 부자에 대해 특검이 아닌 변호인의 입장에서 철저히 면죄부를 주는 수사 결과를 내놓았다. 수천억 원의 배임과 조세포탈 등의 혐의가 드러났지만 구속된 사람은 단 한 명도 없었다. 삼성의 로비 의혹을 받은 고위 공직자들에 대해서도 전원 무혐의로 결론지었다. 법원에서 이건희 회장에게는 손가락 하나 영향을 미칠 수 없는 징역 3년에 집행유예 5년 형이 최종 확정되었다.

노무현 정부 들어서 정치권력에 대해 무소불위에 가까운 권력을 휘두르던 검찰이 삼성에 대해서는 왜 이렇게 약한 모습을 보인 것일까? 그 해답은 김용철 변호사의 폭로와 안기부가 녹음한 삼성 X

파일에서 찾을 수 있다.

삼성 이건희·이재용 부자에게 불법상속은 당시나 지금이나 가장 예민한 문제다. 이건희 회장의 최대 과제는 선친인 이병철 회장에서 출발한 삼성그룹을 아들 이재용에게 삼대째 안정적으로 대물림하는 것이다. 이 과정에서 증여세와 상속세 등을 법대로 모두 낸다면 승계에 차질이 생길 수 있다. 재산도 반 토막이 난다. 이걸 피하면서 이재용에게 삼성을 고스란히 물려줄 방법이 필요했다.

이건희 회장은 이 방법을 전환사채와 신주인수권부사채(Bond wirh Warrant, BW) 등 주식으로 바꿀 수 있는 신종 채권에서 찾았다. 이건희 회장이 이재용 등 삼 남매에게 100억 원 정도의 돈을 증여하고, 이재용 등은 이 돈으로 삼성의 지주회사 격인 삼성에버랜드와 삼성SDS가 새로 발행한 전환사채와 신주인수권부사채를 말 그대로 헐값에 사들인다. 일정 기간이 지나면 이 사채를 주식으로 전환해 대주주가 된다. 삼성에버랜드와 삼성SDS는 삼성전자를 비롯한 주요 계열사를 장악한 지주회사나 다름없기 때문에 이재용이 결국 삼성그룹을 인수한 결과가 되었다. 거대 삼성그룹을 통째로 인수하면서 이재용이 낸 비용은 최초 60여억 원을 받으면서 낸 증여세 16억 원 정도였다. 이에 비해 이재용이 인수한 주식의 가치는 천정부지로 치솟았고, 그의 재산은 현재 8조 원에 달한다.

이 불법상속에 대한 수사 결과에 따라 삼성의 삼대 승계가 불발이 될 수도 있었다. 법원에서 배임 액수에 대해 제대로 추징 판결을 받으면 이재용은 목구멍까지 넘어간 삼성을 도로 토해내야 하기 때문이었다. 따라서 삼성은 이 문제에 사활을 걸고 로비를 했다. 그 결과 검찰 수사를 최대한 막는 데 성공한 것이다.

김용철 변호사의 폭로나 삼성 X파일에서 드러난 사실, 그리고 그동안 기자로서 직접 목격한 삼성의 행태를 보면, 삼성은 평소 검찰을 비롯한 고위 공직자들을 꾸준히 관리해왔다. 특히 그들 중 고위직으로 올라갈 싹수가 있는 사람들의 경우 학연이나 지연 등을 이용해 더욱 철저히 관리를 했다. 언론인이나 정치인들도 마찬가지였다. 삼성은 평소에 이들을 대신해서 후배들의 술자리를 챙기고 명절이면 선물이나 떡값을 주면서 친분을 쌓았다. 떡값은 부담 없이 받을 정도의 적당한 액수면 충분했다. 때로는 인맥을 연결해 줘 서로 승진을 도와주며 일종의 삼성 커뮤니티를 쌓을 수 있도록 지원했다. 삼성의 인맥과 힘을 통해 해결할 수 있는 청탁이라면 많이 들어올수록 좋다. 사외이사 자리나 자녀들의 취직 같은 청탁의 경우 삼성의 힘으로 충분히 들어줄 수 있다. 이런 청탁은 삼성이 직접 나서지 않고도, 상대가 먼저 삼성에 부채의식을 느끼게 하기 때문에 더욱 좋았다.

이와 같은 사실은 최근 『시사인』이 특종 보도한 삼성 장충기 사장의 문자 메시지에서도 적나라하게 드러난다. 언론사 기자들이나 정관계 인사들이 평소 삼성의 힘을 빌려 자신들의 문제를 해결하고, 그 대가로 삼성과 관련된 기사를 적당히 '마사지'하거나 빼주었다. 서로 좋은 게 좋은 것이라는 인식이다.

평소에 이같이 공을 들이면 이들이 결정적인 자리에 올랐을 때 최소한 삼성의 목에 직접 칼을 겨누는 것은 피할 수 있다. 물론 어느 정도 상호 신뢰가 쌓이면 그때는 영화 「내부자들」에 나오는 것처럼 서로 막가파가 된다. 노골적으로 돈을 요구하고, 그 대가로 노골적인 협조를 요구하는 것이다. 법률가에 불과한 조준웅 특검이 이건희 회장의 엄청난 불법을 확인하고도 마치 자신이 경제인이나 된 것처럼 기업경영의 공백과 차질을 운운하며 불구속 결정을 내릴 때, 「내부자들」의 한 장면이 연상되는 건 너무 자연스러운 일일 것이다.

김용철 변호사가 삼성의 로비를 받은 당사자로서 공개적으로 거명했던 고위 공직자들을 보면 김성호 국가정보원장, 임채진 검찰총장, 이귀남 대구고검장, 이종백 국가청렴위원장 등 소위 거물들이다. 삼성이 관리한 인맥이 어디 이들 뿐일까? 말 그대로 빙산의 일각일 뿐이다. 로비는 오랜 기간 관리를 해야 친밀도가 높아져 무리하지 않고도 원하는 것을 쉽게 얻을 수 있다. 한 해 수조 원에 이르는 기업의 홍보비 중 상당액이 이런 곳으로 새고 있다는 사실을 과연 누가 얼마나 알까?

그렇다. 검찰은 항상 그랬다. 이건희 회장은 재임 중 저지른 수많은 불법 사실이 드러났음에도 불구하고 단 한 번도 제대로 수사를 받지 않았고 구속된 적도 없다. 우리 사회가 민주화될수록 정치권력 앞에서 목소리를 높이던 검찰은, 이건희 회장 앞에만 가면 오히려 작게, 더 작게 움츠러들었다. 노무현 정부 들어서도 마찬가지였다. 검찰개혁을 아무리 소리 높여 외쳐도 검찰은 삼성 앞에서는 일관되게 난쟁이가 되었다.

물론 노무현 정부도 비슷했다. 김용철 변호사의 비자금 폭로로 이건희 회장에 대한 특검이 불가피해졌을 때, 특검의 추천권을 대한변협에 주는 특검법에 여야가 합의했다. 당시 대한변협은 김용철 변호사를 일방적으로 비난하며 삼성 감싸기에 여념이 없었다. 그런 대한변협에 삼성 특검 추천권을 준 것은 삼성 수사를 사실상 하지 말라는 의미였다.

에피소드 2. 송두율 교수

"송두율 교수에 대해서는 구속영장을 청구합니까?"

"일단 조사해봐야죠."

"청와대에서는 불구속 수사를 바라는 것 같은데요."

"조사 결과를 봐야지요."

"사전에 조율한 뒤에 입국한 것 아닌가요?"

"아직 조사가 진행 중입니다."

2003년 10월 서울지검 1차장 검사실에서 박만 차장과 기자들 사이에 이루어진 대화다. 송두율 독일 뮌스터대학 교수는 한 달 전

입국 직후 국정원에 체포되었고, 국정원은 송 교수에 대해 구속 의견으로 검찰에 송치했다. 하지만 박 차장은 송 교수의 신병처리 방향에 대해 철저히 함구로 일관했다. 검찰은 조사 과정에서 마치 선처를 할 것처럼 송 교수에게 그동안의 친북 행위에 대한 반성을 요구하는 등 계속 뜸을 들였다. 하지만 결론은 송 교수에 대한 구속영장 청구였다.

공안검사들은 송두율 교수가 입국하기 전부터 구속해야 한다는 의견을 지속적으로 제기했다. 조선일보를 비롯한 보수 언론 역시 송 교수가 해방 이후 최고 고위급 간첩인 양 여론몰이를 하면서 엄하게 처벌해야 한다고 주장했다. 야당인 한나라당과 검찰, 보수 언론이 하나가 된 것이다.

이에 비해 노무현 정부는 송 교수에 대한 불구속 수사를 기대했다. 국가보안법을 악용하여 남한 내 민주 인사들을 탄압하고 수많은 간첩을 양산해온 관행을 이번 기회에 뿌리 뽑고자 하는 의지도 강했다. 국가보안법 자체에 대한 회의적인 시각도 작용했다. 이번 사건 처리로 민주정부가 들어섰다는 사실을 대외적으로 알리고 싶은 생각도 컸다.

칼자루를 쥔 박만 1차장은 대표적인 공안검사였다. 박 차장은 공안검사로서 지극히 보수적인 성향을 띤 사람이었지만, 검사장 승진을 앞둔 검찰 고위직 공무원으로서 노무현 정부의 눈치를 보지 않을 수 없었다. 딜레마인 셈이다. 따라서 기자들이 송 교수의 신병

처리 문제에 대해 물어도 "조사가 다 끝날 때까지 지켜보자"면서 철저히 입을 다물었다.

하지만 검찰 내 공안검사들은 이미 구속 방침을 정하고 은밀한 압박을 가하고 있었다. 노무현 정부의 의중과는 정반대로 송 교수를 구속하는 것이 이들에게는 정의였다. 국정원도 청와대의 뜻을 벗어나 송 교수의 구속을 주장한 상황이었다. 검찰은 겉으로는 자신들의 입장을 드러내지 않았다. 청와대가 검찰의 입장을 파악하고 선제적인 압박을 가하는 걸 피하고 싶었을 것이다. 그리고 결정적인 순간에 구속영장을 청구했다. 송 교수에게 붙은 북한 노동당 정치국 후보위원이라는 딱지를 기정사실화하면서.

상당수의 간첩 사건이 그랬던 것처럼 송 교수가 북한 노동당 정치국 후보위원이라는 증거는 명확하지 않았다. 바로 거기에 검찰의 고민이 있었다. 검찰이 이를 돌파한 방법은 구태의연했다. 송 교수를 조사하는 과정에서 나온 일부 발언을 부풀려 일종의 언론플레이를 했다. "김일성 주석은 존경받을 만한 가치가 있고 현재도 존경한다"는 송 교수의 언급이 대표적이다. 일제강점기에는 항일무장투쟁을 하고, 해방 이후에는 북한 건국에 주력했던 김일성에 대해 학자적 관점에서 내린 평가에 사법처리의 잣대를 들이댄 것이다.

박만 차장은 언론사 기자들을 만난 자리에서 뜬금없이 이 말을 공개하면서 검찰의 구속영장 청구를 정당화했다. 아직도 김일성을 존경한다고 떠드는 자를 구속하는 것이 너무 당연하다는 논리였다. 보수 언론은 박 차장이 슬쩍 흘린 이 말을 대서특필하면서 송 교수를 당장 때려죽여야 할 빨갱이로 몰았다. 검찰과 언론이 서로 주고받는 언론플레이에 송 교수 구속의 여론몰이가 어느 정도 성공한 것이다.

그랬다. 공안검사들은 노무현 정부가 들어선 뒤에도 하나도 변하지 않았다. 그들은 자신들이 한번 간첩이라고 낙인찍은 사람들에 대해서는 철저히 간첩으로 몰았다. 이 사람들이 실제 간첩인지 아닌지는 중요하지 않았다. 이 과정에서 빨갱이는 언제든 때려죽여도 된다는 지극히 비상식적인 논리가 지속적으로 통용되었다. 어차피 군사경계선을 기준으로 남북이 나뉜 상황에서 간첩이라는 직접적인 물증을 찾기는 어려웠기 때문이다.

김대중·노무현 정부 들어서 변한 것은 한 가지다. 공안검사들이 빨갱이 취급을 했던 자들이 갑자기 대통령이 되었고, 종북좌파가 검찰 인사권을 장악해버렸다. 이 당시 공안검사들에게 정의란, 새로운 민주정부의 뜻을 거슬러 지금까지 해온 것처럼 좌파를 지속적으로 척결하는 것이었다. 이를 위해서는 대통령부터 시작해서 청와대와 정부 고위직 인사들의 눈을 적당히 속여야 했다. 송두율 교수의 구속 과정에서 나타난 행태가 대표적이다.

권력의 사냥개

삼성 이건희 회장에 대한 수사는 검찰 특수부의 몫이다. 반면 송두율 교수와 같은 간첩 사건 수사는 검찰 공안부 담당이다. 민주화 이후 특수부와 공안부는 검찰의 양대 축으로 검찰 내 권력관계를 놓고 오랫동안 각축을 벌여왔다. 그동안 정권의 변화에 따라 이들 간의 부침은 있었지만 검찰 내 주축임은 여전하다.

검찰에서 가장 잘나가는 부서는 원래 공안부였다. 대한민국 정부 수립 이전부터 소위 빨갱이를 때려잡는 데 검찰 공안부가 이용되었기 때문이다. 군사정부 시절에는 중앙정보부(중정)가 권력을 좌지우지하면서 검찰은 중정의 하수인 역할을 담당했다. 기소권은 오로지 검사만 갖도록 헌법에서 보장하고 있기 때문에 검사들은 중정이 조작하는 대로 기소를 했다. 공안검사들은 중정과 함께 주로 반정부 세력들을 빨갱이나 간첩으로 몰아서 구속시키고, 그 대가로 승진과 출세를 보장받았다. 군사정권의 눈에 들면 공안검사가 중정에 파견되어 권력의 앞잡이 노릇을 직접 하기도 했다. 한마디로 공안검사가 검찰 내 최고의 권력이었다. 박근혜 정부에서 비서실장을 지낸 김기춘 전 검사가 대표적인 인물이다. 검찰은 이때부터 이미 권력의 사냥개 역할을 하고 있었다. 전체 검사 중 지극히 일부에 불과한 공안검사들이 전체 검사들의 얼굴에 먹칠을 했다.

하지만 민주화는 검찰의 이런 분위기를 바꾸었다. 무엇보다 김영삼 정부가 들어선 이후 김대중·노무현 정부로 이어지며 검찰 내 세력관계가 바뀌었다. 특수부 검사들이 공안부 검사를 누르고 잘나가기 시작했다. 이유는 간단했다. 야당 출신 인사들이 대통령이 되면서 우리 사회에서 더 이상 빨갱이를 조작해서 반정부 세력을 억누르는 행태가 통하지 않는 시대가 온 것이다.

게다가 김영삼 정부 이후 부정부패 척결을 주장하면서 정치인과 기업인 등의 정경유착, 즉 불법정치자금이나 뇌물 수사가 핵심으로 등장했다. 과거 군사정부가 공안검사들을 이용해 권력을 유지했다면, 김영삼 정부는 특수부 검사들을 반대세력에 대한 견제 수단으로 이용했다. 이 행태는 김대중·노무현 정부에 이르기까지 어느 정도 이어졌다.

특수부 검사들은 이 과정에서 현 정부와 여당에 관련된 것이라면 적당히 넘어가거나 야당과의 균형을 고려하는 정도로 수사를 했지만, 이전 정부에 대해서는 철저히 수사해서 처벌을 했다. 새 정부의 입장에서 이 얼마나 고마운 일이었겠는가. 그 결과 특수부 검사들이 공안부 검사들을 제치고 새로운 권력으로 등장했다. 내가 법조팀에 갔던 2002년에는 김영삼과 김대중 정부를 거치면서 이미 검찰 내 세력관계가 역전되어 있었다. 2003년 노무현 정부 출범 이후에는 그 추세가 더욱 강화되었다. 획기적인 계기는 불법대선자금 수사였다.

그런데 이명박·박근혜 정부가 들어선 뒤 이 관계가 재역전되기 시작했다. 이명박·박근혜 정부가 과거 군사정부와 마찬가지로 빨갱이몰이를 재개하고 정치적으로 예민한 사건을 이용해 북풍을 일으키면서 공안검사들이 다시 부각되었다. 이 시기 탈북자 출신 서울시 공무원을 간첩으로 조작한 사건이 대표적이다. 물론 이 사건은 언론과 법원에 의해 조작 사실이 드러나 국정원과 검찰 모두 곤욕을 치렀지만, 담당 검사나 국정원 직원들은 별다른 징계를 받지 않았다. 노무현 대통령의 남북정상회담 NLL 포기 발언 문제도 마찬가지였다. 여당인 새누리당이 2012년 대선에서 철저히 이용해 먹었고 그 과정의 온갖 불법이 드러났지만, 검찰은 오히려 참여정부 인사들을 기소했다. 물건은 도둑이 훔쳤는데 거꾸로 물건을 잘 보관하지 못했다고 주인을 처벌하자는 격이었다.

박근혜 정부 들어 김기춘 청와대 비서실장을 비롯해 과거 공안검사들이 전면에 등장하면서 공안검사들의 목소리는 더욱 높아졌다. 이들은 민감한 정치 사건을 맡아서 노골적으로 여권에 유리하도록 편파적인 수사를 진행했고, 그 결과 검찰이 기소권을 남용해 사실상 검찰공화국을 건설했다는 인식이 확산되었다.

노무현 정부 시기 일시적으로 정치적 독립 움직임을 보였던 검찰은 예전처럼 권력의 사냥개로 돌아갔다. 아니, 검찰은 스스로 권력의 사냥개임을 즐기는 것 같다. 그 기저에는 어느 정권이 들어서도 정권을 유지하려면 자신들에게 의지하지 않을 수 없다는 특유의 오만함이 깔려 있다. 권력을 갖고 있는 동안 반드시 비리가 발생하고, 새로운 권력은 기존 권력의 비리를 들추어내지 않을 수 없다. 기존 권력의 비리를 밝힘으로써 새 권력은 입지를 확보하게 된다. 이 과정에서 검찰은 항상 새로운 권력자의 편에서 칼을 휘두르는 역할을 맡는다.

검찰은 이런 식으로 권력의 사냥개 노릇을 하는 대신 권력의 비호를 받아 수사권을 장악하고 기소권을 독점하는 등 자신들만의 특권을 계속 유지하고 있다. 검찰이 자신들을 정치적으로 독립시키고 검찰의 권한을 분산하려고 했던 노무현 정부를 가장 싫어했던 이유다.

검찰이 권력의 사냥개 노릇을 하며 챙긴 소소한 특권 중 하나가 직급 인플레 현상이다. 행정고시나 외무고시를 합격하면 5급 공무원에 임명된다. 하지만 사법고시를 통과한 검사나 판사는 곧바로 3급 공무원이 된다. 군사정부 시절에 만들어준 특권이다. 현재 검찰에는 차관급에 해당하는 검사장 이상만 50여 명 가까이 된다. 정부 부처 여러 개를 합친 인력이다. 법원 역시 비슷한 실정이다. 행정부가 사법부를 통제하는 한 방편인 것이다.

실패한 검찰개혁

내가 검찰과 법원을 담당하는 사회부 법조팀으로 간 것은

2002년 10월이었다. 법조팀으로 옮긴 지 얼마 안 되어 서울지검에서 피의자 구타 사망 사건이 발생했다. 조직폭력배 수사를 하는 과정에서 검사가 피의자를 때려 피의자가 사망했다. 이 사건으로 현직 검사가 구속되었다. 당시 검찰총장까지 물러날 분위기는 아니었는데 이명재 검찰총장이 갑자기 사표를 던져버렸다. 대선이 코앞에 닥쳐 있었고, 김대중 정권 임기가 불과 3개월 정도 남은 시점이었다.

김대중 대통령은 후임 검찰총장을 임명해야 했는데, 여기서 흥미로운 일이 벌어졌다. 검찰총장 후보군에 사시 동기 4명이 올랐다. 각각 경기고와 영남, 호남, 충청 출신이었다. 당시 대선은 이회창 후보와 노무현 후보의 대결이었다. 이에 따라 경기고와 영남 출신은 이회창 후보와 선이 닿는다는 이유로 배제되었고, 호남 출신은 김대중 정부의 뿌리라는 이유로 역시 배제되었다. 결국 충청 출신의 김각영이 검찰총장이 되었다. 나머지 세 사람은 검찰 관행에 따라 옷을 벗었다. 이 일을 보면서 이것이 바로 '관운'이라는 걸 실감했다. 당시 김각영은 총장 후보 4명 중 가장 평이 좋지 않았다.

김각영 총장은 검사장 승진도 동기들에 비해 가장 늦었다. 사표를 내려다가 검사장 승진을 할 것이라는 자신의 사주 이야기를 듣고 버텼고, 그 말대로 되었다고 한다. 한마디로 관운이 기가 막히게 작용하면서 막판에 기라성 같은 동료들을 제치고 검사들의 꽃인 검찰총장까지 된 것이다. 내가 처음으로 관운이라는 말을 믿게 된 계기였다.

하지만 김각영 총장은 불과 4개월 만에 물러났다. 노무현 대통령이 취임한 뒤 '검사와의 대화'를 하는 자리에서 김각영 총장을 비롯한 검찰 상층부를 불신하는 속내를 가감 없이 드러내자 사표를 냈다.

'검사와의 대화'는 여러 면에서 화제가 된 사건이다. 노무현 대통령이 집권하자마자 비검사 출신인 강금실 변호사를 법무부 장관에 임명하고 검찰개혁을 추진하자 검사들이 집단 반발했다. 이 과정에서 검찰은 평검사회의를 이용했다. 평검사회의에서 대통령이 검찰개혁이라는 이름하에 검찰을 장악하려 한다고 역으로 노무현 대통령을 공격했다. 평검사들이 검찰 내부 게시판에 반발하는 글을 올리기 시작했고, 검찰 상층부는 이를 즐겼다. 이때 대통령이 검사들에게 공개 대화를 제안하면서 만들어진 자리가 바로 '검사와의 대화'다.

이 대화를 계기로 우리 사회에 '검새스럽다'는 말이 등장할 정도로 검사들의 조직이기주의가 적나라하게 드러났다. 군사정부부터 김대중 정부에 이르기까지 권력의 사냥개 노릇만 하고 정치권에 찍소리도 못하던 검사들이, 자신들에게 개혁의 칼날이 다가가자 집단적으로 반발했다. 특히 개혁을 하려는 상대가 다소 유약해 보이자 금세 달려들어 물어뜯기 시작했다.

이 당시 상황은 비록 노무현 정부가 출범했지만 야당이 국회 과

노무현 대통령
전국 검사들과의 대화

ⓒ연합뉴스

2003년 3월 9일 노무현 대통령이 정부종합청사에서
전국 평검사들과 대화를 나누고 있다.
노무현 대통령은 이 자리에서
검찰 상층부를 불신하는 속내를 드러내기도 했다.

반을 차지하고 있어서 단독으로 개혁정책을 추진하기에는 힘이 부족했다. 실제 고위공직자비리수사처(공수처) 설치나 수사권 조정 등 노무현 정부의 검찰개혁 핵심 과제는 이후 제대로 이루어지지 못했다. 특수부와 공안부를 떠나 검찰은 야당과 사실상의 동맹을 맺고 노무현 정부의 개혁에 집단 저항했다.

노무현 정부 이전 김대중 정부의 검찰개혁은 주로 인적 교체에 집중했다. 그동안 소외되었던 호남 출신들을 배려해 특수부와 공안부의 요직에 이들을 앉히는 인사를 했다. 그 결과 이들을 중심으로 과거 정부 시절의 비리에 대한 수사가 많이 이루어졌다. 총풍, 안풍(安風), 세풍(稅風)으로 불리는 사건 수사는 이런 배경에서 이루어진 것이다. 총풍은 안기부가 1996년 총선을 앞두고 북한에 비무장지대 무력시위를 부탁해 선거에 북풍을 불러일으킨 정치 공작이었고, 안풍은 안기부가 김영삼 대통령의 정치자금을 보관하다 1996년 총선에 한나라당 선거자금으로 사용한 사건이다. 세풍은 국세청에서 이회창 한나라당 후보를 돕기 위해 수백억 원의 대선 자금을 기업들로부터 뜯어낸 사건을 말한다.

검찰의 행태는 과거와 똑같았다. 검찰 지휘부만 교체되었을 뿐 정치권력과 유착해 수사를 이용하는 방식은 여전했다. 바로 이런 방식을 통해 검찰은 자신들의 권력을 지속적으로 유지할 수 있었다.

노무현 정부는 공수처를 설치해 이와 같은 검찰의 권력을 분산하는 방식으로 개혁을 시도했다가 강력한 저항에 부딪혔다. 검찰과 야당의 동맹 앞에 개혁은 속절없이 무너졌다. 노무현 정부는 제도적인 개혁이 사실상 불가능하자, 검찰에서 스스로 손을 뗌으로써 개혁을 하는 소극적인 방법을 택했다. 검찰에 정적을 기획수사하도록 하명하지 않는 대신 검찰 스스로 수사를 이끌어가도록 놓아준 것이다.

가장 대표적인 것이 불법대선자금 수사다. 노무현 대통령은 자신의 측근 비서관들이 불법대선자금에 연루된 소위 측근비리 의혹이 제기되자 역공을 폈다. 자신의 불법대선자금에 대해 검찰이 수사하도록 공개적으로 언급했다. 이 발언을 계기로 검찰은 사상 처음으로 불법대선자금 수사를 개시했다.

대선자금 수사는 역대 한번도 한 적이 없었다. 그만큼 예민한 사안이기 때문이다. 대선자금이 중앙선거관리위원회가 정한 한도를 넘는 천문학적 액수에 달할 것이라는 추정은 있었지만 누구도 들여다본 적이 없었다. 일단 대통령에 당선되면 그 사람의 불법에 대해 검찰이 수사하지 못했기 때문이다. 게다가 대선자금 수사를 하다보면 굴지의 재벌들이 모두 엮일 수밖에 없었다. 그만큼 대선자금 수사는 강력한 폭발성이 있는 사건이었다. 그런데 그 금기를 넘어서 노무현이 다시 한번 승부수를 던졌다.

검찰 수사 결과 노무현 후보 측의 불법대선자금 수수 사실이 확인되었다. 안희정 등 노 후보의 측근들이 삼성 등으로부터 불법자금을 받았다. 하지만 야당인 한나라당이 소위 "차떼기"를 하며 훨씬 거액의 불법자금을 거둔 사실도 드러났다. 삼성·현대자동차·SK·LG 등 국내 대기업들이 100억 원대 현금을 사과박스 등에 담아 트럭에 실어서 트럭 열쇠와 함께 통째로 한나라당에 전달했다. 무기명 채권이 불법정치자금의 주요한 수단으로 활용된 점도 드러났다. 검찰 수사에서 밝혀진 불법자금 액수만 1000억 원이 넘었다. 경악할 만한 일이었다. 대부분 이회창 후보의 친동생인 이회성이 직접 받았다. 노무현 대통령과 이회창 후보의 측근들이 대거 구속되었다.

검찰 수사는 성공적이었다. 당시 송광수 검찰총장과 안대희 대검찰청 중앙수사부장(중수부장)은 국민들로부터 "송짱" "안짱" 소리를 들으며 엄청난 인기를 누렸다. 검찰의 권력은 자연스럽게 강화되었고, 검찰개혁 목소리는 잦아들었다. 이 모두가 검찰이 마음껏 수사할 수 있도록 노무현 대통령이 개입을 하지 않은 덕택이었다. 노무현 대통령이 집권 이후 언론에 직접 개입한 적이 없는 사례로 보건대, 검찰 수사에도 개입하지 않은 것은 확실하다고 나는 생각한다. 노 대통령은 그 정도의 진실성이 있는 사람이다.

검찰은 이후 정치권에서 독립적인 자유를 구가할 수 있었다. 기존에 사실상 대통령의 승인을 받아야 할 수 있었던 정치권이나 재벌에 대한 수사를 자신들의 재량껏 할 수 있었다. 그 결과 정몽구 현대자동차 회장, 최태원 SK 회장, 김승연 한화 회장이 추가로 구속되는 등 재벌들의 입지가 많이 흔들렸다. 원래 반노무현 성향을 보이던 재벌들은 그 어느 때보다 정권교체를 열망하게 되었다. 서울지검 특수부는 검사들의 선망의 대상이 되었고, 서울지검 형사 9부는 금융조사부로 명칭을 바꾸어 사실상 특수부로 승격되었다. 검찰의 지위 역시 사상 유례가 없을 정도로 강화되었다.

노무현 대통령과 '검사와의 대화'를 하며 반발했던 검사들은 과연 이런 변화에 만족했을까? 이명박 정권이 들어선 즉시 검찰은 과거로 회귀했다. 검사들은 절대 변하지 않았다. 그저 특수부 검사들의 자유가 일부 확대되면서 잠시 자유를 맛본 것뿐이다. 그리고 공안검사들을 중심으로 한 주류 검사들은 고개를 수그리고 소나기가 지나가기를 기다리고 있었다. 일례로 불법대선자금 수사를 진두지휘했던 안대희 중수부장은 나중에 박근혜 대통령 후보 캠프에 합류했고, 송광수 당시 검찰총장 역시 노무현 정부의 검찰개혁을 가로막았던 최대 장애물로 간주된다.

검찰 보수성의 근원

노무현 정부는 왜 검찰개혁에 실패할 수밖에 없었을까? 노무현 정부 시절 사상 유례가 없을 정도로 검찰의 지위가 강화되었음에도 불구하고 이명박 정부가 들어서자마자 검찰이 권력의 사냥개로 돌아간 것은 무엇 때문일까? 물론 검찰의 조직적 반발과 야당의 동맹이 중요한 역할을 한 것은 맞는 말이다. 하지만 그보다 더 근본적인 원인이 있다.

검찰과 법원, 군, 경찰은 어느 사회든 보수적인 성격을 띤다. 조직의 존재 이유 자체가 그 사회의 미래를 개척하는 것보다는 현재의 사회질서를 유지하는 것이기 때문이다. 이런 원론적인 이유 외에도 우리나라 검찰과 법원, 군, 경찰은 과거 이승만 정부, 조금 더 거슬러 올라가면 일제강점기부터 보수세력의 기득권을 유지하기 위해 행동해왔다. 정부에 대해 조금이라도 비판적인 세력 혹은 노동자와 농민 등 사회적 약자들을 대신해 목소리를 내는 세력에 빨갱이 딱지를 붙이고, 그런 세력이 없다면 빨갱이를 만들기 위해 고문과 조작을 서슴지 않았고, 그 결과를 법정에서 인정해주던 조직의 구성원들이 하루아침에 바뀔 수 있겠는가.

1987년 6월항쟁 이후 점차 우리 사회에 민주화가 진행되었지만, 군사정부에서 사냥개 노릇을 하던 검찰이나 법원, 군, 경찰 등은 한 번도 과거를 반성하고 새 출발을 한 적이 없다. 민주화에 따른 인적 청산은 당연히 없었다. 공무원이라는 이유로 당시 군사정부, 즉 국가에 모든 책임을 떠넘기고 자신들은 자리를 지켰다. 이들 조직을 장악했던 수구세력은 민주화 이후에도 권력을 빼앗기지 않고 자기 재생산에 성공했다. 김대중·노무현 정부에 이르러 과거사진상규명위원회 등을 만들어 처음으로 이들의 과거 불법 사실을 밝히려고 하자, 이들은 보수세력과 결탁해 조직적으로 반발하며 이를 무산시켰다. 그런 자들이 핵심을 차지하고 있는 조직이 바로 검찰과 법원, 군, 경찰 등이다.

내가 검찰에 출입할 때 공안부 검사들은 노무현 정부를 빨갱이 정부로 보는 경향이 강했다. 단적인 예가 박근혜 정부에서 최장수 국무총리를 지낸 황교안이다. 황교안은 극우 성향의 기독교 근본주의자이자 철저한 반공주의자다. 황교안은 서울지검 공안부장을 할 당시 처음 만난 나에게도 노무현 정부에 대한 적대감을 노골적으로 드러낼 정도였다. 노무현 정부 시절에도 검찰 상층부는 이런 극우 성향의 인사들이 상당 부분 장악을 했고, 이들에게 줄을 댄 검사들이 은인자중(隱忍自重)하며 일선 검찰청의 핵심 조직을 꿰차고 있었다. 이명박·박근혜 정부가 들어선 뒤에는 이들이 전면에 등장했다. 흔히 우병우 전 청와대 민정수석을 들어 우병우 라인을 거론하지만, 우병우 라인이 아니라고 해서 개혁 성향을 가진 검사라고 할 수 있을까? 비슷비슷한 성향의 검사들끼리 그들만의 권력 게임을 하고 있을 가능성이 높다.

그런데 이런 조직을 그대로 독립시킬 경우 어떤 양태를 보일까? 이건 이미 재벌 위주로 편성되어 있는 시장에서 모든 걸 정부 개입 없이 시장에 맡기자는 것과 동일하다. 검찰 조직도 마찬가지다. 검찰의 독립이란 정치적 수사(rhetoric)에 불과하다. 검찰에 대한 아래로부터의 민주적 통제가 없으면 지금까지의 관행을 벗어나지 못할 것이다. 즉 재벌 같은 강자에게는 약하고, 약자들을 괴롭혀 빨갱이를 양산하는 수구적인 행태가 지속될 가능성이 높다. 노무현 정부가 검찰개혁에 실패할 수밖에 없었던 근본적인 원인이 바로 여기에 있었다. 검찰의 근본 속성을 파악하지 못하고 그들에게 자유를 주려고 한 것이 실패를 자초했다.

노무현 정부가 검찰에서 손을 뗀 소극적인 개혁은 당장 부메랑으로 돌아왔다. 2004년 제17대 총선에서 노무현 정부의 열린우리당이 152석으로 아슬아슬하게 과반을 차지했다. 하지만 이 과반은 얼마 안 되어 무너졌다. 선거법 위반 재판에서 열린우리당 의원들에게는 선거법이 혹독하게 적용되어 벌금 100만 원 이상의 선고가 내려진 반면, 야당 의원들에게는 벌금 80만 원 선고가 많았다. 벌금 100만 원은 의원직 상실의 기준선이다. 당시 진보적 성향을 보인 여당에게 선거사범 수사를 담당하는 검찰 공안부와 법원의 잣대가 더욱 엄격하게 적용된 것이다. 이것은 단적인 예일 뿐이다.

노무현 정부가 검찰개혁에 실패한 또 다른 원인은 상명하달 방식의 검찰 조직을 그대로 방치한 것이다. 김대중·노무현 두 정부는 검찰 조직을 장악하기 위해 기존 권위주의 정부와 마찬가지로 검찰의 인사권을 활용했다.

검사 한 사람 한 사람은 국가기관이나 다름없지만, 실제 돌아가는 방식을 보면 이들 역시 조직의 구성원일 뿐이다. 검사들도 부장, 차장, 검사장, 검찰총장, 법무부 장관 등으로 승진하고 싶은 욕구가 강한 사람들이다. 그런데 이 인사권을 대통령이 장악하고 있다. 검찰 상층부로 올라갈수록 대통령 눈치를 보지 않을 수 없다. 따라서 집권을 하면 검찰을 장악하기가 무척 쉽다.

검찰은 당장 대통령에게 밉보일 만한 수사는 알아서 피한다. 그 결과 정부와 여당의 비리에 대한 수사가 현 정부에서 제대로 이루어진 사례가 거의 없다. 언제나 다음 정부에 가서야 이루어졌다. 검찰이 하이에나 소리를 듣는 이유다. 항상 죽은 권력만 물어뜯고 살아 있는 권력 앞에서는 움츠러든다. 물론 박근혜 대통령 탄핵 이후 수사나 이명박 대통령의 친형인 이상득 의원 수사에서 보듯 현직 대통령이나 그 측근의 비리에 대한 수사가 이루어진 적도 있다. 하지만 이건 문제를 덮어두기에는 너무 크거나 임기 말 레임덕(lame duck)이 온 뒤의 일이다.

박근혜 정부의 임기가 한창이던 시절 발생했던 정윤회 문건 사건이나 NLL대화록 유출 사건 등에 대한 수사를 보라. 수사 결과는 철저히 대통령이 제시한 가이드라인에 따라 결정되었고, 엉뚱한 사람들을 무리하게 기소해 대부분 무죄 판결이 내려졌다. 원래 무죄 판결이 나오면 담당 검사는 인사상 불이익을 받아야 정상이고, 실제 그런 불이익을 주어왔다. 수사를 엉터리로 하면 국가권력이 국민들에게 엄청난 피해를 끼치기 때문이다. 하지만 정치적으로 사건을 처리한 이들은 무죄 판결이 나도 오히려 승진을 했다. 정권의 말을 잘 따르는 정치검사가 어떻게 출세하는지를 여실히 보여주는 사례다.

여기에 일선 검사들이 조직에서 제대로 목소리를 내지 못하게 하는 검사동일체의 원칙이라는 것도 있다. 노무현 정부 때 검찰청법에서는 없앴지만 여전히 관행으로 남아 있다. 검사동일체란 검사는 하나라는 말이다. 전국에서 벌어지는 모든 검찰 수사는 사전에 대검찰청에 보고되어 검찰총장의 지휘하에 일사불란하게 이루어져야 한다는 원칙이다. 일면 타당하다. 비슷한 사안에 대해 서울에서는 벌금형을 구형하는데, 부산에서는 징역형을 구형하면 평등의 원리에 어긋난다. 따라서 동일한 원칙을 적용하는 것이 맞다.

문제는 선거법이나 정치자금 등 정치적으로 예민한 사건을 수사할 때 검찰총장의 재가를 받아야 한다는 점이다. 사건이 발견될 때마다 각자 알아서 법률에 따라 처리하는 것이 아니라 대검찰청에 보고해 일일이 지시를 받는다. 압수수색 영장이나 구속영장 같은 영장 청구는 물론이고 심지어 내사 여부까지도 검찰총장의 승인을 받는다. 이 경우 검찰총장의 지시에 따라 수사가 좌우된다. 그런데 검찰총장은 대통령이 임명한다. 이는 결국 대통령의 뜻에 따라 정치적 사건의 수사가 좌우된다는 것을 의미한다. 이 상황에서 살아 있는 권력에 대한 수사가 제대로 이루어질 수 있겠는가.

대통령으로서는 검찰은 장악하기 매우 쉬운 조직이다. 권력에 충성할 사람들 몇 명만 검찰 상층부에 앉히면 나머지는 자동으로 돌아간다. 고위직으로 올라가고 싶은 검사들일수록 정권의 눈치를 보거나 정권에 줄을 대기 위해 뛰게 된다. 부당한 지시가 내려와도 자기 목소리를 내지 못한다. 내가 아니라도 나를 대체해서 일할 검사들은 무척 많다. 승진 가도에서 한번 물먹으면 다음을 기약하기가 쉽지 않다. 특히 윗선의 지시에 반발했다가 물을 먹을 경우 조직 내에서 영원히 '꼴통'으로 찍힐 가능성이 높다. 이 과정에서 소위 정치검사들이 만들어지는 것이다.

자신의 출세를 위한 목줄을 특정한 정치세력이 쥐고 있는 상황에서 검찰이 제대로 된 수사를 못하고 조직의 논리를 따라가는 건 어쩌면 당연하다. 노무현 정부는 바로 이 점을 간과했다. 검찰이 한번 제자리에 서면 정권이 바뀐 뒤에도 제대로 돌아갈 거라고 안이하게 판단했다. 하지만 민주정부에서 잠시 숨을 죽이며 지냈던 검사들은 권위주의 정부의 도래와 함께 빠르게 조직을 장악해갔다. 바로 노무현 정부가 활용했던 인사권을 통해서.

검찰을 제대로 독립시키려면 특정 권력이 아니라 국민들이 아래로부터 민주적으로 통제할 수 있어야 한다. 그래야 검찰이 정치권의 눈치가 아니라 국민들의 눈치를 보게 된다. 또 검사 개개인이 자신들의 목소리를 낼 수 있도록 조직을 바꾸어야 한다. 국정원 불법선거운동을 수사했던 검사들이나 MBC「PD수첩」광우병 편을 보도했던 PD들에 대한 무혐의를 주장하다 옷을 벗은 검사들처럼 이명박·박근혜 정부에서 불이익을 감수하고 자신들의 목소리를 낸 검사들이 많다. 이들이 제자리를 찾아갈 수 있도록 해야 한다. 그러자면 군대식 조직문화를 바꾸지 않으면 안 된다.

이런 현상이 검찰에만 있는 것은 아니다. 소위 권력기관, 즉 국정원과 검찰·경찰·국세청·공영언론 등에서 반복적으로 일어나고 있다. 심지어 삼권분립 체제에서 독립성이 강조되는 법원에서도 이런 일은 일어난다. 이명박 정부에서 신영철의 사례가 대표적이다. 신영철 전 대법관은 서울지방법원장 시절 광우병 촛불 시위 관련자들이 기소되면 기존의 사건 배당 원칙을 무시하고 특정 재판부에 사건을 배당했다. 자신의 입맛에 맞게 유죄 판결을 내리도록 특정 재판부에 사건을 몰아준 것이다. 대법관이 된 후에 이 사실이 드러나 편파시비와 함께 퇴진 압력이 거셌지만 신영철은 끝까지 버텼고 대법관 임기를 마쳤다. 판사들의 인사권을 형식적으로는 대법원장이 쥐고 있지만, 그 대법원장은 대통령이 임명한다. 판사들이 대법관이나 헌법재판관, 감사원장, 국무총리 등 사법부와 행정부의 요직을 차지하고 싶은 욕구가 강할 경우 정치권의 눈치를 보지 않을 수 없다.

　이와 같이 우리 사회 권력기관의 공통점은 구성원들이 최고 권력자의 인사권에 좌우된다는 점이다. 성공과 출세를 하려면 조직 내에서 절대 반발해서는 안 된다. 또한 인사권자의 의중에서 벗어난 행위를 해서도 안 된다. 출세에 눈이 멀어 스스로 권력의 하수인이 되는 것이다. 흔히 공무원들은 영혼이 없다고 하지만, 이들 권력기관의 공무원들만 하겠는가.

노무현 탄핵과 헌법재판소

검찰의 불법대선자금에 대한 수사가 끝난 뒤 야당인 한나라당은 독이 올랐다. 여당이었던 민주당도 대북송금 특검 등을 계기로 반노무현과 친노무현 세력 간의 분당이 이루어지면서 반노무현 세력의 불만이 고조되었다. 한나라당과 민주당의 반노무현 세력이 뭉쳐서 2004년 3월 제17대 총선을 불과 한 달 앞두고 노무현 대통령을 탄핵했다.

노무현 대통령의 권한이 즉시 정지되었고 헌법재판소는 탄핵심판 절차에 착수했다. 주심은 한나라당에서 추천한 재판관이었다. 사상 최초의 탄핵심판 재판이었다. 1988년 처음 구성된 이후 존재감을 찾을 수 없었던 헌법재판소의 위상이 급속히 올라갔다.

국민들의 반발은 거셌다. 노무현 대통령이 지지자들 앞에서 열린우리당이 총선에서 이겼으면 좋겠다고 한 말을 문제 삼아 국회에서 선거법 위반으로 탄핵을 했기 때문이다. 상식적으로 대통령이 사과 한마디 하면 끝날 문제였다. 그런 사소한 문제로 대통령을 쫓아내려고 했으니, 오히려 탄핵 역풍이 거세게 불었다. 2002년 효순이 미선이 사건 이후 처음으로 전국적인 규모의 촛불시위가 재개되었다.

한나라당은 박근혜를 대표로 내세워 차떼기로 받은 불법자금을 갚겠다며 천막 당사를 치고 발버둥을 쳤다. 하지만 제17대 총선은

대통령(노무현)탄핵소추안

©연합뉴스

2004년 3월 12일 국회 본회의에서
노무현 전 대통령에 대한 탄핵 소추안이 가결되고 있다.
가결 후 진행된 탄핵심판 과정에서
헌법재판소의 위상이 급속히 올라갔다.

새로 급조된 여당인 열린우리당이 152석으로 과반을 차지하며 끝났다. 진보 정당인 민주노동당 역시 사상 처음으로 10석을 차지하며 국회에 진출했다. 한나라당은 121석으로 몰락했고, 반노무현의 새천년민주당 역시 9석을 건지는 것으로 끝났다. 대한민국 정부 수립 이후 처음으로 보수 정당이 과반을 한참 밑도는 완벽한 패배를 당했다.

물론 한나라당이 121석을 건진 것은 박근혜가 그나마 선전한 결과였다. 탄핵 직후에는 100석도 건지지 못할 것이라는 전망이 많았지만, 박근혜 대표의 미소 작전과 정동영 열린우리당 의장의 노인 폄하 발언을 계기로 보수층의 재결집이 이루어졌다. 기사회생의 발판을 마련한 것이다.

총선 결과는 헌법재판소에 영향을 주지 않을 수 없었다. 헌법재판소야말로 여론에 민감한 조직 중 하나기 때문이다. 헌법재판소는 노무현 대통령 탄핵심판 청구를 기각했다. 헌법재판소 결정문은 재판 판결문이 흔히 그렇듯이 전반부에 노무현 대통령의 선거법 위반 문제에 대해 장황하게 설명했다. 하지만 후반부에서는 "그럼에도 불구하고"로 시작하여 대통령직을 박탈할 정도로 심각한 것은 아니라는 결론을 이끌어냈다.

너무나 당연한 결정이었지만 윤영철 헌법재판소장은 이 사건을 계기로 영웅으로 부각되었다. 송광수 검찰총장과 안대희 대검찰청 중수부장이 "송짱" "안짱"으로 떠오른 것과 비슷했다. 세 명 다 보수적인 인사들이었지만, 대통령을 잘 만나 합리적인 결정을 했다는 이유만으로 역설적이게도 진보적인 지지자들의 우상이 된 것이다.

실제 윤영철 소장 체제의 헌법재판소는 이후 노무현 정부의 행정수도 이전과 관련한 '신행정수도의 건설을 위한 특별조치법'이 위헌이라는 황당한 결정을 내리기도 했다. 대한민국의 수도는 관습에 따르면 서울이기 때문에 수도를 옮기려면 헌법 개정 절차를 밟아야 한다는 것이다. 우리나라는 성문법을 채택한 국가인데, 불문법에 해당하는 관습을 동원해 위헌 결정을 내렸다. 헌법재판소가 자기모순에 빠진 것이다. 대통령 탄핵심판과 관련해 여당의 손을 들어주었던 헌법재판소가 노무현 정부의 지지가 떨어지자 행정수도 이전 문제에 대해 야당의 손을 들어주었다. 이것이 대한민국 사법부의 위상이다.

석연치 않은 사장 교체

노무현 대통령이 취임한 직후 김중배 MBC 사장이 갑자기 그만두었다. 많은 사람들로부터 신뢰받던 언론인이었던 김중배 사장이 그만둔 이유는 아직도 모른다. 풍문에는 이광재나 안희정 같은 노무현 대통령 측근들이 자신들이 원하던 사람을 MBC 사장에 앉히려 하면서 마찰이 발생했다고 한다. 김 전 사장에게 몇 번이나 물어보았지만 가타부타 답변을 하지 않고 항상 언급을 피했다.

노무현 정부가 김중배 사장 후임으로 임명한 이긍희 사장은 한나라당에서 임명했는지 의구심이 들 정도로 지극히 보수적인 사람이었다. 대한민국은 앞으로 나가는데 MBC는 뒷걸음쳤다. 이긍희 사장은 보도본부장에 자신의 부산 경남고등학교 후배인 구본홍을 앉혔다. 구본홍은 나중에 이명박 대통령 후보 특보를 거쳐 YTN 사장에 낙하산으로 임명되었다가, 이를 반대하는 기자 6명을 해고하는 등 극심한 충돌을 겪고 스스로 물러났다.

구본홍이 MBC 보도국을 장악한 상황에서 삼성과 관련된 기사가 제대로 보도될 리 만무했다. 삼성 관련 기사는 MBC 뉴스데스크에서도 많이 빠졌다. 그런데 앞에서 설명한 것처럼 다른 회사 기자들까지 삼성 기사를 작성하지 않는 현실이 너무 개탄스러웠다. 그래서 어느 날 보도국 게시판에 '삼성공화국'이라는 제목으로 글을 올렸다. 삼성과 관련한 비현실적인 일이 실제 벌어지고 있는 작금의 현실에 대해 설명하고 비판하는 내용이었다. 이 글을 올린 뒤 얼마 지나지 않아 시민사회에서 '삼성공화국'이라는 말을 공공연히 사용해 어리둥절한 적이 있다. 나와 전혀 교감이 없는 상태에서 이심전심으로 통한 것이다.

이 글을 올린 뒤에도 MBC 보도국은 너무 조용했다. 어느 누구도 이에 대해서 언급하지 않았다. 마치 아무 일도 없었던 듯이 일상이 계속됐다. 내가 투명인간이 된 기분이었다. 며칠 후 다시 한번 글을 올렸다. 삼성과 관련한 기사가 여전히 뉴스데스크에서 빠지는 실태에 대해 비판했다. 그러자 당시 전 모 편집부장이 나를 불러서 자신이 일부러 기사를 뺐다는 말이냐며 따져 물었다. 내 글이 자신을 표적으로 삼았다는 것이다. 적반하장이었다. 전 부장은 나중에 이명박 정부에서 보도국장과 보도본부장을 하면서 MBC 뉴스를 망치다가 후배들의 반발에 부딪혀 거듭 쫓겨났다. 당시 보도국장은 예전의 강 모 경제부장이었다. 보도국 게시판에 글을 올린 지 얼마 안 되어 나는 사회부 법조팀에서 라디오뉴스 편집부로 쫓겨났다.

구본홍 보도본부장 체제에서 MBC 뉴스는 조선일보를 베껴 노무현 정부를 비판하는 엽기적인 행태를 보였다. 당시 우리 뉴스는 노무현 정부를 비판해야 언론으로서 정도를 가는 것인 양 보여주기식 보도가 많았다. 그동안 대통령에 대해 한번도 제대로 된 비판의 목소리를 내지 못하던 조직이 대통령 개인을 과도하게 비판했다. 보수적인 선배들이 이긍희 사장·구본홍 본부장 체제를 맞아 마치 소신을 지키는 언론인인 것처럼 돌변해 목소리를 높이기 시작한 것이다.

조선일보의 비난 기사를 그대로 베낀 것 중에 이런 것이 있었다. 노무현 대통령이 프로야구 시구를 하는데 2루 심판이 경호원이었다. 청와대에서 나중에 이걸 공개했다. 그러자 일급기밀이어야 할 대통령 경호 사실을 공개했다고 비난했다. 또 대통령이 자동차 창문을 열고 인사할 때 청와대 방문객 중 한 명이 대통령에게 쓴 편지를 차 안으로 던졌다. 역시 이것도 대통령 경호에 심각한 문제가 있는 양 비난했다. 우리는 이런 해프닝성 기사를 베끼면서 언론으로서 특권을 즐기고 있었다.

문화부에서 만났던 윤 모 선배가 당시 청와대를 출입했다. 사람 좋은 윤 선배는 그 상황을 너무 괴로워했다. 회사의 지시를 따르지 않을 수 없는데, 그 지시가 수긍하기 어려웠기 때문이다. 자신이 부당한 지시를 거부하면 후배에게 그 부담이 돌아갈 것이 너무 뻔했다. 결국 윤 선배가 그 모든 부담을 떠안았다. 원래 술을 좋아하던 윤 선배는 거의 매일 술에 절어 있었다.

노무현 정부가 들어섰는데 MBC에서는 수구 인사들이 권력을 쥐고 흔들었다. MBC 뉴스는 그런 식으로 망가지고 있었고, 보도국 내부에서 후배들의 불만이 조금씩 쌓이면서 전운이 고조되기 시작했다. 일 잘하던 김중배 사장을 내쫓고 엉뚱한 사장을 앉힌 노무현 정부의 자업자득이었다.

MBC 개혁운동과 내부 분열

MBC에 입사한 뒤 쉬지 않고 달려온 8년이었다. 1996년 입사해서 사회부, 경제부, 문화부, 통일외교부, 사회부를 돌았다. 갈 때마다 굵직굵직한 일이 끊임없이 터졌다. 마치 김대중 정부 이후 현대사를 함께한 느낌이었다. 2004년 9월 라디오뉴스 편집부로 옮기면서 잠깐 동안 몸과 마음을 쉴 수 있는 기간으로 보았다. 하지만 이곳에서의 휴지기도 그리 오래가지는 못했다.

라디오뉴스 편집부는 보통 정년퇴임을 앞둔 선배들이 가는 곳이다. 이곳에서는 하루 종일 일을 하고 이틀을 쉬었다. 당연히 개인시간이 많아졌다. 매시간 보도할 뉴스를 정해야 하기 때문에 모든 부서의 뉴스를 하나도 빼지 않고 읽어야 했다. 우리 뉴스뿐 아니라 연합뉴스 기사까지 빠짐없이 보게 되니, 우리 정치부에서 뉴스를 갖고 얼마나 장난을 치는지 쉽게 알 수 있었다.

라디오뉴스 편집부로 옮긴 지 얼마 안 되어 보도국의 곪은 것들이 터지기 시작했다. 보도 부문은 본부장과 국장을 비롯해 마치 한나라당 정권에서 핵심을 이룰 만한 사람들로 구성되어 있었고, 이들이 뉴스를 이끌어가는 방식은 구태의연했다. 노무현 정권에 대한 노골적인 비난도 문제였다. 정치부와 경제부, 사회부에서는 누가 시키지도 않았는데 조선일보를 기준으로 기사를 작성하고 노무현 정부를 비판했다. 우리 뉴스가 역행하는 동안 후배들 사이에 불만이 쌓여갔다. 그런데 당시 기자회장은 보도국장에게 잘 보여서 해외 특파원을 나갈 궁리만 했다. 전형적인 구악의 모습이었다. 후배들이 지적하는 우리 뉴스의 문제점에 대해서는 눈을 감았다.

기자들 사이에서 우선 기자회장을 제대로 뽑아야 한다는 목소리가 높아졌다. 이즈음 '삼성공화국'을 쓰며 내가 요구했던 보도국 익명 게시판이 만들어졌다. 통 큰 스타일의 구본홍 보도본부장이 선심을 쓴 것이다. 이 게시판을 이용해 다양한 목소리들이 터져나왔다. 우리 뉴스의 문제점에 대한 지적부터 기자회 문제까지. 그때까지 기자회장은 앞 기수 선배가 바로 아래 기수 후배에게 "이번에는 네가 하라"며 던져주는 식이었다. 하지만 기자회장이 보도국 수뇌부들과 한통속이 되는 걸 막으려면 그런 방식은 더 이상 유효하지 않았다. 앞으로 기자회장을 기자 전체의 투표로 뽑기로 했다. 기자회 비상대책위원회가 만들어졌고 규약을 갖추어 기자회장을 새로 뽑았다. 새로운 기자회가 구성된 뒤 나는 기자회보 편집장을 맡았다. 기자들의 목소리를 담아 기자회보를 제대로 발간하자는 취지였다. 이 또한 보수적인 선배들에게 낙인찍히기 좋은 일이었다.

기자회를 재건한 다음 순서는 사장 교체였다. 이긍희 사장이 연임을 하려고 한다는 소문이 퍼졌고, 연임을 막아야 했다. 이긍희 사장을 반대하는 목소리가 보도국 익명게시판을 통해 다시 터져나왔다. 보수적인 선배들은 이런 모습을 보고 중국 문화대혁명의 홍위병에 빗대어 비난하거나, 실명을 못 밝히고 익명을 이용한다며 비겁하다고 손가락질했다. 하지만 그런 그들도 익명게시판을 통해 우리들을 비난했다. 보도 부문이 분열되기 시작했다.

그 와중에 '구찌 백' 사건이 터졌다. 강 모 보도국장이 속칭 업자를 만나서 구찌 가방을 공짜로 받은 사실이 드러난 것이다. 이 사건으로 보도국장이 물러났다. MBC에 대한 개혁의 목소리는 더욱 커졌고, 이긍희 사장을 표적으로 삼은 글이 쇄도했다. 급기야 이긍희 사장이 연임 포기를 선언했다.

이긍희 사장을 반대하는 목소리는 대안 사장 선임으로 모아졌고, 최문순 당시「시사매거진 2580」부장이 유력한 후보로 떠올랐다. 최 선배는 언론운동을 꾸준히 해온 사람으로 MBC 노조 위원장을 거쳐 전국언론노조 초대 위원장을 지냈다. 시민사회단체에서도 마땅한 대안이 없자 최 선배로 중지가 모아졌다. 최 선배가 MBC 사장에 선임되었다. 후배들을 중심으로 아래로부터 진행된 MBC 개혁운동의 성과였다.

2005년 2월 최문순 선배가 사장이 된 뒤 보도 부문은 두 부류로 확연히 갈라졌다. 선배들을 중심으로 한 반대세력과 후배들을 중심으로 한 지지세력이 그것이었다. 최문순 선배는 보도국 21기였다. 최 선배가 사장이 되어 임명한 보도본부장은 15기였다. 10기나 11기가 사장이 되어야 할 시점에 21기가 기수를 훌쩍 뛰어넘어 사장이 된 것이다. 그 바람에 윗 기수 선배들 상당수가 불만을 품었다. 이들은 공공연히 최문순 사장 체제를 비난했고, 후배들을 홍위병으로 매도했다. 나에 대한 비난도 최고조에 이르렀다. 나는 사내 보수 성향 선배들로부터 안티조선운동 보도 때부터 낙인이 찍혔고, 최문순 파동 때 그 정점을 이루었다. 그들에게는 내가 사내 반란의 행동대장 정도로 보였을 것이다. 그들은 수시로 반전을 노렸다.

아쉬웠던 노무현 정부

개혁 프로그램이 없었던 386세대

2005년 2월 최문순 사장 체제가 되면서 나는 정치부로 옮겼다. 입사한 지 9년이 다 되어 드디어 내 전공 부서에 가게 되었다. 언젠가는 정치부에 갈 것이라고 생각했지만, 최문순 사장 체제가 지대한 영향을 미쳤다. 보통은 사회부 검찰 출입을 한 직후 정치부로 가지만, 나는 라디오뉴스 편집부로 쫓겨났다. 그런 점에서 정치부로 발령이 난 것은 인사를 바로잡는 의미도 있었다. 하지만 반최문순을 공언한 선배들은 이것마저 뒤에서 비난했다.

제17대 국회에서 만난 열린우리당은 실망 그 자체였다. 열린우리당과 민주노동당의 의석을 합치면 160석이 넘었다. 진보 연대를 충분히 할 수 있는 숫자라고 생각했지만 열린우리당은 한나라당과의 보수 연대를 더 중시했다. 노무현이 이념보다는 지역주의 극복, 즉 과거 통일민주당 시절의 야권 복원을 끊임없이 시도했기 때문인지도 모른다.

실제 열린우리당의 정책은 국가보안법과 사학법 등 4대 개혁을 제외하면 한나라당과 큰 차별성이 없었다. 특히 경제정책은 경제 관료들에게 완벽하게 포획되어 기존의 재벌 중심 경제성장 정책을 답습했다. 당 내에서 김근태와 정동영이 개혁 대 실용을 둘러싼 대결을 하고 있었고, 실용을 대표하는 정동영 세력이 다소 우위를 차지했다. 하지만 김근태 역시 경제정책에서는 뚜렷한 개혁성을 보이지 못했다.

당시 열린우리당 내부에서 목소리를 높인 집단이 386세대 정치인들이다. 386세대의 열렬한 지지로 정권을 잡은 노무현 정부니 당연한 일이었다. 하지만 386 정치인들은 콘텐츠가 전혀 없었다. 주로 전대협 출신으로 각 대학 총학생회장을 했던 386 정치인들은 가투, 거리 시위에는 익숙했을지 몰라도 국정을 운영할 프로그램이 전무했다. 그 결과 그들은 정치권의 얼굴마담 노릇만 하며 정동영과 김근태, 정세균 등 각 계파 우두머리를 따라 끊임없이 이합집산하는 모습을 보였다. 국회에서 이들을 만날 때마다 "문제는 경제"라고 목이 쉬도록 얘기했지만 쇠귀에 경 읽기나 다름이 없었다. 애초에 이들의 머릿속에 경제 문제를 받아들일 준비가 전혀 안 되어 있었던 것이다.

한나라당에서 이적해온 소위 독수리 5형제도 마찬가지였다. 이들 중 일부 의원들과 개인적인 친분이 있어 오랜 시간 대화를 나눈 적이 있다. 이야기를 하면 할수록 이들이 매우 보수적이라는 느낌을 받았다. 바로 그렇기 때문에 그렇게 오랫동안 한나라당에서 활동할 수 있었을 것이다.

노무현 정부는 초반부터 정치개혁에만 주력했고, 그것도 한나라당과의 연대를 염두에 둔 퇴행적 행태를 보였다. 그 결과 여권 분열이 가속화되었다. 정권 초기 대북송금 특검이 대표적이다. 대통령이 거부권을 행사하면 간단히 끝날 일이었지만, 노무현은 한나라당과의 관계를 개선하려는 목적에 앞장서서 수용했다. 그 결과 대북송금 특검은 호남 계열의 이탈만 초래했고, 한나라당은 여권의 분열을 즐겼다. 한나라당과의 관계 개선은 고사하고, 한나라당은 노무현 정부를 더욱 혹독하게 비난했다. 노무현이 의도했던 것과 전혀 다른 결과였다.

대북송금 특검의 수용은 노무현이 민주당 대통령 후보로 확정된 뒤 13년 전에 김영삼에게서 받았던 'YS 시계'를 차고 김영삼을 찾아가 부산·경남 지역의 김영삼계 지지를 얻으려고 한 것과 같은 맥락이었다. 즉 과거 영호남 야권의 기계적 연대를 통한 지역주의의 극복이었다. 하지만 이미 지역주의를 넘어 이념적 분화를 겪고 있던 여야 구도에서 노무현의 바람은 그저 꿈에 불과했다.

노무현의 이라크 파병 또한 여권 지지층에게는 날벼락이었다. 후보 시절 "반미면 어떠냐?"고 부르짖었던 노무현이 미국에 가서 "미국이 아니었다면 자신은 아오지 탄광에 있을지 모른다"는 식의 발언을 하고, 미국의 이라크 침공에 동조하는 정책을 폈다. 외교 업무에 미숙했던 대통령이 외교부 공무원들에게 휘둘린 것이다. 한나라당은 적극적으로 찬성했지만, 진보적인 노무현 지지층은 고개를 돌리기 시작했다. 노무현은 자꾸 한나라당과 관료들을 바라보면서 자신의 지지층을 잃어갔다.

제17대 국회에서 과반 의석을 얻은 뒤에도 열린우리당은 무력한 모습을 보였다. 야심 차게 추진했던 4대 개혁은 한나라당의 거센 반발에 부딪혀 물 건너갔다. 국회 과반 의석을 차지하고 있으면서도 한나라당이 숱하게 써먹었던 날치기조차 못하는 무능을 보였다. 그 결과 당초 계획했던 개혁정책이 제대로 추진되지 못했다.

급기야 노무현 대통령은 한나라당에 공식적으로 대연정을 제안했다. 하지만 한나라당은 콧방귀도 뀌지 않았다. 이미 자신의 지지층으로부터도 인기를 잃기 시작한 정부와 누가 연정을 하려고 하겠는가. 노무현의 말은 메아리 없는 외침이었다. 노무현은 한나라당을 향해 개헌도 요구했다. 자신의 임기를 1년 단축할 테니 4년 중임제로 원포인트 개헌을 하자는 것이었다. 하지만 한나라당은 철저히 외면했다.

그 사이 김대중 정부부터 가속화된 신자유주의 경제개혁으로 경제적 양극화는 심화되었다. 김대중 정부는 IMF에서 돈을 빌린 대가로 신자유주의 정책을 어쩔 수 없이 받아들였다고 하더라도, 노무현 정부는 이를 수정할 단계인데도 기존 정책을 그대로 답습했다. 게다가 2년 기한의 비정규직 보호법안을 노동계의 반대에도 불구하고 통과시킴으로써 비정규직이 갈수록 늘어났다. 정부와 노동계 간 갈등의 골은 깊어졌고 인권변호사 노무현을 믿고 목소리를 높이던 노동계는 대통령 노무현의 강경대응에 굴복할 수밖에 없었다.

이 시기 부동산 값 폭등은 민심이반에 촉매제 역할을 했다. 부동산 값 폭등은 자산의 양극화, 즉 집 가진 자와 집 없는 자 간의 격차를 가속화했다. 임금격차도 임금격차지만 자산의 양극화는 결국 따라갈 수 없는 빈부격차를 고착화하는 결과를 낳았다. 하지만 정부는 적절한 규제책을 서둘러 마련하지 못하고 시장에 농락당할 대로 농락당한 뒤에야 이를 겨우 진정시킬 수 있었다. 대한민국 경제 관료들은 지금까지 한번도 부동산 값 안정을 위한 정책을 앞장서서 펼친 적이 없다. 부동산 경기 부양을 통해 경제를 살린다거나 부동산이 죽으면 경기가 죽는다고 위협하며 부동산 값을 끌어올리거나 부동산 값 상승을 방치해왔다. 노무현 정부가 여기에 또 한번 당한 것이다.

이 모든 것이 경제 관료들에게 끊임없이 휘둘린 결과다. 정태인 전 청와대 국민경제비서관의 말에 따르면 노무현 정부에서 개혁을 시도했던 소장파들은 청와대와 정부에서 불과 1년 반 만에 모두 쫓겨났다고 한다. 김대중 정부에서 개혁파들이 1년 만에 쫓겨난 것에 비하면 조금 더 버틴 것이다. 경제 관료들은 당장 눈에 띄는 성과를 가져오는데, 개혁파들은 성과가 불투명한 개혁정책을 들이대니 대통령으로서는 관료들을 더 신뢰할 수밖에 없었다. 실제 경제 관료들에게 맡겨진 경제는 경제성장률이나 투자율, 수출, 물가 등의 경제 지표상으로는 전혀 나쁘지 않았다. 하지만 조금만 안을 들여다보면 속에서 곪아가고 있었다. 사회적 양극화가 심화되면서, 가진 자들은 즐거워 비명을 질렀지만, 서민들의 체감 경기는 훨씬 악화되었다.

노무현이 이 시기에 "모든 권력은 시장으로 넘어갔다"고 한 말은 거의 체념에 가까웠다. 박정희 때부터 시행되어온 재벌 중심의 경제성장 패러다임을 바꿀 수 있는 절호의 기회였지만, 노무현 정부는 경제 관료들에게 포획되어 전부 시장에 맡기는 것을 개혁이라고 여겼다. 시장에 맡김으로써 결국 박정희 때부터 몸집을 부풀려온 재벌이 모든 걸 독식하는 기반이 더욱 강화되었다. 정부가 통제하기 어렵게 된 것이다.

이에 비해 노동계는 과거 진보적 색채를 보여준 노무현을 믿고 적극적으로 권리를 얻기 위해 나섰다가 호된 칼을 맞았다. 정권 초반 화물연대 파업을 시작으로 잇따라 들고일어났다가 정권의 강경

대응에 무릎을 꿇고 말았다. 김대중 정부부터 다시 증가하기 시작한 구속된 노동자 수는 노무현 정부에 이르러 1000명을 넘었다. 구속된 노동자 수로만 따지면 전두환 정권 시절로 돌아간 것이다.

노무현은 나아가 삼성과 현대 등 재벌들이 적극적으로 원하던 한미FTA를 앞장서서 추진했다. 진보적 성향의 노무현 지지층과 노동자, 농민 등 우리 사회의 취약층은 한미FTA를 반대했지만, 노무현은 이들의 반대를 무릅쓰고 적극 추진했다. 한미FTA는 노무현 정부에 대해 일말의 기대를 갖고 있던 사람들의 마음마저 떠나게 했다. 노무현 정부에 대한 민심이반을 되돌릴 수 없는 수준으로 만들어버렸다. 노무현은 대통령 퇴임 이후 한미FTA에 대해 후회했지만 이미 때는 늦었다. 민주주의자이기를 꿈꾸었던 노무현은 적어도 경제와 노동 문제에 관한 한 민주주의를 크게 오해한 것이다.

노무현은 임기 마지막 해인 2007년 10월에 제2차 남북정상회담을 개최하고 10·4선언을 발표했다. 하지만 정권교체가 명확한 상황에서 임기 말 이루어진 남북공동성명은 휴지 조각이나 다름이 없었고, 정권을 이어받은 이명박 정부는 실제 휴지 조각 처리를 해버렸다. 과거 운동권에서 NL의 주축을 이루었던 전대협 출신 386 정치인들이 그토록 목매달았던 남북관계 개선조차 노무현 정부 시기 대북송금 특검으로 인해 제대로 이루어지지 못했다.

노무현의 지지층은 이미 붕괴되었다. 시중에는 "이게 다 노무현 때문"이라는 유행어가 회자되었다. 서울 강남 사람들은 부동산 값

폭등으로 노무현 정부에서 돈을 많이 벌었지만, 절대 노무현 정부를 지지하지 않았다. 없는 사람들은 없는 사람들대로 양극화를 경험하면서 노무현 정부를 반대했다. 사면초가 상황에 직면한 것이다. 이제 야당으로의 정권교체는 명약관화했다. 노무현이나 유시민이 정권 말기에 야당으로 정권교체가 이루어지는 것도 나쁘지 않을 것이라는 말을 할 정도였으니 급속한 민심이반 현상을 짐작할 수 있다. 야당은 정권을 공짜로 줍다시피 했다.

삼성 X파일과 노무현 정부

홍석현 중앙일보 회장과 이학수 삼성 부회장 간의 대화를 녹음한 삼성 X파일이 MBC 이상호 기자에게 넘어갔다. 제대로만 수사를 한다면 삼성과 검찰을 한꺼번에 개혁할 수 있는 중요한 내용이 담겨 있었다. 하지만 최문순 사장 체제에서 문제가 발생했다. 보도국장이 이상호 기자에게 추가 취재를 요구했다. 그 녹음파일이 어디서 어떻게 흘러나왔는지 구체적으로 취재해와야 보도할 수 있다고 조건을 단 것이다. 그 파일이 조작이 아니라는 걸 입증해야 했다. 이상호 기자는 녹음파일을 입수하긴 했지만 그 파일의 실체를 취재하지 못하는 허점을 보였다. 그 상황에서 보도를 요구했고, 결국 마찰이 발생했다.

보도가 차일피일 미루어지자, 이상호 기자는 미디어오늘을 비롯해 외부 언론에 녹음파일의 존재와 그 내용을 슬쩍슬쩍 흘리면서 MBC가 보도를 막고 있다고 압박했다. 하지만 보도국장은 이상호 기자의 이런 행태에 더욱 격분했다. 이상호 기자가 취재는 안 하고 언론플레이만 한다고 본 것이다. 갈등이 깊어지는 사이 녹음파일의 존재와 그 내용이 언론계에 다 알려져버렸다. 결국 조선일보에서 녹음파일의 출처를 취재해 우리보다 앞서 보도했다. 홍석현과 이학수의 대화는 국정원 미림팀에서 도청한 것이었다. 녹음파일의 실체가 확인된 그날, MBC도 대대적으로 녹음파일 내용을 보도했다.

MBC는 왜 삼성 X파일의 보도를 차일피일 미루며 막았을까? 분명히 녹음파일의 출처가 불투명한 문제도 있었다. 하지만 우리가 믿었던 최문순 사장의 문제도 있었다. 나중에 듣기로 최 사장 본인이 이 파일의 보도를 원하지 않았다고 한다. 우리 회사 최대의 광고주인 삼성의 문제였기 때문일 것이다. 기자 최문순은 공정보도를 위한 운동을 열심히 했을지 몰라도, 사장 최문순은 그 누구보다 신자유주의자가 되었다. 돈 없이는 공정보도도 어렵다는 것이 당시 그의 공공연한 신조였다. 공정보도는 후배들이 알아서 하고, 자신은 회사의 경제 기반을 마련하겠다고 열심히 뛴 것이다. 이런 상황에서 최대 광고주를 건드리는 보도가 쉽지 않았을 것이다.

사장 최문순의 문제는 노무현 정부의 문제와도 직결된다. 노무현 정부는 삼성과 유착했다고 말해도 과언이 아닐 정도로 긴밀한 관계를 유지했다. 당선자 시절 노무현 측근인 이광재와 안희정이 삼성경제연구소의 보고서를 들고 와서 재벌 위주의 경제성장 정책을 입안했다. 또 노무현 정부는 민관 교류를 내세워 국장이나 과장급 공무원들을 삼성에 보내 민간 기업을 보고 배우라고 했다. 삼성 X파일 수사 역시 불법도청과 독수독과론을 내세워 뭉개버렸다. 노무현 정부 말기에는 삼성 특검을 통해 이건희·이재용 부자에게 면죄부를 주었다. 김용철 변호사의 폭로로 실시하게 된 특검에 삼성을 제대로 수사하지 않을 사람을 지명한 것이다.

삼성 X파일 보도가 결과적으로 우리 사회에 큰 변화를 가져오지 못한 배경에는 이와 같은 일들이 작용했다. 최문순 사장과 노무현 대통령은 자신들이 원하는 자리에 오른 순간 지지층의 믿음과 달리 삼성과 사실상 한편이 되었다. 이들 역시 재벌 위주의 경제성장 정책의 포로였고, 이 상태에서 삼성을 상대로 칼을 휘두르는 것은 상상할 수 없었던 것이다.

이해찬 총리와 언론

국회에 출입을 하는 동안 보수적인 선배들의 견제는 집요했다. 당시 최 모 정치부 차장은 최문순 체제에 극도로 불만이 많던 선배였다. 하지만 최문순 사장은 화합을 한다면서 이런 선배들도 정치부 데스크에 앉혔다. 그는 이명박·박근혜 정부가 들어선 뒤에는 사내 일베 그룹들과 함께 노골적인 편파보도를 하며 후배들과 대립 각을 세웠다.

최 차장은 당시에도 우리가 쓴 기사를 한나라당 시각에서 다시 고쳐서 기사를 이상하게 만들어놓기 일쑤였다. 마찰이 없을 수 없었다. 하지만 정치부장은 좋은 게 좋은 것이라고 최 차장을 최대한 끌어안으려 했다. 그 과정에 나는 국회를 출입한 지 불과 1년 만인 2006년 3월 출입처를 국회에서 총리실로 옮겼다. 최 차장과의 마찰 등으로 국회팀에서 밀려난 것이다. 이때 총리는 이해찬이었다. 총리실로 옮기자마자 삼일절 골프 파동이 터졌다.

이해찬 총리는 노무현 정부에서 말 그대로 책임총리로서 실권을 휘둘렀다. 과거 김대중 정부 시절 김종필 총리 이후 가장 막강한 권한을 가졌다. 이 총리는 똑소리 날 정도로 일을 잘 챙겼다. 야당에서도 일 문제로는 지적할 게 거의 없었다. 당연히 노무현 대통령의 신뢰도 높았다.

문제는 이 총리가 너무 대차게 나온 점이다. 총리로서 야당에 대해 꼿꼿하게 대응을 했다. 이 총리로서는 사실 할 말을 제대로 했다. 하지만 보수 우위의 대한민국에서 진보적 성향의 인사가 바른 말을 하면 그게 곧 죄가 되는 것이 현실이다. MBC 내에서도 항상 있던 문제다. 이해찬 총리의 평소 태도도 문제였다. 이미 권력을 차지한 만큼 허허실실, 외유내강의 모습이 필요했지만 정반대였다.

사소한 건수만 생겨도 정부와 여당을 공격하던 야당과 보수 언론의 입장에서 이 총리는 입 안에 가시나 다름없었다. 언제든 제거하고 싶지만 그럴 만한 건수를 찾지 못하고 있던 참이었다.

그러던 차에 삼일절 골프 파동이 벌어졌다. 이해찬 총리가 삼일절에 골프를 친 것 자체를 잘했다고 할 수는 없다. 언론과 야당의 비판은 당연했다. 하지만 보수 언론과 야당의 공격은 선을 넘어섰다. 이해찬 낙마를 목표로 삼일절 골프 파동을 하루도 빠짐없이 보름 넘게 보도했다. 누구랑 골프를 쳤는지, 비용은 누가 냈는지, 골프 일행은 무엇을 하는 사람들인지 등등을 집중 추적해서 온갖 트집을 잡기 시작했다. 심지어 이해찬 총리가 선물로 받은 골프공에 봉황이 그려져 있다고 트집을 잡기도 했다. 그러자 이해찬 총리 측에서도 대응 수위를 점점 높였다. 이게 감정 싸움이 되어버렸다.

당시 유시민 의원과 우연히 점심을 함께하면서 이 문제로 얘기를 나눈 적이 있다. 유 의원은 총리가 삼일절에 골프를 좀 치면 어떠냐는 반응이었다. 골프 친 것 자체가 잘한 일은 아니지 않느냐고 반박했다. 더 큰 문제는 잘못했으면 고개를 숙이면 되는데, 이전 정권과 달리 너무 고개를 세워서 오히려 기사를 만들어줬다고 지적했다. 그러자 유 의원은 "권력 잡아서 우리도 좀 골프 쳐보겠다는데…"라는 식으로 맞받았다. 내가 알던 논객 유시민이 맞는지 의심스러울 정도였다. 이성적인 대응을 떠나 감정적인 대응으로 치닫고 있었다. 일종의 오기만 남은 것이다. 하지만 언론과 공무원이 감정적으로 대립할 경우 승자는 당연히 언론이다. 이해찬 총리는 결국 사퇴했다.

이해찬 파문을 거치면서 노무현 정부의 언론정책에 대해 다시 한번 생각하지 않을 수 없었다. 노무현 정부는 정권 초기부터 기자실을 폐쇄하는 등 보수 성향 언론뿐 아니라 모든 언론을 사실상 '적'으로 만들어버렸다. 노무현 대통령이 "기자실에 죽치고 앉아 분위기를 좌우하고…"라고 지적한 기자들이 분명히 있다. 대표적인 기자들이 외교부나 통일부, 국방부 등에 오랫동안 출입하며 터줏대감 노릇을 하던 보수 언론의 기자들이다. 그러나 이들의 폐해를 없애겠다고 모든 언론을 적으로 돌린 것은 빈대를 잡기 위해 초가삼간을 태운 것이나 다름없었다. 엉뚱한 곳에서 소모전을 펼치며 전력을 낭비했다.

노무현 정부의 정책 또한 좌우 언론의 공격을 유발했다. 노무현 정부를 비판하는 대표적인 표현 중 하나가 "왼쪽 깜박이를 켜고 우회전한다"는 것이다. 말은 진보개혁적인데 실제 정책은 너무 보수적이었다. 그렇다고 보수 언론이 노무현 정부가 잘했다고 띄워주는 것은 물론 아니다. 오히려 진보 성향 언론으로부터도 비판을 초래해 좌우 협공을 당했다. 노무현 정부의 애매한 스탠스(stance)가 화를 자초했다.

그렇다고 허허실실 계책을 사용한 것도 아니다. 사사건건 충돌을 하니 언론으로서는 오히려 쓸거리가 자꾸 늘어났다. 대통령이 충돌하고, 총리가 충돌하고, 장관들까지 충돌하니, 노무현 정부에서는 나라가 온통 시끄러웠다. 충돌을 하고 사건이 나는데 언론이 이를 외면할 수는 없다. 본래 싸움을 부채질하는 것이 언론이지 않던가. 보수 언론과 한나라당으로서는 이만큼 고마울 데가 없었다. 국민들은 자신의 눈앞에서 자꾸 싸움이 벌어지는 것을 좋아하지 않는다. 노무현 정부는 자신들의 결백을 소리 높여 강력히 주장하다가, 민심을 잃는 대형 실수를 범했다. "그래, 네 똥 굵다"는 냉정한 평가였다.

소수파 정권으로서 적을 제압하려면 지혜로워야 한다. 허허실실이 가장 좋은 방책이다. 행정권력 하나 장악하고서 대놓고 선전포고를 해봐야 소용없다. 보수세력들은 입법부와 사법부, 언론이라는 강력한 기반을 갖고 있다. 행정부 내에서도 보수적인 관료들이 사실상 이들의 우군 노릇을 한다. 게다가 재벌이라는 가장 강력한 물적 기반이 이들의 편이다. 이들이 노무현 정부에서 행정부에 이어 입법부까지 잃게 되자 사법부와 언론 등에 호소하며 노무현 정부를 강력히 저지한 바가 있지 않던가.

정치부에서 쫓겨나다

총리실에 출입한 지 6개월쯤 되었을 무렵인 2006년 9월 MBC 내부에서 조직개편이 이루어졌다. 기존의 부 체제를 팀 체제로 바꾸면서 수많은 팀이 생겼다. 여러 개의 팀을 묶어서 부국장들이 담당을 하는 에디터 체제가 되었다. 이런 팀 개편이 무슨 의미가 있는지 모르겠지만, 사장이 되면 무엇인가 바꾸어보려는 욕망이 생기나 보다. 한 가지는 확실했다. 개혁 성향의 선배들은 조직개편을 반대했고, 조직개편을 주도한 선배들은 당시 반최문순 체제의 선봉에 서 있었다. 반최문순 세력이 최문순 사장의 욕망을 이용해 사내 권력을 장악했다.

조직개편에 따른 후속 인사가 이어지면서 개혁 성향의 선배들이 주요 직책에서 밀려났다. 나도 정치부에서 「시사매거진 2580」으로 쫓겨났다. 보도국장은 다소 보수적인 성향의 인사로 교체되었고, 정치 1, 2팀장도 반최문순, 반노무현 인사들로 바뀌었다. 최문순 사장 체제에서 반최문순 인사들이 보도국 내 실권을 모두 장악하는 기가 막힌 반전을 이룬 것이다. 호시탐탐 기회를 노리던 선배들로서는 목적을 달성했다. 최문순 사장에 대한 실망은 더 말할 나위가 없었다.

노무현 정부의 탄생은 분명히 우리 사회에 획기적인 사건이었다. 하지만 기대가 크면 실망도 큰 법이다. 노무현 정부는 지역주의를 극복하기 위해 영호남의 전통 야권 인사들을 다시 모으는 기계적인 방식을 추구했고, 경제 문제에 관한 한 박정희 체제 이래 지속되어온 재벌 위주 경제성장 패러다임에서 한 치도 벗어나지 못

「시사매거진 2580」 시절
지리산 뱀사골을 취재하던 모습.
「시사매거진 2580」에서 지낸 1년 반 동안에는
내가 원하는 보도를 제대로 할 수 없었다.

했다. 그 결과 노무현을 지지했던 새로운 세대, 새로운 진보 성향 지지층의 기대를 충분히 수렴하지 못했다. 미국의 정치학자 샤츠슈나이더가 말하는 "갈등의 치환"을 이루지 못한 것이다. 사회적 양극화는 심화되었고 민심이반이 일상화되면서 야당으로 정권이 넘어갔다.

　물론 노무현 정부가 남긴 성과도 크다. 불법대선자금 수사를 통해 정치권의 부정부패를 뿌리 뽑을 수 있는 기반을 조성했다. 검찰과 언론이 정치권으로부터 독립해서 마음껏 자유를 누릴 수 있도록 했다. 우리 사회의 정의를 바로잡을 수 있는 초석을 세웠다. 문제는 이것이 시스템화되지 못한 것이다. 그 결과 정권이 바뀌면서 공든 탑도 함께 무너졌다.

9

내가 노조에
남은 이유

국민과 동떨어진 이명박 정부

2006년 9월부터 나는 「시사매거진 2580」에서 1년 반을 보냈다. 한동안은 부장과 시각 차이로 내가 원하는 보도를 마음껏 할 수 없었다. 대형 마트의 문제점에 대한 기사를 쓰면 대형 마트의 입장을 몽땅 집어넣어서 비판의 날을 무디게 만들었다. 쿠바의 무상교육과 무상의료에 대한 취재를 하려 했는데 아이템이 재미없다며 이미 잡아놓은 출장을 취소해버렸다. 날을 세워서 기사를 쓸 수 없는 환경이었다.

그러다가 이명박이 대통령에 당선되고 보도 부문에 인사이동이 있던 과도기를 이용해 잠깐 원하는 보도를 할 수 있었다. 대표적인 것이 영어몰입교육에 대한 취재와 비판이었다. 다른 기자 두 명과 함께 한 회 분량을 다 터서 45분 동안 이 주제를 다루었다.

이명박 당선자의 인수위원회(인수위) 시절 인수위원장이 "어린지" 이야기를 꺼내며 영어몰입교육이 필요하다고 한 것에 대한 국민적 비난이 치솟았다. 몰입교육이란 영어를 가르칠 때 오로지 영어로만 수업을 하는 것이다. 몰입교육을 제대로 하자면 일상생활도 영어로만 해야 한다. 이게 반복되면 생각도 영어로 하고 꿈까지 영어로 꾸게 된다.

개인적인 경험으로 보건대 외국어 학습의 왕도는 몰입교육이 맞다. 외국어에 익숙해지려면 외국어에 노출되는 절대적인 시간이 필요하다. 우리가 초등학교부터 고등학교까지 12년 동안 학교에서 공부하는 정도로는 이 시간을 채울 수 없다. 몰입교육은 필요하다.

하지만 이런 몰입교육을 모든 학생들을 상대로 실시한다고? 이건 아니다. 영어를 원어민 수준으로 공부하고 싶은 사람에게 필요한 학습 방법을 어떻게 모든 학생에게 적용할 수 있는가? 이건 엘리트 위주의 사고방식이다. 제한된 소수의 경험을 모든 사람에게 적용하려는 욕심의 발로다. 사실 이게 이명박 정부의 민낯이었다. 일반 국민들과 전혀 동떨어진 집단인 것이다.

한국어는 라틴어나 게르만어 계통의 영어나 프랑스어, 독일어 등과 전혀 다른 구조를 갖고 있다. 따라서 한국인의 경우 영어나

프랑스어 등을 배우기 어렵다. 차라리 중국인이 영어를 잘할 수 있는 언어구조를 갖고 있다. 중국어는 어순이 라틴어와 유사한 측면이 있고, 영어의 억양과 유사한 사성까지 갖고 있다. 우리와 비슷한 언어는 일본어다. 어순이나 구조가 똑같기 때문이다. 그래서 일본어는 한국인이 배우기 무척 쉽다.

취재를 해보니 그 일본의 외국어 교육 방식이 가장 적절해 보였다. 일본에서 영어로 길을 물으면 대부분의 일본인은 도망을 간다. 영어를 못하기 때문이다. 우리 국민이 이런 행동을 하면 우리 공무원들은 나라 망신이라고 부끄러워한다. 하지만 일본 공무원들은 이런 현실에 대해 부끄럽기는커녕 당연하다고 생각한다. 그럼에도 불구하고 전세계에서 노벨상을 가장 많이 받는 나라 중 하나가 일본이다. 왜 그럴까?

일본은 번역과 통역을 우대한다. 외국에서 책이 나오기 무섭게 일본에 번역본이 출간된다. 외국이라면 영어권 이외의 중국·독일·프랑스·스페인·이탈리아 등도 포함된다. 또 일본인이 외국에 나갈 때면 우수한 통역이 많다. 일반인들이 굳이 외국어를 못해도 전혀 불편이 없도록 만든 것이다. 따라서 번역이나 통역을 할 사람들, 외교업무 관계자 등은 처음부터 몰입교육 방식으로 외국어 공부에 전념한다. 그 외의 일반인들은 외국어 공부를 알아서 한다. 굳이 외국어 공부를 하지 않아도 그들의 삶은 불편하지 않다. 국가가 모든 서비스를 제공하기 때문이다.

하지만 사대주의 근성이 뼛속 깊이 박힌 대한민국 엘리트들은 영어가 국민 모두에게 필수인 양 생각한다. 영어를 못하는 국민들을 위해 국가가 어떤 서비스를 제공할지보다, 국민들을 어리석다고 보고 가르칠 생각부터 하는 것이다. 이게 대한민국 잘난 관료들의 특성이다. 이명박 정부는 비난 여론이 높아지자 결국 영어몰입교육을 포기했다.

앵커와 가상현실

2008년 3월 「시사매거진 2580」에서 보도국으로 돌아온 뒤에 정권이 바뀌었음을 실감했다. 사장도 최문순에서 엄기영으로 바뀌었다. 엄기영은 그동안 사장이 되려고 열심히 뛰었지만 후배인 최문순에게 밀려 특임이사와 앵커 자리를 차지하고 때를 기다려왔다.

엄기영을 맨 처음 본 것은 수습기자 시절이었다. 각 부서를 하루 이틀 돌면서 경험을 하던 시절에 엄기영이 정치부장을 하고 있었다. 뉴스데스크 앵커를 그만두고 발령이 난 자리였다. 하지만 그곳에서 만난 엄기영은 내가 TV에서 보던 엄기영과 너무 달랐다. 부장으로서 일을 주도적으로 이끌어가는 것이 아니라, 데스크로 앉아 있던 차장의 말에 끌려다녔다.

가만히 생각해보니 그럴 만도 했다. 뉴스데스크 앵커만 오랫동안 했기 때문에 현장 취재 감각이 많이 떨어졌을 것이다. 그렇다고 해도 다른 부서도 아니고 정치부인데 자신의 소신이 없다는 말인가? 하지만 그것이 엄기영의 본모습이었다.

엄기영은 앵커로서 오랫동안 편집회의에 참석할 권한과 책임이 있었다. 하지만 편집회의에서 엄기영이 소신 발언을 했다는 이야기를 들어본 적이 없다. 누가 보도국장이 되든 항상 시류에 맞춰서 적당히 따라가기에 바빴던 것이다.

주변 사람들이 내가 MBC 기자라는 이유로 나에게 엄기영에 대해 물어볼 때가 종종 있었다. 나는 그가 우유부단하고 평소 말을 잘 더듬는다고 어렵게 답변했다. 하지만 이 말을 들은 사람들은 내가 너무 편향적이라고 비난을 했다. 뉴스데스크 화면에 비친 엄기영은 말 잘하는 진보 성향의 인물이었기 때문이다.

하지만 엄기영이 사장 퇴임 후 한나라당의 강원도지사 후보로 나왔을 때 주변의 많은 사람들이 뒤늦게 내 이야기를 언급했다. 엄기영이 도지사 출마를 한나라당 후보로 할 건지, 야당인 민주당 후보로 할 건지 결정을 못하고 우왕좌왕하던 모습, TV토론에 나와서 최문순 후보의 질문에 제대로 답변하지 못하고 횡설수설하는 모습 등을 보고 내가 한 말이 떠오른 모양이다.

사실 TV가 만들어낸 허상이 우리 사회에는 너무나 많다. 대표적인 것이 뉴스 앵커들이다. 앵커들은 본인들의 실제 모습과 달리 방송에 의해 이미지가 만들어진다. 특히 여자 앵커들의 경우 더욱 그런 경향이 있다. 여자 뉴스 앵커는 미모와 지식을 겸비한 이미지를 주고, 바로 그 점 때문에 많은 아나운서와 여기자들은 앵커를 꿈꾼다.

종군기자라는 이미지도 마찬가지다. 앞서 설명한 것처럼 시청자들은 TV에 비친 전쟁 화면만을 보고, 우리나라 취재기자가 목숨을 걸고 직접 현장 취재를 한 뒤 보도하는 것이라고 착각한다. 하지만 그 모든 전투 장면이 외국 기자가 촬영한 것을 비싼 돈 주고 산 것이라는 사실을 안다면 이미지가 크게 달라질 것이다. 호텔방 기자가 종군기자로 둔갑하는 마술이다.

앵커는 앵커일 뿐이다. 우리나라에서 직접 취재를 지시하는 앵커는 JTBC의 손석희가 유일할 것이다. 자신이 맡은 뉴스를 앵커가 온전히 책임지면서 취재를 지시하는 체제는 아직은 미국의 이야기다. 기자 문제도 마찬가지다. 가상현실의 함정에 빠지지 않으려면 기자가 실제 발로 뛰어서 취재한 것인지를 확인해야 한다. 발로 뛴 대표적인 기사는 현장 르포다. 자신이 간 곳 이외의 다른 이야기를 하면 그건 돈 주고 산 '짝퉁' 기사다.

과거로 또 과거로

이명박 정부가 들어선 뒤 내 출입처는 서울시청이 유일하다. 정치부, 경제부, 사회부 등 굵직굵직한 곳을 많이 다녔고 차장이 되었지만 정권이 바뀐 뒤 나는 현업에서 사실상 배제되었다. 보수 성향의 선배들이 보도국을 장악하면서 내가 설 수 있는 자리가 없었다.

「시사매거진 2580」에서 보도국으로 옮긴 뒤 발령받은 출입처가 서울시청이었다. 당시 서울시장은 한나라당 오세훈이었다. 서울시는 시장의 정치적 무게에 비해 큰 기사가 나오는 출입처는 아니다. 말 그대로 서울 지방의 뉴스가 대부분이라 비교적 한가하다. 그 덕분에 개인적인 여유가 많이 생겼다.

광우병 촛불시위가 발생했을 때 시청반장이었던 나는 현지에서 퇴근해 자연스럽게 촛불시위대와 합류했다. 취재기자로서 이들을 바라본 것이 아니라 시위 동료로서 함께했다. 대학생 시절을 제외하면 이때 만큼 시위에 자주 참여했던 적이 없는 것 같다. 유모차 부대가 쏟아져 나오고, 시위가 축제문화로 피어나는 모습을 직접 목격할 수 있었다.

재기발랄한 시위문화에 비해 이명박 정부의 대응은 구태의연했다. 외교부 관료들의 친미주의 행태로 발생한 소고기 협상은 재협상까지 여러 난관을 거쳐야 했다. 시위에 대한 대응도 '명박산성'이 상징적으로 보여주듯 억압 일변도였다. 사실 시위를 청와대 주변까지 허용해도 시위대는 구호를 외치는 것 말고는 할 수 있는 일이 없다. 하지만 이명박 정부는 군사정부의 후예답게 무조건 시위를 막으려 했고 경찰과 시위대 간에 충돌이 끊이지 않았다.

이명박 정부는 소고기 재협상이 끝난 뒤 가장 먼저 인터넷을 뒤져 '미네르바'로 알려진 누리꾼을 구속했다. 구속 사안이 안 되는 것을 검사나 판사도 알았을 것이다. 하지만 정권의 안보 차원에서 일단 구속해 본보기를 보임으로써 인터넷에 올라오는 목소리를 제압했다. 미네르바는 대법원에서 무죄 판결을 받았지만, 힘없는 시민이 항상 그렇듯이 정신과 치료를 받아야 할 정도로 큰 충격을 받았다.

이명박 정부는 YTN 사장에 구본홍 전 MBC 보도본부장을 낙하산으로 투입하고, KBS 정연주 사장에게 근거 없는 혐의를 뒤집어씌워 내쫓고, MBC 엄기영 사장을 압박해 뉴스와 시사 프로그램을 통제하다가 결국 2년 만에 사퇴하게 만들었다. 광우병 촛불시위를 계기로 여론을 좌지우지하기 위해 인터넷을 강력히 옥죈 데 이어 공영방송을 장악한 것이다. 이런 일련의 행태는 박근혜 정부까지 지속되었고, MBC와 KBS 등 공영방송은 군사정부 시절처럼 정권의 나팔수로 전락해 국민들로부터 철저히 외면을 받기에 이르렀다.

종편을 만드는 작업도 진행되었다. MBC가 세 차례 파업을 한 것처럼 언론계의 반발이 극심했지만 종편을 만들어 무더기 허가를 내주었다. 종편을 만든 이유는 간단하다. 방송의 영향력이 신문을 압도하면서 언제든 보수 우익 성향의 목소리를 낼 수 있는 방송이 필요했기 때문이다.

이명박 정부 시절 국무총리실이 민간인 사찰에 나서기도 했다.

사실 이 시기부터 국정원의 대내 활동이 다시 활발해졌다. 국무총리실은 어설픈 사찰을 하다가 꼬리가 잡혔고, 국정원은 보이지 않는 힘을 이용해 꾸준히 사찰을 해왔다. 2012년 대선에서 국정원이 박근혜 선거운동을 하면서 인터넷과 SNS 댓글 활동을 한 것은 결코 우발적인 사건이 아니다. 국민들을 상대로 소위 '심리전'을 지속적으로 전개하며 여론조작을 해온 것이다.

검찰도 군사정부 시절로 돌아갔다. 공안부가 살아나고 정치적으로 편파적인 수사가 노골적으로 진행되었다. 광우병 보도와 관련한 「PD수첩」 PD들의 기소를 거부한 검사를 비롯해 할 말을 하는 소신 있는 검사들은 옷을 벗고 검찰을 떠나야 했다. 극우 성향의 공안검사들이 다시 판을 치는 세상이 도래했다.

이명박 정부는 기업친화를 내세우면서 신자유주의 정책을 추진했고, 이 기간 경제적 양극화는 극복하기 어려운 지경에 이르렀다. 환율을 외환위기 수준으로 끌어올려 일방적으로 기업의 수출을 도왔고, 기업들에게는 수십조 원의 법인세를 깎아주었다. 서울공항의 활주로를 틀어서 제2 롯데월드를 짓도록 허락해주는 등 이명박 정부에서 재계에 지원된 특혜는 천문학적 수준이었다. 이에 비해 실제 일을 하는 노동자에게는 철저한 억압으로 일관해 용산참사와 쌍용자동차 정리해고 등의 비극을 야기했다.

한마디로 이명박 정부 5년은 1987년 이후 확대되던 우리 사회 민주주의의 시곗바늘을 거꾸로 되돌린 시기였다. 전두환 같은 자들이 다시 고개를 쳐들고, 뉴라이트가 정부의 지원을 받아 목소리를 높였다. 비상식이 상식을 몰아내고 비정상이 정상을 대체하기 시작했다. 이명박 정부에서 시작된 퇴행은 박근혜 정부에서는 더욱 노골적으로 진행되었다.

박근혜 정부는 일베 집단이라고 말해도 무방할 정도였다. 우리 사회에 1퍼센트 정도밖에 안 되는 극우 집단이 나머지 99퍼센트를 향해 비정상이라고 말하며 지배한 시기였다. 국무총리를 비롯해 거의 모든 국무위원들이 일베 성향 인사들로 채워졌다. 황교안 국무총리나 김기춘 대통령 비서실장, 김장수 국가안보실장 등 국가 의사결정의 핵심 라인을 모두 공안검사나 강성 군인 출신 인사로 임명했다. 최순실 국정농단 사건에서 드러난 것처럼 정권과 재벌 간의 정경유착 역시 유신정권 수준으로 돌아갔다. 그야말로 1970~80년대를 풍미했던 기득권 세력들이 일시에 귀환한 것이다.

국가 주도의 불법이 다시 만연했지만 법질서를 바로세워야 할 검찰은 제 역할을 하지 못했다. 오히려 우병우 민정수석의 사례에서 드러나는 것처럼 정권과 한통속이 되어 정권의 수호자 노릇을 하는 데 급급했다. 국정원의 불법선거운동으로 박정희 정권 이래 다시 부활한 관권선거를 통해 집권한 박근혜 정권은 탄생 자체가 불법이었다.

이 시기에 국정원 불법선거운동, 서울시 공무원 간첩조작 사건, 채동욱 검찰총장 축출, 세월호 참사, 메르스 사태, 역사교과서 국정화 추진, 최순실 일가 국정농단 등의 사건이 벌어졌다. 정부가 내놓은 새로운 정책은 없고 과거로 돌아가려는 시대착오적인 시도만 있었을 뿐이다.

현재와 경재의 탄생

서울시청을 출입하던 2008년 12월 드디어 현재, 경재가 태어났다. 결혼한 지 무려 6년 9개월 만이다. 그동안 아내는 세 번이나 유산을 했다. 의사의 실수로 자궁유착 현상까지 발생한 뒤, 아내의 불임 상태가 지속되었다. 유착된 자궁을 떼어내면서 내막이 아주 얇아져서 수정란 착상이 안 되었다. 이제 양의가 해결할 수 있는 단계를 넘어섰다.

나는 당장 수술이나 처치가 필요한 대증요법이라면 서양의학이 낫다고 본다. 하지만 근본적 접근이 필요한 병에는 동양의학이 훨씬 적절하다고 본다. 이때부터 한의를 찾아다녔다. 구당 김남수 선생을 만난 것도 이즈음이었다. 아내의 몸에 찍어준 뜸자리에 두 달 동안 하루도 쉬지 않고 뜸을 떴다. 술을 마시고 들어온 날도 빠지지 않고 졸면서도 뜸을 떴다. 또 다른 한의를 만나 침과 약을 1년 가까이 병행했다.

그리고 검사를 받아보니 자궁내막이 이전보다 두꺼워져 있었다.

임신이 가능한 최소 두께에 이른 것이다. 아내가 직장을 그만두고 얼마 안 되어 임신에 성공했다. 아내가 임신한 뒤 몸을 정말로 많이 아꼈다. 몸에 조금이라도 이상이 생기면 병원에 입원하며 철저히 관리를 했다. 세 번의 유산이 남긴 교훈이었다.

그렇게 몸 관리를 했음에도 불구하고 30주째 하혈 증세가 조금 나타났다. 대수롭지 않게 여기고 큰 병원을 찾아갔는데 조산 증세가 있다면서 곧바로 입원해야 한다고 했다. 병원에서는 약물을 주사하며 조산을 억누르는 조치를 취했다. 그렇게 5주를 버텼고, 35주 만에 현재, 경재가 태어났다. 평균 임신 기간인 40주보다 5주 정도 빨리 태어난 것이다. 각각 2.5킬로그램과 2.3킬로그램으로 평균보다 체중이 적은 편이었다.

사실 임신 30주가 되면서 그전에 다니던 작은 병원에서 큰 병원으로 옮길 생각이었다. 작은 병원에서도 30주가 지난 뒤 태아에 이상이 생기면 대부분 큰 병원으로 후송한다며 30주가 넘으면 무조건 큰 병원으로 가야 한다는 충고를 의사들로부터 들었기 때문이다. 이 충고가 이때만큼 적절할 수가 없었다.

현재, 경재가 태어난 날 나도 모르게 눈물이 맺혔다. 과배란을 유도해 임신 확률을 높여야 한다며 매달 자신의 배에 주사를 꽂던 아내의 모습이 떠올랐다. 그렇게 힘들게 고생해서 태어난 소중한 아이들이 현재, 경재다. 나는 생사는 운명이라고 생각한다. 사람이 죽고 사는 문제뿐만 아니라 생명의 탄생 역시 이에 해당한다. 우리

현재와 경재가 아기일 때 촬영한 가족사진.

부부와 아이들의 운명이 서로 얽혀서 이 시점에 이렇게 태어난 것이다. 그 운명이 어떻게 되는지 지켜보아야 한다.

미국으로 떠나다

현재, 경재가 태어난 지 6개월 후인 2009년 6월 미국 노스캐롤라이나주 더럼에 위치한 듀크대학으로 연수를 가게 되었다. MBC의 다른 기자들은 회사에서 보내주는 연수를 가려고 아무런 준비를 하지 않았다. 반면 나는 회사에서 나에게 해외연수의 기회를 주지 않을 것이라고 판단해서 토플 시험을 보는 등 미리 외부 연수를 준비했다. 예상대로 사내에서 문화부 산하 언론재단 지원자는 나 한 명뿐이어서 쉽게 통과했고, 본선에서는 다른 회사 기자들과의 경쟁을 거쳐 어렵게 선발될 수 있었다.

듀크대학이 있는 더럼은 공기가 좋다는 점이 가장 마음에 들었다. 더럼에서 조금 떨어진 채플힐이라는 도시에 노스캐롤라이나대학, 주도인 롤리에 노스캐롤라이나 주립대학 등 세 개의 대학교가 있다. 우리와 비교하면 전라북도 진안에 듀크대학, 남원에 노스캐롤라이나대학, 전주에 노스캐롤라이나 주립대학이 위치하고 있는 셈이다. 그 삼각형 안쪽의 케리에는 인터넷 관련 벤처기업들이 자리를 잡고 있다.

영어 교육 열기

이 세 대학에는 한국에서 온 사람들이 무척 많았다. 언론인, 교수, 공무원, 기업인들이 대부분이었다. 짧게는 1년, 길게는 1년 반 정도를 이곳에서 가족과 함께 보낸다. 대부분 학생 자녀를 둔 부모들이다. 이들이 연수를 온 목적은 단 하나다. 아이들에게 공짜로 영어 교육을 시키는 것. 이곳에 있으면 별도로 영어 과외를 시킬 필요가 없으니까. 실제로 아이들이 1년 정도 학교생활을 하면 영어 실력이 꽤 늘어서 귀국한다. 몰입교육 효과인 셈이다.

한국인 학생들이 많이 몰리는 채플힐 초등학교 교사들의 웃지 못할 에피소드가 있다. 한국인 학생이 처음 학교에 오면 영어를 전혀 못한다. 교사들로서는 답답하기 그지없다. 하지만 한 달, 두 달, 석 달, 시간이 지나면 영어를 조금씩 따라잡는다. 그리고 거의 1년이 되면 학교생활에 지장이 없을 정도의 실력이 된다. 교사들이 이제 한숨 돌릴 때쯤 되면 이 학생은 한국으로 돌아가고 다른 학생이 온다. 처음부터 새로 시작해야 한다.

한국인 부모들의 교육 열기는 이곳에서도 뜨겁다. 좋은 학교로 평가받은 곳을 찾아서 한국인들이 몰리기 때문이다. 그 바람에 채플힐의 소문난 학교 주변의 아파트 렌트비가 비싸졌다. 소위 코리안 프리미엄이 형성된 것이다.

미국의 비자 장사

문제는 연수를 온 어른들이 아이들 교육에만 신경을 쓰고 정작 자신의 교육에는 전혀 신경을 쓰지 않는다는 점이다. 자신들을 위해 투자하는 것은 골프다. 골프장 회원 한 달 요금이 한국에서 골프 한 번 치는 비용인 200달러 수준밖에 안 한다. 게다가 회원 가입을 하면 골프를 많이 칠수록 이득이다. 그래서 언제 또 이런 기회가 오겠느냐 싶어서 아이들 학교를 보내고 나면 앞다퉈 골프장으로 나가는 것이다. 부부가 함께 나가는 경우도 많았다.

물론 미국 대학 중에 제대로 된 프로그램을 운영하면서 연수 교육을 시키는 곳도 있다. 하지만 미국인들도 이제는 비자 장사에 도가 튼 사람들이다. 본인이 직접 돈을 내서 오는 유학이 아니라 회사나 국가, 기업 등이 돈을 대서 오는 연수라면 굳이 외국인 연수생들을 상대로 피곤하게 할 이유가 없다. 미국 대학도 돈을 투자해 복잡한 연수 프로그램을 만들지 않으니 비용이 절감되어 좋다. 그저 1년 내지 1년 반짜리 비자용 서류를 내주고 연수비용을 받는 게 대학의 주된 목적이다.

내가 듀크대에 갈 때 이명박 정부의 수출 독려 정책 때문에 환율이 크게 올랐다. 연수가 확정된 뒤 얼마 안 된 시점에 환율은 1달러에 1500원까지 올랐다. 당시 듀크대의 1년 연수비는 7500달러로, 언론재단에서 받기로 한 1000만 원을 초과했다. 듀크대에 환율변동 상황을 얘기하고 연수비를 내려주지 않으면 다른 대학교로 갈 수밖에 없다고 했다. 그러자 한국인 연수생에 대해 그해 연수비를 5000달러로 대폭 깎아주었다. 혹시나 해서 얘기했는데 실제로 비용을 깎아주어서 깜짝 놀랐다. 역시 장사에 빠른 사람들이다.

40대의 해외연수

미국에 연수를 오는 사람들 중에 젊은 층은 거의 없다. 대부분 40대다. 40대라면 회사에서 10년 이상 일을 한 뒤 일종의 보상으로 연수를 온 것이다. 이 나이에는 적어도 외국어에 관한 한 머리가 굳어 있다고 봐야 한다.

내가 입사하기 전 20대에는 영어에 자신감이 넘쳤다. 30대 중후반에 연수를 준비하기 위해 영어 공부를 다시 시작한 적이 있다. 그때 깜짝 놀랐다. 영어를 너무 많이 잊어버린 것이다. 그래도 30대에는 영어 공부를 다시 하자 오래지 않아 기억을 되살릴 수 있었다. 하지만 막상 듀크대에 연수를 간 40대 초반에는 영어가 제대로 되지 않았다. 미국 대학원생들과 수업을 듣는데 내 생각과 말이 따로 노는 느낌을 받을 때가 많았다.

언어는 습관이기 때문에 계속 사용하지 않으면 금방 노화현상을 일으킨다. 특히 40대가 넘으면 더욱 그렇다. 10년 넘게 영어를 사용하지 않았는데 기억을 하는 것이 오히려 신기할 지경이다. 그런 40대에 해외연수를 보낸다는 것은 말 그대로 휴식하라는 의미밖에 없다. 그런 식으로 비싼 돈 들여서 외국에서 놀게 하는 정책이 너무 많은 것 같다.

　나는 비싼 돈을 내고 간 것이 아까워서 듀크대 정치학과 대학원 수업을 청강했다. 주로 내가 관심을 가진 정치경제와 언론 관련 강좌였다. 첫 학기는 1주일에 세 과목, 두 번째 학기는 1주일에 두 과목을 들었다. 대학원 수업은 읽는 분량이 엄청나다. 1주일에 한 과목당 책 한 권 이상은 읽는 것 같았다. 열심히 수업을 따라가다보니 영어책 읽는 속도가 엄청나게 빨라졌다. 나중에 귀국해서 박사 논문을 쓸 때 큰 도움이 되었다.

의료보험

　미국에 살면서 의료보험 제도의 중요성을 다시 한번 느꼈다. 미국의 의료보험은 대부분 민영이다. 보상 정도에 따라서 의료보험료가 달라지고, 기본적으로 비싸다. 의료보험 미가입자가 미국인 3억 명 중에 5000만 명이나 된다. 의료보험 가입자도 보상 정도에 따라 천차만별이다. 내가 가입한 의료보험이 적용되지 않는 병원도 많다. 마이클 무어 감독이 만든 다큐멘터리 영화 「식코」에 잘 나와 있는 내용이다. 연수를 준비할 때 이런 사정을 미리 알았기 때문에 처음부터 내가 가입한 보험이 적용되는 소아과 근처로 집을 얻었다. 만약 아이들이 아플 때 보험이 적용되는 병원을 찾아 헤매는 상황을 미연에 방지하기 위해서였다.

　실제 우리 아이들 몸에 수포가 생겨 병원을 찾아간 적이 있다.

의사는 상태를 보고 이야기를 듣더니 내버려두라고 했다. 별도의 약 처방도 없었다. 심해지면 그때 다시 보자고 했다. 병원을 나설 때 비용은 하나도 내지 않았다. 보험회사에서 4만 달러까지는 처리하기 때문이다. 보험 가입이 안 되어 있을 경우 내야 할 돈은 180달러 정도였다. 의사 한번 만나서 얘기하고 아무런 처방도 받지 않았는데 20만 원 정도를 내야 하다니. 우리나라와 비교하면 터무니없는 가격이다.

아이들이 어려서 필수 예방접종을 받아야 했다. 그런데 이 비용이 상당히 비싸다. 보험으로는 전혀 혜택을 볼 수 없다. 마침 주변에서 소득을 증명하면 싸게 예방접종을 받을 수 있다는 정보를 들었다. 알아보니 소득 수준이 낮은 사람들을 상대로 한 국립병원이었다. 연수 기간 중에는 내 월급이 절반이 채 안 나오기 때문에 그 내역서를 출력해 제출했다. 그랬더니 병의 종류나 처방과 상관없이 아이들이 한번 올 때마다 무조건 25달러만 내면 된다고 했다. 미국인들은 생각보다 고지식하지 않은 편이었다. 협상에 능한 사람들이다. 그 뒤로 아이들의 필수 예방접종은 모두 이곳에서 25달러씩 내고 받았다. 모든 비용을 합하면 한국에서 낼 비용과 거의 비슷했다. 한국에서도 무료접종이 안 되는 것들이 있으니까.

미국의 의료보험 실태가 이런데도 국내에서 의료 민영화를 주장하는 사람들이 많다. 우리나라 의료보험이 잘되어 있는 것은 박정희 시대에 국가가 중심이 되어 적극적으로 의료보험 제도를 추진했기 때문이다. 그런데 자신들이 그토록 추앙하던 박정희가 기초를 놓은 의료보험을 버리고 민영화를 주장하는 것은 결국 삼성과 현대 등 대형 병원을 운영하는 재벌들의 이윤만 극대화하려는 논리다. 이들은 자신들의 이윤 증대에 걸림돌이 된다면 박정희도 빨갱이라고 몰아붙일 것이다.

국내 소비자는 봉

미국에 머무는 동안 우여곡절 끝에 자동차를 새로 사게 되었다. 그전 한국인 연수생으로부터 무빙세일로 산 중고차가 너무 마음에 들지 않았기 때문이다. 미국인이 운영하는 카센터에서 자동차 검사를 통과하지 못했는데, 이걸 한국인이 운영하는 카센터에서 대충 통과를 받은 모양이었다. 그 바람에 차를 인수한 뒤에 타이어 4개, 배터리, 브레이크 패드 4개 등을 모두 바꾸어야 했다. 한 번은 학교를 가기 위해 고속도로를 달리는데 자동차가 크게 흔들려서 보았더니 뒷바퀴에 불이 붙어 있었다. AAA(American Automobile Association, 미국자동차협회)에 연락해서 긴급 출동서비스를 받아보니 뒷바퀴의 베어링이 다 녹아버린 상태였다. 이런 식으로 자동차에 들어간 돈이 차 값의 3분의 1이 넘었다. 무빙세일을 받을 때 좋은 게 좋은 것이라고 적당히 계약을 하면 어떤 일을 겪는지를 잘 보여준 대표적인 사례였다.

새로 산 자동차는 현대 제네시스 3.8이었다. 한국에서 흔히 말하는 옵션이 전혀 없는 기본 제품이다. 그런데 차 값이 세금을 포함해 3만 2000달러 수준에 불과했다. 한국에서 5000만 원 정도 하는 것에 비하면 너무 싸다. 마침 환율이 1100원으로 떨어져서 얼른 사버렸다. 나중에 한국으로 가져갈 때 운송비용과 한국에서 내는 세금을 합해도 4000만 원이 안 된다.

현대자동차그룹은 미국에서 차 값이 싼 것은 옵션이 포함되지 않았기 때문이라고 항변한다. 그렇다면 한국에서도 옵션 없이 그 값에 팔면 안 되는가? 현대자동차는 절대 그렇게 하지 않을 것이다. 옵션을 넣어서 이윤을 한 푼이라도 더 남겨야 하기 때문이다. 그렇게 해도 자동차는 팔린다. 우리나라의 자동차 시장은 거의 독과점으로 현대자동차의 폭리가 제도적으로 보장된다. 현대·기아 이외에 한국에 자동차가 무엇이 있는가. 한국 내 외제차들은 고급화 정책으로 주로 비싼 차량 위주로 들어와 있다. 외제차 회사들도 현대자동차를 보고 폭리를 남기는 것이다. 악순환이다.

하지만 미국에서는 전혀 다르다. 다른 나라 자동차들과 경쟁을 해야 하기 때문에 값을 낮추는 데 혈안이 되어 있다. 박리다매 정책이 적용되는 것이다. 소나타 값은 절대로 2만 달러를 넘지 않는다. 동급의 일본 토요타 캠리나 혼다 어코드 같은 차량이 2만 달러를 조금 넘기 때문이다. 제네시스도 비슷한 이유로 싼값에 공급해왔다.

자동차뿐이 아니다. 비행깃값도 우리 국적기가 가장 비싸다. 국적기가 대한항공과 아시아나 두 개뿐이니 독과점 사업이다. 한국인들은 비행깃값을 요구하는 대로 낼 수밖에 없다. 반면 미국인들은 많은 항공사 중에서 값이 싼 것을 골라서 탄다. 시장경쟁 원리가 작동해서 비용이 절감된다. 휴대전화나 전자기기 등 우리나라 대기업에서 미국으로 수출하는 대부분의 제품이 마찬가지다. 국내에서는 사실상 시장 독과점 사업이다보니 폭리를 누리고, 미국에서는 박리다매 정책하에 싸게 판다. 가격 경쟁력이라는 그럴듯한 말로 포장하고 있다. 요즘 시야가 넓어진 소비자들은 인터넷을 통해 해외 사이트에서 국내 제품을 역구매를 하기도 한다.

가격을 낮추려면 원가를 줄여야 하고, 이를 위해 기업은 저임금 정책을 고수한다. 우리 노동자들의 인건비가 비슷한 경제규모의 외국에 비해 싼 이유가 바로 여기에 있다. 미국의 대형 마트에서는 계산대를 제외하면 직원들을 찾기 어렵다. 그래서 처음 갈 때는 물건을 찾기도 힘들었다. 반면 우리나라 마트에서는 직원들이 여기저기 있어서 물건 위치를 물어볼 수 있다. 심지어 주차장에도 안내 직원이 매연을 맡으며 곳곳에 있다. 그만큼 인건비가 싸기 때문이다. 미국은 최저임금이 시간당 1만 원이 넘지만, 우리나라는 6000원이 조금 넘는다. 똑같이 일해도 개, 돼지 취급을 받는 불쌍한 국민들이다.

우리나라 기업들은 미국식 자본주의, 미국식 경제, 미국식 사고방식, 미국식 법률 등에 대해 하늘처럼 여기고 배우자고 한다. 한국

전쟁 이후 오랫동안 몸에 밴 미국 추종적인 사대주의 습관이다. 하지만 기업의 이윤과 관련된 얘기를 하면 전혀 달라진다. 우리나라 자본주의는 주요 산업이 재벌들의 독과점 체제로 이루어진 반면, 미국은 자유경쟁이 상당히 보장된다. 미국식으로 경제를 재편하려고 하면 아마 우리나라 대기업들이 먼저 나서서 반대할 것이다. 자신들에게 독과점 이윤이 보장되는 한에서만 미국을 내세우기 때문이다.

선진국의 조건

미국에서 가장 인상적인 것은 정직과 관련된 문제였다. 사실 미국에 사는 동안 이 나라가 1인당 국민소득 5만 달러가 넘는 선진국이라는 특별한 인상을 받지 못했다. 미국의 중산층 역시 마트에 가려면 공짜쿠폰이나 할인쿠폰을 열심히 모으고, 외식을 하면서 가격을 일일이 따지는 모습을 숱하게 보았다. 그럼에도 불구하고 이 나라를 선진국이라고 부르는 이유는 내가 보기에 딱 하나였다. 정직이 통하는 사회를 만들려는 노력이다.

예컨대 미국에는 홀푸드(Whole Food)라는 이름의 대형 유기농 마트가 있다. 미국인들은 이곳에서 파는 식료품이 유기농임을 추호도 의심하지 않는다. 우리나라 소비자들은 유기농이라고 해도 사실인지 아닌지, 원산지가 진짜인지 가짜인지 의구심을 완전히 배제하지 않는다. 하지만 미국에서는 소비자를 속이는 행위에 대해 사기라고 이름 붙이고 처벌 수위를 아주 높여놓았다. 적어도 거짓말을 하는 행위에 대해서는 무겁게 그 책임을 묻고 있다. 기업의 분식회계에 대해서도 마찬가지다. 바로 그런 이유 때문에 쉽게 거짓말을 하지 못한다. 좋은 게 좋은 것이라고 거짓에 대해 지나칠 정도로 관대한 우리 문화와 극히 대조가 된다.

일본이 제2차 세계대전에서 패한 뒤에 나라를 재건하기 위해 사회 원로들을 모아 의견을 구했다고 한다. 원로들이 여러 날을 고민한 끝에 내놓은 대안을 받아본 일본 정관계 인사들은 깜짝 놀랐다. 이들의 대안은 새롭고 거창한 것과는 전혀 거리가 멀었다. 기초질서 지키기, 정직하기 등이었다. 일본은 이후 이를 실현하기 위해 많은 노력을 기울였고, 일본에서 정직은 중요한 사회의 미덕이 되었다.

선진국이 되는 최고의 조건은 기본을 지키는 것이다. 그 속에서 신뢰가 쌓이고 사회가 제대로 굴러간다. 우리나라가 선진국이 되기 위해 가장 필요한 조건은 국민소득 3만, 4만 달러와 같은 물질적 가치가 아니라 바로 신뢰다. 기업들부터 정직하게 돈을 벌고, 정치인들 역시 표를 얻기 위해 헛된 공약을 내세우지 않아야 한다. 믿음을 배신한 사람들에 대한 처벌은 엄격해야 한다.

그렇게 살아본 적이 없어서

미국에서 1년 동안의 연수 생활을 마치고 귀국했다. 귀국 직후 MBC는 크게 달라져 있었다. 물론 미국에 연수를 가기 전부터 광우병 촛불시위를 계기로 MBC를 장악하려던 정권 차원의 움직임이 본격적으로 시작되었다. 신경민 뉴스데스크 앵커를 몰아낸 것이 대표적이다. 신경민 선배의 클로징 멘트는 촌철살인의 강렬함을 보여주었고, 그로 인해서 많은 시청자들에게 사랑을 받았다. 하지만 이명박 정권은 신 선배를 앵커에서 내쫓지 못하는 엄기영 사장에게 불만이 많았다. 결국 1년 만에 신경민 선배가 쫓겨났고, 기자회가 제작 거부를 하며 강력하게 반발했다. 이에 따라 당시 보도국장이 책임을 지고 사퇴하는 것으로 문제는 매듭지어졌다. 하지만 엄기영 사장도 정권의 눈 밖에 났다.

엄기영 사장은 그 후 내가 미국 연수를 하던 2010년 2월 임기를 다 채우지 못하고 물러났다. 엄기영 사장 후임으로 이명박 대통령의 절친인 김재철 사장이 임명되었다. 김재철 사장은 그전에 본사 사장으로 한번도 고려되지 않았던 인물이다. 그런 사람이 갑자기 사장이 된 것이다.

노동조합은 낙하산 사장 투입을 반대하며 출근저지 투쟁을 하다가 김재철 사장을 받아들였다. 하지만 김우룡 방송문화진흥회(방문진) 이사장의 '청와대 쪼인트' 발언, 즉 "김재철 사장이 청와대에 가서 쪼인트를 맞고 MBC 내 좌파를 척결하는 인사를 했다"
는 발언이 『신동아』에 기사화되었다. 이를 계기로 노조는 김재철
퇴진을 요구하는 파업에 돌입했다. 회사 측은 배째라 식으로 대응
했다. 김재철 사장은 노조 파업 직후 출근을 하지 않고 도망다니는
수법을 썼다. 새로운 전법이었다. 회사가 망하든 말든, 노조가 파
업을 하든 말든, 모두 무시하고 외면했다. 상대를 잃어버린 노조는
2010년 지방선거 일정과 천안함 사건을 맞아 아무런 성과도 얻지
못한 채 39일 만에 업무에 복귀하고 말았다.

　나는 2010년 8월 귀국한 뒤 국제부에 배치되었다가 아침 뉴스 편
집부로 발령이 났다. 새벽 6시부터 7시 45분까지 방송되는 아침 뉴
스의 큐시트를 작성하고, 큐시트에 따라 뉴스를 진행하는 것이 내
주된 업무였다.

　그렇게 지내는 동안 2011년 2월 노조 집행부를 새로 꾸려야 했
다. 김재철 사장은 기존의 노사 단체협약에서 보도의 공정성을 담
보할 수 있는 강력한 조항을 문제 삼아 이미 단체협약 해지를 선언
한 상태였다. 단체협약이 없다는 것은 노조의 방어막이 붕괴되었
음을 의미한다. 재파업은 시기의 문제였을 뿐 사실상 불가피했다.
2010년 39일 파업 때는 이근행 위원장 한 명이 해고되었다. 이번에
파업을 한다면 상황이 달라질 것이다. 회사에서도 공공연히 다수
해고설을 퍼트렸다. 노조 집행부의 신변을 보장해줄 수 있는 사람
은 아무도 없었다. 전쟁이 벌어지고 있는 아프간에 아무런 보호 장

비도 없이 들어가는 것과 유사했다. 아무도 노조에 가려고 하지 않았다. 결국 나에게 홍보국장 제안이 들어왔고, 나는 이를 수락했다. 그동안 MBC에서 기자로서 충분히 수혜를 받았다고 생각한 만큼, 이제 MBC에 빚을 갚을 차례라고 보았다.

최승호 PD가 다큐멘터리 영화 「공범자들」을 만들 때 인터뷰를 하면서 나에게 집요하게 물은 질문이 있다. 다들 노조에 가기를 거부했는데, 왜 굳이 수락했느냐는 것이다. 나도 그냥 거부하면 되지 않았느냐는 질문이다. 나는 그 대목까지 한번도 심각하게 생각한 적이 없었다. 노조를 떠날 생각을 해본 적이 없었다. 당시 일찌감치 회사 측에 줄을 섰던 한 선배가 그냥 노조를 탈퇴하면 되지 않느냐며 노조에 가지 말라고 말린 적이 있다. 나에게는 상상도 할 수 없는 일이었다. 나마저 노조를 버리면 노조가 무너지는 건데, 그렇게 되면 우리가 싸울 수 있는 유일한 버팀목이 무너지는 건데. 최승호 PD의 질문에 대해 그 순간 내가 할 수 있는 답변이 없었다. 그래서 나온 말이 "그렇게 살아본 적이 없어서…"였다.

사실 이 말 이외에 지금도 할 말이 없다. 내가 노조에 가지 않았다면 지금보다 나의 삶이 나았을까? 내가 노조에 가지 않았다면 우리의 역사가 조금이라도 달라졌을까? 스스로 양심의 가책을 받아서 더욱 힘들어하지는 않았을까? 결국 우리 모두는 역사의 한 축을 담당하는 대리인(agent)에 불과한 것이 아닐까?

현애살수장부아(懸崖撒手丈夫兒). 벼랑에 매달렸을 때 손을 놓아

2012년 공정방송을 위한 170일 파업 현장에서
촬영한 사진. 당시 노조를 탈퇴하고 보신한다는 선택지는
생각조차 하지 않았다.

버려야 비로소 장부라고 할 수 있다는 뜻이다. 구질구질하게 계산하거나 따지지 말고, 마음을 싹 비우라는 말이다. 내가 목숨까지 모든 것을 걸었는데 걸릴 것이 무엇이 있겠는가. 기껏해야 해고밖에 더 되겠는가. 노조에 갈 때 한 생각이었다.

새 노조 집행부가 출범한 뒤 우리는 충분한 인내심을 갖고 회사 측을 상대했다. 하지만 회사는 초지일관 노조를 무시했다. 그 사이 시사교양국과 라디오국의 시사 프로그램이 먼저 망가졌다. 두 곳의 PD들을 중심으로 파업을 주장하는 목소리가 점차 높아졌다. 임계점을 넘나드는 상황이었다.

한동안 조용하던 보도국도 2011년 4월 강원도지사 보궐선거, 그해 10월 서울시장 보궐선거를 계기로 편파보도가 극성에 이르기 시작했다. 이후 한미FTA 반대 시위 삭제, 김문수 경기도지사 119 전화논란 삭제 등 노골적인 편파보도가 일상화되었다. 보도국이 젊은 기자들을 중심으로 다시 끓어오르기 시작하면서 파업의 분위기가 무르익었다. 그렇게 우리는 2012년 1월 170일 파업이라는 전대미문의 길로 접어들었다.

10

세상을 바꾸기
위하여

어디서부터 적폐를 없앨 것인가

이명박·박근혜 정권 9년은 그야말로 잃어버린 세월이다. 우리 사회는 1987년 6월항쟁 이후 민주화의 흐름이 지속되면서 꾸준히 발전해왔다. 절차적 민주주의가 확립되고 사회경제적 민주주의에 대한 관심이 증가했다. 하지만 이명박·박근혜 정권에서 모든 것이 거꾸로 퇴행했다. 국정원 불법선거운동에서 나타난 것처럼 절차적 민주주의까지 후퇴했다. 선거라는 절차에서 승리하기 위해 정부 차원에서 각종 여론조작이 자행되었고, 감시와 사찰이 일상화되었다. 사회경제적 민주주의는 아예 관심 대상에서 제외되었다. 재벌

경제가 국가경제라는 이름으로 포장되었고, 사회적 양극화는 갈수록 심화되었다. 군사정권부터 쌓여 미처 청산되지 못한 사회적 적폐가 다시 수면 위로 불거졌다.

2016년 촛불항쟁은 이와 같은 배경에서 발생했다. 촛불항쟁과 뒤이은 박근혜 대통령 탄핵, 문재인 정부의 출범은 사회적 적폐청산에 대한 전국민적 열망이 반영된 결과물이다.

2017년 3월 11일 광화문에서 열린 제20차 촛불집회는 한 해 전부터 시작된 촛불집회의 대미를 장식하는 행사였다. 마침 병원을 찾는 길에 나도 여기 참석했다. 주최 측으로부터 한번쯤 참석해달라는 요청을 그전부터 받았지만, 시골에서 요양 중이라 참석하지 못했다. 박근혜 대통령 탄핵이 헌법재판소에서 인용된 뒤 처음 열린 이 집회에서 내가 강조한 말이 있다. "사회적 적폐의 청산은 무엇보다 검찰과 언론을 바로 세우는 데서 출발해야 한다." 검찰과 언론을 강조한 이유는 과거 20년 동안의 경험에서 확인할 수 있듯이 이 두 분야가 사회를 바로잡는 초석이기 때문이다.

먼저 검찰은 우리 사회의 법질서를 유지하는 조직이다. 법은 누구에게나 평등해야 한다. 그런데 검찰은 한번도 이 원칙을 제대로 적용한 적이 없다. 군사정부 시절에는 검찰이 앞장서서 고문을 하고 그렇게 조작된 진술서를 증거라고 제출했고, 법원은 유죄를 선고했다. 민주화된 이후에도 이런 행태는 크게 달라지지는 않았다. 고문만 사라졌을 뿐, 증거를 조작하거나 법을 불평등하게 적용하

2017년 3월 11일 제20차 촛불집회에서 발언하던 모습.
검찰과 공영방송의 인사권을
국민에게 돌려주어야 한다는 내용으로 이야기했다.

는 사례는 여전했다. 여전히 간첩조작이 이루어지고, '무전유죄, 유전무죄'라는 말에 아직도 많은 사람들이 공감을 하고 있다.

수천억 원의 배임 혐의가 드러난 삼성 이건희·이재용 부자의 불법상속에 대해서는 무려 7년 동안이나 조사를 하지 않았다. 이에 가담한 공범들도 불구속 기소를 하는 선에서 그쳤다. 식빵 한 조각만 훔쳐도 징역형을 선고받는 장 발장이 아직도 많은 것과 지극히 대조적이다. 이재용 부회장이 삼성 역사상 처음으로 총수 신분으로 구속되어 1심에서 징역형을 선고받은 것도 봐주기 판결 의혹이 제기되고 있다. 80억 원이 넘는 뇌물공여 혐의가 인정되었는데도 징역 5년 선고는 지나친 솜방망이 판결이라는 지적이다.

삼성만의 문제가 아니다. 노동자들이 파업을 하면 금세 경찰이 투입되고 수많은 사람에게 불법파업 혐의가 적용되어 징역형이 선고되지만, 임금을 체불하거나 노동법을 위반한 자본가들에게는 제대로 된 처벌이 이루어지지 않는다. 검찰이 기본적으로 자본가들에게 편파적인 시각을 갖고 있으니 제대로 된 법 집행이 안 되는 것이다.

정치적으로 편파적인 수사는 더 말할 것도 없다. 박근혜 정부 4년 동안 발생했던 NLL 관련 남북정상회담 대화록 불법유출 사건이나 정윤회 국정농단 의혹 사건, 국정원 불법선거운동 수사 압력, 채동욱 검찰총장 혼외자 사건 관련 정보 유출 사건 등에 대한 수사는 제대로 이루어지지 않았다. 가해자와 피해자가 바뀌는 촌극이 쉽게 발생했다. 그만큼 법 집행이 엉터리였던 것이다.

하지만 우리나라 헌법이나 법률은 현실에 비해 비교적 잘 갖춰져 있다. 따라서 현행법만 원칙대로 집행되어도 우리 사회의 기본 질서는 상당 부분 유지될 수 있다. 헌법에는 노동자의 파업권이 보장되어 있다. 불법파업이라는 말 자체가 성립될 수가 없다. 또 노동법을 위반하거나 임금을 체불한 자본가들에 대해 법대로 집행을 한다면, 노사문화가 합리적인 방향으로 변화될 것이다. 자본가들이 정부와 검찰, 법원만 믿고 배째라 식으로 버티지 않고 노사협상에 더 진지하게 임할 것이다.

검찰이 원칙대로 법을 집행한다면 재벌들이 더 이상 뇌물이나 정치자금을 정치권에 뿌리면서 경제적 특혜를 요구하지 않을 것이다. 이재용 삼성 부회장의 구속은 이병철에서 이건희로 이어지는 선대가 남긴 유산이다. 불법을 저질러도 처벌되지 않는다는 잘못된 본보기를 후손에게 남긴 것이다. 재벌이 과도하게 골목 상권을 침해할 때 공정거래위원회나 검찰이 법대로 집행한다면 이를 상당 부분 바로잡을 수 있을 것이다. 적당히 불법을 하면서 좋은 게 좋은 것이라는 식으로 쉽게 돈을 벌려는 문화가 바로잡힐 것이다. 그야말로 우리 사회의 기본이 확립되는 것이다. 법 앞에 만인이 평등하다는 단순한 언술이 진리가 되어야 한다.

언론개혁 역시 검찰개혁 못지않게 중요하다. 현대 사회는 민주주의 사회다. 따라서 선거가 대단히 중요한 역할을 한다. 선거에서 이기려면 여론이 유리해야 한다. 바로 이런 이유로 권력을 잡은 세력들은 여론을 자신에게 유리한 방향으로 조작하고 싶어한다. 언론을 장악하려는 유혹을 쉽게 떨치지 못하는 것이다.

정치권력에 의해 언론이 장악되면 진실이 은폐된다. 국민들뿐만 아니라 권력자 본인들 역시 진실을 보지 못하게 된다. 정치권력에 불리하거나 정치권력이 싫어하는 소식은 언론에서 사라지기 때문이다. 그러나 언론의 입을 틀어막는다고 사실이 달라지는 건 아니다. 당장 통계를 조작해 경제적 양극화가 심화되는 현실을 은폐할 수는 있지만, 국민들이 피부로 느끼는 체감 경기까지 조작할 수는 없다. 정부를 향한 불만의 목소리를 눌러서 은폐할 수는 있지만, 사람들의 마음속 불만까지 통제할 수는 없다. 그 불만이 참을 수 없는 지경에 이르면 예상하지 못한 사건과 함께 폭발할 수 있다. 박근혜 정권의 몰락이 대표적으로 보여주는 바다. 최순실의 딸인 정유라의 한마디, "돈도 실력"이라는 말에 국민적 불만이 한꺼번에 폭발했다.

사실 정치권력을 향한 언론의 비판은 일종의 대리 배설 기능이 있다. 국민들이 불만을 갖지 않는 정부는 하나도 없을 것이다. 이때 언론의 적당한 비판은 국민들의 불만을 해소시켜주는 기능을 한다. 또 언론의 적당한 비판은 정부로 하여금 국민들의 불만 요인이 더 커지기 전에 미연에 방지하는 순기능이 있다. 하지만 박근혜 정권이 갑작스럽게 몰락한 배경에는 바로 이런 불만 해소 기능을 언론이 해주지 못한 측면도 있다. 쌓이고 쌓이다가 한꺼번에 분출한 것이다.

언론이 바로 서는 것은 단순히 정치권력의 문제를 떠나 우리 사회가 나아가야 할 방향과 관련해 더 큰 의미를 갖는다. 검찰이 우리 사회의 기본질서를 유지하는 역할을 한다면, 언론은 사회적 의제 설정을 통해 미래를 여는 중요한 역할을 맡고 있다. 언론이 자유로워야 사람들이 현재 생각하는 것, 사람들이 미래를 위해 중요시하는 것에 대해 자유롭게 토론하고 대화할 수 있다. 이 과정에서 자연스럽게 사회적 의제가 형성되고, 하나씩 해결되어 나간다. 이것이 바로 민주주의의 전형적인 발전 모델이다.

우리 사회에서 사회적 양극화가 심화되고 경제 민주주의에 대한 목소리가 높아진다고 할 때 언론은 이를 자연스럽게 사회적 의제로 부각시켜야 한다. 그럼으로써 우리 사회의 문제를 하나하나 풀어나가고, 사회가 발전할 수 있다. 하지만 언론이 정치권력·언론사 사주·재벌 등 누군가에 의해 통제된다면 이런 순기능적인 발전 모델이 제대로 돌아갈 수 없다. 사회적 의제는 정치권력이든 재벌이든 언론사 사주든 누군가에 의해 왜곡될 것이다. 그러면 적절한 시점에 적절한 의제로 등장해야 할 것들이 등장하지 못하게 되고 언론은 또다시 우리 사회를 억압하거나 질식시키는 기능을 하게 된다. 사회가 뒤틀리게 된다. 언론이 바로 서야 사람들이 자유롭게 목소리를 내고, 정부가 자기 역할을 하며, 사회가 발전하고 미래가 보장된다.

검찰개혁과 언론개혁은 사회적 적폐청산의 출발점이다. 사회적 적폐의 궁극적인 청산은 경제 민주주의, 불평등한 경제 현실을 바로잡는 것이다. 과거에 정부가 수행해야 할 최고의 목표는 국민들이 굶지 않고 먹고 살게 해주는 것이었다. 이제는 그 단계를 뛰어넘어 누구나 평등한 기회를 누릴 수 있도록 해주어야 한다. 재벌이라는 이유로 더 많은 특혜를 누려서는 안 된다. 동일한 노동을 하면 동일한 임금을 받아야 한다. 누구나 열심히 일한 만큼 돈을 벌수 있는 조건이 마련되어야 한다. 재벌이 경제성장 과정에서 많은 특혜를 누렸다면 이제 사회적 약자들을 보호해야 한다. 사회적 과실이 골고루 돌아갈 수 있도록 보장해야 한다.

이런 사회를 만들기 위한 출발점이 바로 검찰과 언론을 바로잡는 것이다. 현재 우리 검찰과 언론이 제 역할을 못하는 이유가 무엇일까? 나는 그 이유가 단 하나라고 생각한다. 검찰과 언론의 인사권을 정치권력, 특히 대통령이 쥐고 있기 때문이다. 대통령이 사실상 검찰총장이나 언론사 사장을 임명하는 상황에서 검찰이나 언론이 정치권력으로부터 독립하는 것은 불가능하다. 검찰과 언론의 인사권을 국민에게 돌려주어야 한다. 대통령을 선출하듯이 전국민이 직접 뽑을 수는 없지만, 추첨을 통해 뽑힌 국민 대표에게 맡기면 이 문제를 간단히 해결할 수 있다. 바로 국민대리인단 제도다.

공영방송은 정치에서 독립해야 한다

검찰의 문제에 대해서는 앞서 충분히 다루었기 때문에 이 부분에서는 공영방송의 문제에 대해 간단히 검토해보자. 이명박 정부이후 MBC와 KBS 등 공영방송이 철저히 무너지면서 우리는 공영방송 지배구조가 잘못되었음을 새삼 깨닫게 되었다. 현행 공영방송 지배구조는 정부에 의해 통제를 받도록 되어 있다. MBC의 경우 방송문화진흥회가 70퍼센트의 주식을 소유한 대주주다. 정수장학회가 나머지 30퍼센트를 소유하고 있다. 따라서 방문진에서 MBC 사장과 임원 인사를 전적으로 결정한다. 방문진 이사회는 여야 정치권의 추천으로 구성된다. 통상 방문진의 여야 이사의 비율은 6 대 3이다. 형식적으로 이사진은 변호사, 교수, 언론인, 시민단체 인사 등으로 구성하지만, 이들 모두 정치권의 입김에서 벗어날 수 없다. KBS도 유사하다. 사장과 임원 인사권을 쥔 KBS 이사회는 여야 7 대 4의 비율로 추천해서 구성된다. 이들 역시 방문진과 마찬가지로 청와대와 여야의 입김에서 벗어날 수 없다.

이런 사정이니 어느 정권이 들어서든 공영방송 사장을 하고 싶은 사람은 청와대나 여당에 줄을 대야 한다. 야당에 줄이 닿는 사람 중에 입후보하는 경우는 사장 출마 경력을 쌓고 싶은 사람밖에 없다. 방문진이나 KBS 이사회의 일반적인 의사결정도 마찬가지다. 토론의 내용과 상관없이 표결을 하면 항상 여야 비율의 똑같은 결과가 나온다. 정치권에 완전히 장악되어 있는 것이다.

과거 김영삼부터 김대중·노무현 정부를 거치며 우리 사회에서는 민주주의가 점차 발전되어왔다. 언론의 자유 역시 지속적으로 확대되었다. 따라서 공영방송 지배구조에 대해서도 문제제기할 필요가 없었다. 하지만 이명박·박근혜 정부가 들어서면서 모든 것이 달라지기 시작했다. 이 시기 동안 민주주의가 후퇴하면서 우리 사회에서 최소한의 합의가 이루어졌다고 보았던 언론의 자유마저 극도로 질식시켰다. 정부가 공영방송을 너무 쉽게 장악할 수 있는 지배구조였던 것이다. 형식적으로는 방문진과 KBS 이사회를 만들어 정부가 간접적으로 영향력을 행사할 수 있도록 했지만, 실질적으로는 아무런 의미가 없었다.

결국 공영방송 지배구조를 개선해야 한다는 목소리가 높아졌고, 민주당과 시민사회에서 일명 언론장악방지법안에 어렵게 합의를 했다. 방문진이나 KBS 이사회 수를 13명으로 늘리고, 여야 이사진 수를 7 대 6으로 조정한다. 사장 선임 시에는 이사진 과반이 아니라 3분의 2 찬성이라는 특별다수제를 도입해 야당도 동의할 만한 합리적인 사람을 뽑는 방안이다.

하지만 내가 생각하기에 이 방안은 안타깝게도 최악이다. 이는 국회선진화법과 유사하다. 사장 선임 시 야당이 동의해주지 않으면 아무런 결정을 내리지 못하고 교착될 가능성이 높다. 야당으로 전락한 자유한국당으로서는 무조건 좋은 일이다. 야당이 원하는 사람을 사장으로 앉히지는 못해도 최소한 야당이 반대하는 사람은 절대 사장이 될 수 없다.

여야 모두의 동의를 받을 만한 사람은 과연 어떤 사람일까? 너무나 인품이 고매해서 인간계에서는 존재하기 어려운 분이거나, 양측의 눈치를 보는 기회주의자이기 십상이다. 사실 김재철 전 사장이야말로 여야 모두의 지지를 받을 수 있는 사람이었다. 그는 누가 집권하든 항상 여당의 편이 될 준비가 되어 있는 사람이다. 반대로 자기 색깔이 분명하고 소신 있는 사람은 절대로 공영방송 사장이 될 수 없다. 야당이 절대 동의하지 않을 것이기 때문이다. 현재 국회에 발의된 법안대로 바뀐다면 현행법에 의해 사장이 임명되는 것보다 훨씬 나쁜 결과를 초래할 것이다. 물론 이는 문재인 정부가 김대중·노무현 정부만큼 언론의 자유를 존중한다는 전제가 깔린 이야기다.

이런 문제점으로 인해 방문진이나 KBS 이사회에 여야 추천 인사들 이외에 시민사회에서 추천한 사람들을 넣자는 의견도 있다. 하지만 과연 어떤 시민단체가 추천하는 것이 좋을까? 참여연대나 민주언론시민연합이 추천하는 인사만 넣는다면 야당이 반대할 것이다. 한국자유총연맹이나 뉴라이트 같은 단체는 왜 제외하느냐고 따질 것이다. 결국 시민사회 추천 인사도 진보와 보수를 따지고, 여와 야를 따지게 된다.

바로 이런 이유 때문에 나는 정치권이 공영방송 임원진 선임 과정에서 완전히 손을 떼야 한다고 본다. 공영방송의 정치적 독립을 논하면서 왜 정치권의 이사 추천이라는 굴레에서 벗어나지 못하는가. 이는 우리 스스로 대의제의 함정에 빠지는 것이다.

그래서 내가 생각한 것이 바로 국민대리인단 제도다. 공영방송 사장에 입후보하는 사람들을 대상으로 여야가 청문회를 실시한다. 청문회를 통해 각 후보자들이 과거에 무슨 일을 했는지, 도덕적으로 문제는 없는지, 업무능력은 갖추고 있는지를 점검한다. 그리고 이 모든 과정을 국민대리인단이 지켜본 뒤 투표를 하면 된다.

국민대리인단이 답이다

우리가 채택한 민주주의는 대의 민주주의다. 국회에 국민의 대표를 뽑아서 이들이 정책을 결정하도록 만들어놓았다. 하지만 국민의 대표라는 자들은 선거가 있는 해에만 국민의 종복을 자처하며 고개를 숙이고, 일단 선출되고 나면 4년 동안 국민 위에 군림한다. 이에 따라 직접 민주주의 요소를 강화해야 한다는 목소리가 높아지고 있다.

현행 대의제에서 4년 동안의 의사결정은 모두 획일화되어 있다. 다수당의 의지에 따라 모든 것이 좌우된다. 소수당이 아무리 합리적인 대안을 제시해도 다수당의 횡포를 저지할 수 없다. 그 결과 국회가 교착되는 상황이 늘 반복된다. 다수당은 날치기를 시도하고, 소수당은 육탄저지를 하는 '동물' 국회가 그것이다. 잘난 엘리트들에게 대화와 토론은 그저 립서비스일 뿐이다. 이를 막기 위해 국회선진화법을 만들었지만, 이 법은 국회를 '식물' 국회로 바꾸었다는 비아냥만 듣고 있다. 국회가 아무것도 할 수 없는 상태가 된 것이다.

이 모든 사태는 국회를 장악한 정당들이 국민보다는 당리당략에 따라 모든 것을 결정하기 때문이다. 야당은 정부와 여당에 흠집을 내야 하고, 여당은 정부의 정책을 무조건 통과시켜야 한다. 이 과정에서 합리적인 토론이나 대화는 실종된다. 최종 결론은 국회에서 숫자 게임으로 귀결된다. 국회의 대표를 선출한 국민들이 이 과정에서 할 수 있는 일은 전혀 없다.

단순한 숫자 게임이 아니라 합리적인 토론이나 대화가 가능할 수는 없을까? 당리당략을 떠난다면 가능하다. 하지만 현재의 대의제에서 당리당략을 떠나는 건 불가능에 가깝다. 결국 여야의 싸움판에 새로운 심판이 필요하다. 여야의 의견을 모두 경청하고 상식에 입각해 의사결정을 할 수 있는 심판, 나는 국민대리인단이 바로 이 심판이 될 수 있다고 본다.

국민대리인단은 성별, 연령별, 지역별, 학력별 비례 등을 따져 무작위 추첨을 한다. 예를 들어 101명의 홀수로 구성한다면, 여야 대표들이 사전에 추첨으로 뽑힌 101명을 면접한 뒤 자격이 부족해 보이는 사람들을 최대 50명까지 걸러낸다. 이들이 여야의 의견을 듣고 결정을 한다. 국민대리인단은 상시적인 조직이 아니다. 국회가 교착될 만한 사안이 발생할 경우 수시로 구성하면 된다.

우선 국무위원 인사청문회 제도에 적용하는 방안이 있다. 여야가 인사청문회를 통해 국무위원 후보자에 대해 실컷 공방전을 펼친다. 인사청문회 통과 여부는 여야가 아니라 추첨으로 뽑힌 국민대리인단이 결정한다. 그래야 당리당략이나 숫자 게임을 뛰어넘을 수 있다. 인사청문회 통과 여부를 놓고 여야 간에 밀고 당기는 게임이나 거래가 필요 없다. 오로지 개별 후보자의 자격 여부만을 논한다. 이 경우 국민들도 정책 결정 과정에 직접 참여하는 직접 민주주의의 효과를 누릴 수 있어 정치 효능감 또한 높아질 수 있다.

국무위원 인사청문회의 경우 대통령의 인사권을 일부 존중하여 대통령이 지명한 후보 1인에 대한 판단을 하는 것이다. 국회도 결정권을 내려놓는다는 점에서 권한을 일부 양보해야 한다. 하지만 그 권한을 국민이 행사한다는 점에서는 양보라기보다 원래대로 되돌려주는 것이다.

국민대리인단은 대통령의 인사권을 뛰어넘을 수도 있다. 여야가 공정성 문제를 놓고 쟁투를 벌이는 소위 권력기관의 장(長)에 대한 인사를 국민대리인단을 통해 할 수 있다. 이 경우 대통령 스스로 인사권을 내려놓고 국민에게 돌려주어야 한다.

검찰총장이나 경찰청장, 국세청장 등의 경우 현재 대통령이 직접 인사권을 행사한다. 공영언론사 사장의 경우 대통령이 직간접적인 인사권을 행사한다. 바로 그 이유로 이들 권력기관의 경우 현직 대통령과 여당에게 일방적인 충성을 하는 경향이 있다. 권력기관이 대통령에 의해 장악된다. 그 결과 편파시비에서 벗어나지 못한다. 권력기관의 구성원들, 검사나 경찰, 국세청 공무원, 언론인들의 경우 자신의 출세를 위해 국민이 아니라 정치권을 바라본다. 여야 중 누가 권력을 차지할 것인가, 어느 줄에 설 것인가를 따지게 된다. 이들이 행하는 수사나 조사, 보도가 공정할 수 없는 것은 당연하다.

만약 이들 권력기관의 장을 국민대리인단이 선출한다면 어떻게 될까? 엄격한 자격요건에 따라서 후보를 적당한 수로 추려낸 뒤 이들을 상대로 여야가 자질을 묻는 청문회를 실시한다. 여야는 각자 지지하는 후보를 옹호하거나 반대하는 후보를 공격할 수도 있다. 후보자들이 그동안 살아온 과정이 그대로 검증의 무대 위에 오르게 된다. 이 모든 과정을 지켜본 뒤 국민대리인단이 투표를 한다. 당리당략을 떠나서 상식에 입각해 국민을 위해 가장 적합하다고 생각되는 후보를 뽑으면 된다.

이런 식으로 권력기관의 장들이 뽑힌다면 이들 권력기관은 더 이상 정치권이나 특정 정치세력을 바라볼 필요가 없어진다. 앞으로 오로지 국민을 바라보면서 일할 수 있을 것이다. 이들에 대한 인사권을 정치권이 아니라 국민이 행사하기 때문이다. 그 결과 이들 권력기관은 편파시비에서 자유로울 수 있게 된다. 국민의 평가 기준은 평균적인 상식이기 때문이다.

국민대리인단은 형사 1심 재판에서 실시하는 국민참여재판을 원용한 방식이다. 국민참여재판은 컴퓨터로 추첨된 배심원들이 재판을 처음부터 끝까지 지켜본 뒤 유무죄를 평결하고 형량까지 사실상 결정하는 제도다. 이 제도가 실시된 후 지금까지 배심원단 평결과 판사의 판결이 어긋나는 경우는 거의 없었다. 그만큼 배심원단의 평결이 합리적이고 상식적이라는 부정할 수 없는 증거다.

국민대리인단을 부정하는 이유는 단 한 가지, 뿌리 깊은 엘리트 의식이다. 장삼이사가 어떻게 국무위원이나 권력기관의 장을 선출하느냐고 의문을 제기한다. 국민참여재판이 도입될 당시 제기되었던 우려와 똑같다. 그때도 고도의 전문지식이 필요한 재판의 판결을 어떻게 일반인에게 맡길 수 있느냐며 반대의 목소리를 높였다. 하지만 국민참여재판에 대해서 제기되었던 우려는 그야말로 기우에 불과했음이 수년간의 경험을 통해 증명되었다. 국민대리인단의 문제도 마찬가지라고 본다. 여야 전문가들이 사전에 충분한 지식과 정보를 제공하고, 국민대리인단이 이를 근거로 최종 판단을 하면 되기 때문이다. 국민참여재판보다 훨씬 간단할 수 있다.

국민대리인단에 의한 인사권 행사를 부정하려면 현행 대통령 직선제부터 부정해야 한다. 현재 대통령 선거는 일정 연령만 넘으면 사실상 누구에게나 선거권을 준다. 나라를 팔아먹어도 특정 정당에게 투표를 한다는 사람들에게도 선거권을 주는 것이야말로 가장 불합리한 것이 아니겠는가.

국민대리인단은 엘리트주의를 넘어 국민들이 직접 정책 결정 과정에 참여할 수 있는 획기적인 제도다. 대의 민주주의를 넘어 직접 민주주의를 우리 생활에 한 걸음 더 가져올 수 있는 제도가 될 것이다. 이 제도를 점진적으로 넓힌다면 법안이나 정책 결정 과정에도 도입할 수 있을 것이다. 구체적인 법안이나 정책은 말 그대로 엘리트들이 열심히 경쟁을 하면서 다듬으면 된다. 국민들은 최종적인 의사결정만 하면 되는 것이다. 대통령이 모든 분야에 전문 지식이 있어서 직무를 수행하는 것은 아니지 않은가. 국민들도 마찬가지다. 전문가들의 조력을 받아 상식적인 결정을 하면 된다.

일각에서는 검찰총장이나 공영방송 사장에 대한 직선제를 주장하기도 한다. 하지만 직선제는 심각한 문제가 있다. 우선 모든 공직을 선거로 뽑을 수는 없다. 또 선거는 정파성을 뛰어넘을 수 없다. 현행 교육감 선거가 대표적이다. 이런 공직을 구성원 직선제로 선출할 경우 구성원 간의 파벌 싸움을 야기할 수 있다. 검사나 기자들이 일찌감치 특정 계보에 줄서기를 하는 악순환이 초래될 가능성이 높다. 국민대리인단은 이런 문제를 모두 극복할 수 있다.

국민이 엘리트를 개혁해야 한다

엘리트는 어느 사회에나 존재한다. 그리고 엘리트는 한 사회를 이끌어가는 중요한 역할을 한다. 우리 사회도 마찬가지다. 대한민국 정부 수립 이후 국가를 이끌어 가도록 엘리트들을 양산해왔고, 이들이 국가를 이끄는 것을 당연시했다. 하지만 소수의 엘리트가 왜 한 사회를 이끌어가야 할까? 엘리트는 항상 옳은 판단을 내리는 것일까? 우리는 이 문제에 대해 의문을 제기해본 적이 거의 없다. 왜냐하면 엘리트 자신도 그렇고, 일반 대중들도 엘리트들은 항상 옳을 것이라고 생각해왔기 때문이다.

서울중앙지검에 출입할 당시 부장검사들과 자주 얘기를 나누곤 했다. 이들 얘기를 듣다보면 참으로 엘리트라는 생각이 든다. 개별적인 이야기에서는 빈틈을 잘 보이지 않을 정도로 논리적이다. 그런데 무엇인가 이상했다. 전체적인 틀에서 보면 이들의 얘기에 동의하기가 쉽지 않았다. 이들은 수십 년간 지속되어온 검찰의 조직 논리에 지극히 충실했다. 문제는 검찰의 수구적인 조직 논리가 평균적인 국민의 상식과 많이 어긋난다는 점이다. 그런데도 이들은 자신들의 생각이 국민들의 상식과 다른 점을 전혀 인식하지 못하고 있었다. 답답했다. 상식을 얘기해도 조직 논리로 반격을 가해왔다. 참을 수 없는 존재의 가벼움이여.

기획재정부와 외교부 공무원들을 만날 때도 마찬가지였다. 이들은 행정고시와 외무고시를 통과한 수재들이었고, 자신들의 논리에 지극히 충실했다. 이들의 조직 논리는 수십 년의 경험을 토대로 충실히 다듬어져 있다. 하지만 과거의 경험에 기반을 둔 이들의 논리가 현재의 시대정신과 더 이상 일치하지 않는다면?

이들 엘리트들은 아직도 빨갱이를 조작하고, 재벌 중심의 경제성장 논리에 젖어 있다. 박근혜 정부에서 일본과 위안부 협상을 한 결과를 보라. 이들의 조직 논리는 이미 국민의 상식에서 벗어나 있지만, 여전히 자신들이 지극히 현실적이라는 착각 속에 살고 있다.

왜 이렇게 되었을까? 그 이유는 간단하다. 엘리트들은 평생 자기 조직에만 갇혀 살았고, 그 밖으로 나간 적이 없기 때문이다. 자기들끼리 서로 엘리트로 인정해주고 자기들끼리 보상해주며 살았다. 조직 논리를 흔드는 외부의 침입이 감지되면 똘똘 뭉쳐 조직을 보호했다. 지극히 편협한 조직 논리에 갇혀 있으면서도, 자신들만이 절대 진리를 담지하고 있는 양 큰소리친다. 이들이 독선을 고집하면 할수록 개혁의 대상으로 전락해왔다.

시대에 뒤떨어진 엘리트는 과연 누가 개혁해야 하는가. 이들을 바꾸지 않으면 개혁은 절대 성공하지 못한다. 혁명보다 개혁이 훨씬 어렵다고 하지 않던가. 폐쇄적인 엘리트를 뛰어넘으려면 대중의 집합적인 지혜에 의지하는 수밖에 없다. 상식에 입각한 대중의 의견이 의사결정 과정에 직접 영향을 미칠 수 있도록 대의 민주주의의 한계를 넘어서야 한다.

기존의 엘리트 충원 시스템 또한 바꾸어야 한다. 고시라는 일률적인 형식을 통해 연공서열 방식으로 승진하는 현행 구조가 유지되는 한, 아무리 개혁적인 인사도 결국 조직 논리의 포로가 된다. 기존의 조직 논리를 깰 수 있도록 파격적인 인사 시스템을 도입해야 한다. 외부 수혈이 실질적으로 이루어질 수 있도록 문호를 확장해야 한다. 당 태종이 과거 제도를 도입한 이유는 기존의 엘리트 충원 구조를 혁파해 기득권 세력을 배제하고 새로운 조직문화를 만들기 위함이었음을 잊지 말아야 할 것이다.

우리는 세상을 바꿀 수 있습니다

이 글을 쓰는 동안 커다란 역사적 사건이 발생했다. 한창 위세를 떨치던 박근혜 정부가 촛불항쟁에 직면해 무너졌다. 보수 정권 9년의 세월이 지나고, 중도진보 성향의 문재인 정부가 들어섰다. 예상된 일이긴 했지만 속도가 훨씬 빨랐다. 보수적인 헌법재판관들조차 신속하게 만장일치로 박근혜 대통령 파면에 찬성했다. 그만큼 촛불항쟁의 힘이 강력했던 것이다.

촛불항쟁으로 들어선 문재인 정부는 우리 사회의 적폐를 청산하고 새로운 사회를 건설해야 할 역사적 의무가 있다. 하지만 기존의 경험으로 보건대 기득권 세력들의 저항 또한 만만치 않을 것이다. 우리가 살아온 사회는 지금까지 항상 그래왔다. 가끔 대중의 저항이 폭발하면서 역사를 바로잡을 기회가 있었지만, 시대의 흐름을 거부하는 반동은 그치지 않았다. 혁명의 물결은 거친 파도였지만, 반동의 흐름은 우리들 의식의 저류를 따라 완강히 버텼다. 그 반동의 흐름은 혁명의 물결을 의외로 빨리 잠재우곤 했다.

4·19혁명은 불과 1년 만에 5·16쿠데타로 무너졌다. 1980년 서울의 봄은 5·17쿠데타로 선혈만 남긴 채 짓밟혔다. 1987년 6월항쟁은 6·29선언과 야당의 분열로 제때 결실을 맺지 못했고, 1990년 3당 합당으로 반동보수 세력은 생존의 기반을 확보했다. 김대중·노무현 정부의 등장으로 개혁의 기회를 맞았지만 보수 언론과 사법부까지 합세한 저항에 무릎을 꿇어야 했다. 이 과정에 대중의 저항은 언제 그랬느냐는 듯이 소멸되었고, 때로는 수구세력의 등장에 환호하기도 했다. 이제 10년 만에 다시 개혁의 기회를 맞이했다. 촛불항쟁을 통해 어렵게 획득한 기회인 만큼 수구세력의 저항을 넘어 반드시 개혁을 성공시켜야 할 무거운 책임이 있다.

김대중·노무현 두 민주정부 10년 동안 왜 개혁은 실패할 수밖에 없었는가. 기득권 세력의 저항은 어떻게 이루어졌는가. 새로운 개혁이 성공하려면 어떻게 해야 할 것인가. 과거를 돌아보면 이 질문에 대한 답은 사실상 나와 있다. 다만 우리가 주목을 못하고 있을 뿐이다.

새로운 민주정부가 성공하려면 국민의 지지를 얻어야 한다. 국민의 지지를 얻으려면 국민들의 살림살이가 나아져야 한다. 말로만 민생을 외치는 것이 아니라 실제로 집권 기간 동안 국민의 경제적 소득이 증가해야 한다. 국민들의 소득이 증가하려면 기존의 경제 패러다임을 전면적으로 바꾸지 않으면 안 된다. 빈부격차가 더 커지는 기존의 경제구조를 혁신해야 한다. 재벌 위주의 경제성장 정책에서 벗어나야 한다.

김대중·노무현 두 민주정부가 실패한 이유는 바로 이 지점에 있다. 정치개혁과 남북관계 개선 등 두 민주정부가 이뤄낸 성과는 적지 않다. 하지만 두 정부가 국민들의 절대적 지지를 얻지 못하고 잠자던 박정희 신화가 깨어난 이유는 경제개혁에 실패했기 때문이다. 김대중·노무현 정부는 경제 관료들에 포획된 채 경제성장률과 무역수지 등 경제지표에만 매몰되어 박정희 정권 이래 추구해온 재벌 위주의 경제성장 정책을 반복했다. 두 정부에 뛰어들었던 경제개혁 세력들은 정권 초반에 모두 쫓겨났다. 그 결과 사회적 양극화는 심화되었다. 가진 자들은 재산을 더욱 늘린 반면, 없는 자들의 삶은 더욱 피폐해졌다. 특히 외환위기 이후 확산된 시장주의는 기득권 세력의 물질적 기반을 고착화하는 계기가 되었다.

이제 60년 가까이 지속된 경제 패러다임을 획기적으로 전환해야 한다. 기업의 이윤 창출도 중요하고 경제성장률도 좋지만, 월급쟁이 노동자들의 인간적 삶이 보장되도록 해야 한다. OECD 국가에서 가장 긴 노동시간을 줄이고 임금을 최소한의 생계가 보장되는 수준으로 끌어올려야 한다. 국민들의 소득이 증대하지 않으면,

ⓒ허핑턴포스트코리아 윤인경

2017년 9월 허핑턴포스트코리아와 인터뷰하며
집에서 촬영한 사진.

국민들이 부동산에 모든 걸 걸고 하우스푸어로 남아 있다면, 소비가 없어 경제는 돌아가지 않는다. 1930년대 세계대공황이 이와 유사한 상황이다. 생산만 있고 소비가 끊기면서 경제가 파탄이 난 것이다. 기업은 아무리 특혜를 주어도 이윤이 남지 않으면 투자를 하지 않고, 이윤이 남으면 특혜와 상관없이 너도나도 투자를 한다. 최근 1000조 원에 달하는 재벌들의 사내유보금이 웅변하는 바다. 정부가 기업에 투자를 읍소할 이유가 하나도 없다.

복지와 경제민주화는 이 시대의 화두다. 양극화를 통해 일방적으로 쏠린 부를 재분배할 수 있도록 세제를 바꾸고 복지제도를 도입해야 한다. 재벌을 비롯해 규모의 경제를 가진 자들이 이윤을 싹 쓸어가는 경제구조를 중소기업이나 자영업자들도 먹고살 수 있도록 개선해야 한다. 민주주의의 실질적인 의미를 살려 경제 민주주의를 실현하지 않으면 국민적 지지를 얻는 데 또다시 실패할 것이다.

정치개혁도 내용적으로 국민의 참여를 늘리는 방향으로 확대해야 한다. 지금까지 우리나라의 대의 민주주의가 보여온 한계는 너무 명확하다. 특정 지역과 냉전적 이념에 얽매여 소모적인 당파싸움을 지속해왔다. 아직도 종북좌파나 주사파를 거론하는 자들이 원내 다수당으로 존재한다. 이들은 시간이 지나면 개혁세력에 대한 국민적 지지가 떨어지고 무력화될 것이라는 기대를 버리지 않고 있다. 기업재벌, 사학재벌, 언론재벌 등 기득권 세력을 위한 정책은 이들 정치권 및 관료들과 결탁해 항상 국민을 위한 정책으로 둔갑했다.

그럼에도 불구하고 현행 정치제도에서는 대의제의 한계를 극복하기가 쉽지 않다. 이를 돌파하기 위해서는 소위 엘리트들이 장악하고 있는 의사결정 권한을 국민들에게 돌려주는 개혁이 필요하다. 직접 민주주의를 확대해야 한다. 이 글에서 국민대리인단이라고 이름 붙인 제도는 그 단적인 예이다. 우리는 이미 이런 제도를 시민배심원, 국민배심원 등의 이름으로 운용하고 있고, 좋은 성과를 올린 바 있다. 깨어 있는 시민들을 기반으로 이런 제도를 과감하게 확대해야 한다. 권력기관의 구성원들이 더 이상 특정 정치세력이 아니라 국민들을 바라볼 수 있도록 제도를 개선해야 한다. 김대중·노무현 정부가 검찰개혁, 언론개혁을 실시하고도 실패할 수밖에 없었던 이유는 상층부의 인적 교체에만 집중하고 이런 시스템을 마련하지 못했기 때문이다.

우리가 가야 할 길은 멀다. 기득권 세력들이 그동안 쌓아놓은 사회적 적폐가 그만큼 많기 때문이다. 하지만 공동체와 인간다운 삶을 목표로 한다면 가지 못할 길이 아니다. 이 사회를 지금부터 바꾸어 나가야 우리 아이들 세대에 이르러서는 더욱 아름답고 평화로운 삶을 누릴 수 있지 않겠는가.

『삼국지』에서 눈여겨본 인물이 한 명 있다. 바로 주유(周瑜)다. 주유는 그 누구보다 뛰어난 재능을 가졌지만 자신의 꿈을 이루지 못하고 젊은 나이에 요절했다. 제갈공명의 비범한 재능이 신적인 경지라면, 주유의 탁월한 재능은 인간적이었다. 그런 이유로 그에 대한 인간적인 안타까움이 못내 그를 잊지 못하게 한 것이다. 그 주유가 다시 살아나 자신의 꿈을 성취하는 모습을 혼자서 상상한 적이 많다. 생과 사의 갈림길을 지나는 이 순간 주유를 떠올리는 건 나 혼자만의 연민의 감정인가.

세상은 바꿀 수 있습니다
지금까지 MBC 뉴스 이용마입니다

초판 1쇄 발행 / 2017년 10월 27일
초판 9쇄 발행 / 2021년 12월 27일

지은이 / 이용마
펴낸이 / 강일우
책임편집 / 김효근 홍지연
조판 / 박지현
펴낸곳 / (주)창비
등록 / 1986년 8월 5일 제85호
주소 / 10881 경기도 파주시 회동길 184
전화 / 031-955-3333
팩시밀리 / 영업 031-955-3399 편집 031-955-3400
홈페이지 / www.changbi.com
전자우편 / nonfic@changbi.com

ⓒ 이용마 2017
ISBN 978-89-364-8621-1 03300